ro
ro
ro

Wenn Freundinnen zu Müttern werden, dann ändert sich alles: Mütter kommen grundsätzlich eine halbe Stunde zu spät. Holt man sie zu Hause ab, brauchen sie ewig, bis sie die Kinderwagen so vollgepackt haben, dass sie mit jedem Penner und seinem Einkaufswagen konkurrieren könnten. Sie sagen: «Ich lege Levin mal ganz schnell ins Bett», und dann verschwinden sie für eine Stunde, man hört sie etwas von kleinen Füßchen und Elefanten singen und trinkt den Rotwein alleine aus. Für kleine Predigten hat die Mutter Zeit. Mit dem Zuhören ist es deutlich schwieriger, denn die Gespräche mit ihren ledigen Freundinnen beginnen fortan meist so: «Gibt es etwas Neues?» Mit «Neues» meinen Mütter: Heiraten oder Kinderkriegen oder am besten beides. Mütter haben meist ganz genaue Vorstellungen von den Normen für ein geglücktes Leben. Was bedeutet es für die Freundschaft, einen selbst und das eigene Lebenskonzept, wenn die beste Freundin Mutter wird? Aus einer kinderlosen Freundin wird eine Tante, aus durchfeierten Nächten ein sehr morgendlicher Brunch und aus gemeinsamen Shoppingtouren ein Ausflug zu Toys'R'Us. Und aus der Freundschaft? Tja.

Mit großartigem Humor und liebevoller Härte schreibt Judith Luig vom Leben einer kinderlosen Mittdreißigerin – und von dem aller anderen auch.

Judith Luig, Jahrgang 1974, begann ihre journalistische Karriere als Reporterin für Schützenkönigskrönungen, Karnevalsprinzessinnen und goldene Hochzeiten. Sie schrieb für die *taz* über Frauen, Männer und Paralleluniversen und unterrichtete Literaturwissenschaften an der Freien Universität und an der Humboldt-Universität Berlin. Für die *Welt am Sonntag* stieg sie auf in die Liga der Thronfolgerhochzeiten, Heavy-Metal-Festivals und Protestkulturen. Aktuell ist sie Reporterin der *Berliner Morgenpost*. Judith Luig ist fünffache Tante und sechsfache Patentante. Mehr Erfahrung mit Kindern kann man als Nichtmutter kaum haben.

«Sie wandelt sicher zwischen Feuilleton und Trash. Eine echte Bereicherung.» *Medium Magazin*

Judith Luig

Und jetzt alle noch mal aufs Klo

WIE MEINE BESTE FREUNDIN MUTTER WURDE

Rowohlt Taschenbuch Verlag

2. Auflage Dezember 2014

Originalausgabe
Veröffentlicht im Rowohlt Taschenbuch Verlag,
Reinbek bei Hamburg, Dezember 2014

Umschlaggestaltung ZERO Werbeagentur, München
Umschlagabbildung Line Hoven
Satz Documenta ST, InDesign,
bei Pinkuin Satz und Datentechnik, Berlin
Druck und Bindung CPI books GmbH, Leck, Germany
ISBN 978 3 499 62884 9

Inhalt

Meinen wunderbaren Eltern

Prolog

Wenn die erste Freundin schwanger wird, fiebert man mit. Man kennt jeden Ultraschall-Termin, man ist dabei, wenn der Kinderwagen ausgesucht wird und die erste Schwangerschaftsbluse. Man betastet bewundernd den sich wölbenden Bauch, erfühlt kleine Fußtritte und streitet über Namen. Man sitzt abends zusammen auf dem Sofa und freut sich auf die Zeit, in der das Kind in ihren Armen liegt.

Aber sobald dieses Kind da ist, beginnt die Mamamorphose. Die Freundin geht unter in einem Meer aus Feuchttüchern, Windeln und Brei, und wenn sie wieder auftaucht, ist sie eine andere. Ich bin oft noch einmal mit zum Baby-Schwimmen gegangen, habe ein Foto für die Geburtsanzeige mit ausgesucht oder eine Kita von außen begutachtet, aber viel häufiger traf ich meine Elternfreunde auch nicht mehr. Vom zweiten Kind erfuhr ich oft erst über die übliche SMS zur Geburt und merkte mir gerade mal den Namen. Statt aufwendiger Karten mit Fotos begnügten sich die Eltern mit ein paar Schnappschüssen per Rundmail. Beim dritten kann man froh sein, wenn man überhaupt von seiner Existenz Nachricht bekommt, und meist tut man das auch nur, wenn man zufällig gemeinsame Freunde trifft, die ebenfalls Kinder haben und deswegen noch in Kontakt mit der Familie stehen.

Name oder Geschlecht dieses dritten Kindes liegen im Verborgenen. Selbst, ob es das jüngste bleibt, weiß man nicht mit Sicherheit. Haben die nun drei oder vier? Für die Freunde ohne Kinder bleibt das ein Rätsel.

Seit zehn Jahren bekommen meine Freundinnen Kinder. Die meisten von ihnen habe ich dabei verloren. Geblieben sind mir Gesine, Ellen und Maja. An ihnen werde ich festhalten. Egal, was kommt. Außerdem habe ich ja noch Julia, meine letzte kinderlose Freundin und glücklicherweise meine beste. Bevor die nicht schwanger ist, muss ich mir keine Sorgen machen.

1. Eingetütet

WIE LUCYS EINSCHULUNG MICH KOMPLETT ÜBERFORDERT

Es klingt eigentlich nicht kompliziert. Die Frage, ob man die Schultüte für sein Patenkind besorgen kann, sollte eine Frau mit abgeschlossenem Studium und einem festen Job nicht überfordern. Eine konisch geformte Pappe mit Süßigkeiten und einem Federmäppchen drin – das ist nichts, was mein örtlicher Supermarkt nicht im Angebot haben würde. Nichts, was man nicht auf dem Weg in die Redaktion erledigen können würde. Das denke ich, als Anfang April meine Freundin Maja in ihrer Funktion als Mutter meines Patenkinds anruft.

«Klar übernehm ich die Tüte», sage ich, «aber warum fragst du das jetzt schon? Wird Lucy denn im Frühjahr eingeschult?» – «Nee, erst im August», antwortet Maja. «Aber ich wollte dich rechtzeitig fragen, damit du es nicht auf den letzten Drücker erledigen musst.» – «Mach ich nicht», sage ich. Beschließe aber, genau das zu tun.

In den kommenden Wochen startet Maja mehrere Versuche, mich zum baldigen Erwerb der Schultüte zu bewegen. Sie sendet mir eine Bilderstrecke vom Kauf des Schulranzens, sie stöhnt am Telefon über die ersten Vorab-Elternabende, sie sagt Treffen ab mit der Erklärung, sie habe einfach noch zu viel zu tun mit der Planung für die Einschulung. Und jedes

Mal baut sie einen kleinen Hinweis darauf ein, dass ich ja auch noch etwas dazu beitragen müsse zu diesem wichtigen Schritt in Lucys Leben. Ob ich schon mal nach einer Tüte geschaut hätte, was ich denn reintun wolle, ob sie vielleicht doch schon etwas für mich besorgen solle? Ich könne ruhig sagen, wenn es mir zu viel werde. Sie erreicht damit das Gegenteil: Je mehr Maja versucht, mich unter Druck zu setzen, desto mehr stelle ich auf Durchzug. Ich zeige mildes Verständnis für ihren Stress, lasse sie aber spüren, dass ich ihn für selbstgemacht halte. Was meine eigene Verpflichtung angeht, klar, die Tüte, dafür sei ja noch jede Menge Zeit.

Ich bin, zugegebenermaßen, ein bisschen bockig. Maja treibt mich mit dieser Einschulung noch in den Wahnsinn. Seit fast einem Jahr hat meine Freundin kaum etwas anderes besprechen wollen als die richtige Schule für Lucy. An einem Tag musste es unbedingt die bilinguale Elterninitiative sein («Mit weniger als drei Muttersprachen hat heute niemand mehr eine Chance auf dem Jobmarkt»), am anderen die konfessionelle Privatschule («Ich will, dass sie in einem geschützten Raum zu ihrem Glauben finden kann»), und zwischendurch kam absolut nichts anderes in Frage, als das Kind einfach auf die nächstgelegene Grundschule zu schicken («Diese ganzen Bemühungen der anderen Mütter, die Kindheit ihres Nachwuchses zu designen, sind doch furchtbar»). Sie hatte immer nach meiner Meinung gefragt, sie aber nur dann hören wollen, wenn sie ihre eigene Ansicht unterstützte. Es war aber ebenso sinnlos, sie in einer Entscheidung zu bestärken, denn spätestens beim nächsten Gespräch hatte sie längst eine neue gefällt und erklärte die andere für komplett indiskutabel. Wie ich denn auf diese Idee käme? Also bitte.

Das wohltrainierte Kind bestand glücklicherweise alle Aufnahmetests, sodass bis zum Schluss immer noch fünf Grundschulen in der engeren Auswahl waren. Dass sich Maja für die Dorfschule um die Ecke entschieden hatte, hieß nicht, dass wir über ein anderes Thema sprachen. Jetzt standen schließlich die Feierlichkeiten zur Einschulung an.

Ende Juli verschiebt Maja die Front gefährlich zu ihren Gunsten. Als ich von der Arbeit nach Hause komme, finde ich einen handschriftlich adressierten Brief in meinem Briefkasten. «Ich lade Euch herzlich zu meiner Einschulung am 10. August ein», steht da in mit Indigokarmin gefärbter Tinte auf einer handgeschöpften Karte. «Die Feierlichkeiten beginnen im Hof der Grundschule am Waldsee um 9 Uhr. Danach gehen wir gemeinsam in die Aula, wo ein Begrüßungsprogramm der Klassen 2–4 geboten wird. Im Anschluss servieren wir Sekt und Kaffee auf dem Schulhof, und ab 13 Uhr erwartet uns ein Mittagessen im Ristorante Giorgio. Für alle, die schon früher anreisen, gibt es am Abend vorher, am Freitag um 19 Uhr, ein festliches Essen bei mir zu Hause.» Unterschrieben ist die Einladung mit einem krakeligen Lucy in rosa Tinte. An den Rand der Karte hat Maja mit rotem Kuli ein Herz gemalt und geschrieben: «Spitze, dass du die Schultüte übernimmst. Du bist ein Schatz.»

Himmel. Wann hatte ich das letzte Mal so eine offizielle Einladung bekommen? Das muss zur Hochzeit von Maja und Thomas gewesen sein. Meine Freundin hat es geschafft, ich werde nervös. Ich drehe die Karte um, ob darauf vielleicht noch die Erwähnung eines Geschenketischs sei. Oder die Adresse von Trauzeugen, die man kontaktieren könne, falls man zum offiziellen Programm mit einer Rede oder einer Aktion beitragen will. Dann fällt mir ein, dass es ja gar keine Hochzeit ist, sondern eine Einschulung, und dass ich der Trauzeuge bin. Immerhin bin ich die Patentante. Die Schultüte hat eine neue Dimension bekommen. Sie ist mein Beitrag zur Lucys Vermählung mit ihrer zukünftigen Bildungskarriere. Das Brautkleid sozusagen. Verewigt im Fotoalbum, das Maja von diesem großen Tag anlegen wird, festgehalten in dem Video, das Thomas drehen wird. Falls sie nicht sogar jemanden dafür engagiert haben. Von meiner Schultüte scheint maßgeblich der Erfolg der Veranstaltung abzuhängen. Ganz schön viel Verantwortung. Ich mache mir erst mal einen Riesling auf.

Ich war bis elf Uhr abends in der Redaktion, die ich um neun Uhr morgens betreten hatte. Ich bin erledigt, die Läden haben zu, und eine fertig gepackte Schultüte werde ich wohl kaum online ordern können. Die Einladung ist nicht schlecht, denke ich, der Punkt geht an Maja, aber gewonnen hat sie noch lange nicht. Ich habe noch zwei Wochen.

Natürlich geht es Maja im Grunde nicht um die Schultüte. Genauso wenig wie mir. Es geht vielmehr um eine grundsätzliche Frage, die wir in unendlichen Stellvertreterdiskussionen verhandeln, seit Lucy sich zum ersten Mal ankündigte. Es geht um die Frage, wie man eine gute Mutter ist.

Die Mutter ist das große gesellschaftliche Reizthema unserer Zeit. Wie macht sie es richtig? Was macht sie falsch? Wie lange wird sie ihr Kind stillen? Wie lange wird sie arbeiten, wenn überhaupt? Ist eine Mutter noch eine richtige Frau, ist jemand, der keine Mutter ist, noch keine richtige Frau? Wie viel eigenes Leben darf eine Mutter neben ihrem Kind haben? Was muss sie opfern? Muss sie etwas opfern?

All diese Fragen werden längst nicht mehr nur an den Küchentischen und in den Schlafzimmern diskutiert. Sie sind zu einer politischen Debatte geworden. Jeder darf mitreden, und jeder hat eine ganz dezidierte Meinung, die keine andere zulässt. Auch die, die gar keine Kinder haben. Wie ich.

Meine Freundin Maja ist neuerdings Perfektionistin. Ein Kind kann nur dann gelingen, wenn seine Mutter hundert Prozent gibt, das ist ihre feste Überzeugung. Mit ihrem Druck in Sachen Schultüte will sie es mir beweisen. Ich soll begreifen, wie viel Aufwand sie schon um Kleinigkeiten machen muss, damit Lucy eine erfüllte Kindheit haben kann und später eine glückliche Erwachsene wird. Ich aber bin stur. Eine glückliche Kindheit hat nichts mit bunter Pappe und Süßigkeiten zu tun, und eine Schultüte lässt sich nebenbei besorgen, das wiederum will ich ihr zeigen. Majas neuer Perfektionismus geht mir auf die Nerven. Mutter zu sein, ist eine Möglichkeit, es ist ein Aspekt im Leben einer Frau. Zugegebenermaßen ein wichtiger. Aber es ist kein Vollzeitjob und keine Karriere. Wie viele Frauen unserer Generation lebt Maja ihr Muttersein wie eine Berufung. So, als sei sie in einen Orden eingetreten. Sie verfolgt hehre Ziele für eine bessere Welt. Das gibt mir wiederum das Gefühl, sie halte mein Leben, ein Leben ohne Kinder, für verschwendet und egoistisch.

Wir führen unsere Debatte mit Taten, nicht mit Worten. Wenn wir sprechen, dann sprechen wir über Nebenschauplätze. Zu artikulieren, was uns wirklich bewegt, trauen wir uns nicht. Maja hat Angst, ich könnte ihr sagen, dass sie sich durch die Kinder total verändert hat. Und sie würde wissen, dass ich recht habe. Ich habe Angst, sie könnte mir sagen, dass sich bei mir nichts verändert hat. Und ich würde wissen, dass sie recht hat.

Kinder zu haben ist nicht etwas, das passiert oder eben

nicht passiert. Es wird durch die unendlichen Möglichkeiten, die uns Verhütung und Reproduktionsmedizin dieser Tage bieten, immer mehr als eine ganz bewusste Lebensentscheidung betrachtet. Als Ausdruck einer bestimmten Haltung der Welt gegenüber. Wenn Maja und ich darüber reden würden, müssten wir uns vielleicht eingestehen, dass Frauen mit Kindern im Grunde nicht mit Frauen ohne Kinder befreundet sein können, weil der Lebensentwurf der einen gegen den der anderen steht.

In den Vereinigten Staaten wurde bereits eine Theorie für meine Situation entwickelt. Was Maja praktiziert, ist die klassische «Motherhood», also ein Leben mit Kindern. Ich hingegen lebe die «Otherhood», ein – freiwillig oder unfreiwillig – kinderloses Leben. Beides hat es immer schon gegeben, heute aber verlangt die Gesellschaft jeweils Begründungen für das eine oder andere Lebenskonzept. Mit dem Begriff «Othering» hat die Wissenschaft eigentlich das Phänomen der Ausgrenzung von Menschen, die einer vermeintlichen Norm nicht entsprechen, beschrieben. Schwarze, Schwule, Frauen … Jetzt gehören anscheinend auch die Kinderlosen dazu. Wie sind da die Kausalitäten? Beschreibt der Begriff das Phänomen der «Otherhood» nur, oder erschafft er es?

Ich fühle mich tatsächlich manchmal ausgeschlossen aus dem neuen Leben, das meine Freundinnen mit Kindern führen. Bei vielen Fragen kann ich nicht mitreden, bei vielen ihrer Termine sieht man ohne Kinder lächerlich aus. Auch bei der Arbeit kommen solche Dichotomien vor: Es gibt die Kolleginnen mit Kindern und die ohne. Beide Lager verfolgen unterschiedliche Interessen. Bei Männern wäre so etwas undenkbar. Kinder oder keine Kinder, was heißt das schon für die Karriere? Nichts. Bei Frauen hingegen ist es omnipräsent.

Dieser Logik folgend, müssten Maja und ich eigentlich gegeneinander antreten. Aber wir wollen uns nicht verlieren. Also schweigen wir über uns, übers Anderssein und das Ausgrenzen und sprechen über Papptüten, Ponyreiten und PEKiP.

Maja ist eine meiner liebsten Freundinnen. Bevor sie das Kind bekam, habe ich sie sehr bewundert. Für ihren Freiheitsdrang, für dieses faszinierende Chaos, das sie innerhalb kürzester Zeit um sich herum verbreiten konnte, für ihre Abstürze und Höhenflüge, vielleicht auch dafür, dass sie einem immer zugehört hat. Bis Lucy kam.

Fünf Tage vor der Einschulung steht vor mir an der Supermarkt-Kasse ein Kind mit einem Schulranzen auf dem Rücken. O nein, die Einschulung. Jetzt hätte ich es doch tatsächlich fast vergessen. Das ist meine Chance. Maja hätte ich unmöglich fragen können, ohne mir einen Vortrag zum Thema Zeitmanagement und kindliche Erwartungen einzuhandeln. «Wo bekommt man eigentlich Schultüten?», frage ich die dazugehörige Mutter und versuche, möglichst beiläufig zu klingen. Sie scheint eine Sekunde lang zu überlegen, ob ich mich über sie lustig mache. So, als wäre es eine allgemeine Bürgerpflicht, zu wissen, wo man Schulbedarf erwirbt. «Im Schreibwarenladen», sagt sie dann. «Aha, danke.»

Ich traue mich nicht, ihr zu erklären, dass ich gar nicht weiß, wo sich so ein Schreibwarenladen üblicherweise aufhält. In meinem Leben nämlich gibt es keine Schreibwaren. Es gibt Stifte und Uhu und karierte Blöcke in allen DIN-Größen, aber die heißen Büromaterial und liegen in der Schrankwand im Sekretariat bereit. Eine Schultüte habe ich da noch nie angetroffen.

Wer keine Kinder hat, nimmt eine Stadt komplett anders wahr. Nehmen wir an, ich gehe mit einer meiner Mutter-

Freundinnen die Straße entlang und uns kommt ein gutaussehender Mann mit einem Kind auf dem Arm entgegen. Dann sage ich: «Oh, der sah aber schnuckelig aus. Ob das wohl sein Kind ist?» Meine Freundinnen sagen: «Oh, das Kind hatte gar keine Mütze auf. Der ist sicher so ein Wochenendvater, die übernehmen ja keine Verantwortung.» Wenn eine neue Boutique aufmacht, dann sage ich: «Da hat eine neue Boutique aufgemacht.» Meine Freundinnen sagen: «Da, wo vorher dieser fade Kinder-Secondhandladen war?» Ich wünsche mir endlich wieder eine Kneipe in den Kiez, wo man nach elf Uhr noch ein großes Pils bestellen kann, ohne dass die Kellnerin einem Vorwürfe macht. Meine Freundinnen sehnen sich nach einem Drogeriemarkt. Den Franzosen mit dieser unglaublichen Käsetheke direkt neben dem Park hat außer mir noch gar keiner bemerkt. Wahrscheinlich, weil die Tische da so eng stehen, dass man mit einem Kinderwagen nicht reinkommt. Und weil man in der Schwangerschaft ja ohnehin gerade die leckeren Käsesorten meidet.

Majas unausgesprochener Vorwurf ist wahr. Wenn man keine Kinder bekommt, geht das Leben in der Regel einfach weiter. Man sucht sich einen neuen Job oder bekommt neue Aufgabenbereiche, man wird befördert oder degradiert, man verliebt oder entliebt sich, man entdeckt eine längst vergessene Bar wieder oder einen neuen Italiener, man entwickelt eine Vorliebe für Expressionismus, polnische Literatur oder Pilates, aber im Prinzip bleibt alles beim Alten. Positiv betrachtet könnte man sagen, das Leben besteht aus Vertiefungen, negativ gesehen wiederholt sich alles unendlich oft. Die einzige grundlegende Veränderung, die es gibt, wenn um einen herum alles Kinder bekommt und man selber nicht auf der großen Reproduktionswelle mitschwimmt, ist, dass man sich neue Freunde suchen muss, mit denen man all die Dinge tut, die das eigene Leben ausmachen.

Am Abend ruft Maja an und fragt, ob nicht doch lieber sie die Schultüte besorgen sollte. Sie hätte totales Verständnis dafür, dass ich nicht meine ganze Zeit darauf verwenden könne. Gerade jetzt, wo es beruflich bei mir etwas schwieriger sei. Bei mir ist es beruflich gar nicht schwieriger. Maja sagt das nur gerne, wenn sie das Gefühl hat, dass ich mich nicht genug um mein Patenkind kümmere. Dann erfindet sie eine Entschuldigung für mich und trägt sie praktischerweise gleich selbst vor. So suggeriert sie mir, dass sie eigentlich ein anderes Verhalten von mir erwartet.

Ich kenne Maja aus dem Studium. Erstes Semester, Einführung in die Italianistik. Wir sollten uns vorstellen und sagen, warum wir Italienisch studieren wollten. Einer nach dem anderen schwärmte von Italo Svevo, von Verdi oder Kalabrien. Als Maja an die Reihe kam, sagte sie: «Ich wollte eigentlich Französisch studieren, aber ich habe den Raum für die Einführung nicht gefunden.»

Mit Unzulänglichkeiten anderer Menschen ist Maja früher sehr großzügig gewesen. Es gab kaum ein Fehlverhalten, das sie aufgeregt hätte. Das war außerordentlich gut für unsere Freundschaft, da ich einen gewissen Hang zu Unzulänglichkeit und Fehlverhalten habe. Sie hat das immer toleriert.

Aber seit Maja Mutter ist, ist sie auch meine Mutter. Sie ist übergriffig. Sie macht sich Sorgen, wenn ich mal wieder etwas auf die lange Bank schiebe, sie gibt mir gute Ratschläge in allen Lebenslagen, sie kümmert sich um mich. Ob ich ordentlich angezogen bin, ob ich gesund esse, ob ich auch alle meine Ziele verfolge. Die Hälfte ihrer Sätze fängt mit den Worten an: «Dann musst du einfach mal …» Ich habe das

Gefühl, dass sie mich nicht mehr ernst nimmt. So, als wäre sie mit der Geburt von Lucy Expertin für alles geworden, und ich hätte im Gegenzug sämtliche Kompetenzen verloren. Vor ein paar Wochen, da habe ich mit ihr und ihrer Familie einen Ausflug unternommen. Ich stehe mit den Kindern im Gang und ziehe Emma die Schuhe an, da kommt Maja dazu. Sie hebt den Finger, schaut mich an, zeigt auf das Bad und sagt: «So, und jetzt alle noch mal aufs Klo.»

Eltern tendieren dazu, alle Welt wie Kinder zu behandeln. Wer die ganze Zeit für ein paar kleine Menschen mitdenken muss, verliert eben das Gefühl für Grenzen. Meine Mutter-Freundinnen fragen mich gerne mal, ob ich auch genug esse, sie legen mir im Café unaufgefordert eine Decke über die Knie oder sagen: «So willst du nicht rausgehen, oder?» Eine Freundin hat mich mal aufgefordert, doch bitte häufiger «Scheiße» zu sagen, weil sie gerade dabei sind, den Begriff gegenüber Chloe zu enttabuisieren. Eine andere hat mich gebeten, überhaupt nicht mehr zu fluchen, weil sie möchte, dass ihr Kind eine geschützte Kindheit hat. Meine Väter-Freunde fragen, ob ich mir den Karriereschritt auch wirklich gut überlegt habe, ob es nicht langsam mal Zeit für mich wird, in eine Wohnung für Erwachsene zu ziehen, und ob ich die Sache mit meinem neuen Freund auch wirklich ernst meine. Eltern neigen dazu, erziehen zu wollen. Sie sind jetzt eben Eltern. Aber leider vergessen sie dabei oft, dass sie gar nicht meine Eltern sind.

Wenn ich wie ein Kleinkind behandelt werde, benehme ich mich auch so. Nach der Klo-Nummer war ich zwei Stunden lang beleidigt, was leider in der Kinderlieder-CD unterging, die wir im Auto anhören mussten. Jetzt aber kann ich mich wehren: «Das kann ich schon alleine», antworte ich knapp und beleidigt auf ihr Angebot, die Schultüte zu besorgen. Und dann erkläre ich, dass ich jetzt leider keine Zeit hätte, mit ihr zu reden, ich hätte ja schließlich einen Job.

Am nächsten Morgen frage ich den Hausmeister nach dem Schreibwarenladen. Norbert ist Hausmeister von einem ganzen Block, er ist der Chef im Kiez. Norbert weiß alles über alle. «Das glaube ich jetzt nicht», sagt er. «Wie kann man nicht wissen, wo der Schreibwarenladen ist.» – «Das ist nicht schwer», antworte ich, «ich habe es ohne große Mühe geschafft. Also, wo ist er?» – «Ach, die Kleene», sagt Norbert und streicht sich vergnügt mit der Hand über seinen Blaumann-Bauch, «findet den Schreibwarenladen nicht. Glaubt man es denn.» Es war vielleicht doch keine so gute Idee, Norbert zu fragen. Dass ich noch nicht mal weiß, wo man Stifte und Hefte kauft, wird er jetzt unter Garantie im Haus herumerzählen. Ich bin die einzige Kinderlose im Vorderhaus. Sogar die Lesben im Dachgeschoss kriegen gerade das zweite Mädchen. Norbert selber ist schon vierfacher Opa, mit sechsundvierzig. Jetzt, wo klar ist, dass ich noch nicht mal weiß, wo ein Schreibwarenladen ist, wird Norbert endgültig denken, ich sei verrückt.

Als ich zwei Tage vor der Einschulung endlich im Schreibwarenladen auftauche, präsentiert sich mir der komplette Horror. Gleich die Hälfte des Ladens ist voll davon. Auf glänzenden achteckigen Schultüten traben rosa Pferde mit wehenden Mähnen im hellrosa Himmel über hellblaue Wolken, hell- und dunkellila Bonbons begleiten silberne Glitzerstreifen. Es gibt Spongebob und Barbie und Spiderman und sämtliche Kitschhelden, die die Kinderzimmer bevölkern. Was es nicht gibt, ist eine Schultüte, mit der ich meiner Freundin unter die Augen treten kann. Das Foto, das Maja sich vom ersten

Schultag ihrer Tochter gewünscht hat, ist mit Sicherheit frei von Figuren aus der kommerziellen Spielzeugwelt, die sie einwandfrei als genderpolitisches No-Go identifizieren würde. Thorsten, der bereits zwei Kinder eingeschult hat, hatte mir das mal genau erklärt: Die Schultüte ist das erste Distinktionsmerkmal des Schulkindes. Die Eltern schauen sich am ersten Schultag auf dem Schulhof um und machen sich mental Notizen. Rosa Sechsecktüte mit Einhörnern drauf? Mit der spielt Ava schon mal nicht. An der Schultüte erkennt man den Anspruch der Eltern an die Zukunft ihres Kindes.

Ich durchforste also den Laden, vorbei an Ständern voller Sticker und Regalen voller Blöcke, Büroklammern und Stempelkissen. Ganz hinten in der Ecke halten sich unifarbene Schultütenrohlinge in Waldorf-Schul-Optik versteckt. Es sind nur noch wenige Farben übrig. Die unansehnlichsten natürlich. In einem Moment von Panik kaufe ich ein oranges Ungetüm aus Pappe, das auf dem Fahrrad extrem unpraktisch zu transportieren und deswegen sofort leicht angedötscht ist.

Auf dem Weg zur U-Bahn rufe ich meine Mutter an. Seit ich von Müttern umzingelt bin, frage ich sie immer häufiger um Rat im Umgang mit anderen Müttern. Schließlich hat sie da die längste Erfahrung. Und sie hat das alles selbst schon mal durchgespielt mit meinen Schwestern. «Die Einschulung ist ein wichtiger Schritt für Maja», sagt meine Mutter. «Sie will, dass du dich daran beteiligst. Ich würde ihr da entgegenkommen.» – «Habt ihr bei mir damals auch so ein Theater gemacht?», frage ich. Meine Mutter überlegt kurz. «Ich glaube, nicht», sagt sie dann.

Heute aber sei das anders. «Schultüten bastelt man jetzt selbst», sagt meine Mutter. Und dann erklärt sie mir, dass orange leider die scheußlichste aller Farben sei und ich jetzt dringend in den Bastelladen huschen müsse und etwas Folie kaufen, damit ich dann die Tüte bekleben könne. Was meine Mutter sagt, hört sich sehr überzeugend an. Außerdem hatte ich in Textilarbeit/Werken durchgängig eine Eins auf dem Zeugnis. Die einzig konstante Leistung meiner Schulkarriere. Die werde ich jetzt also meinem Patenkind durch mein Werk weitergeben. Mir gefällt die Idee. «Wo ist denn bei mir in der Nähe ein Bastelladen?»

Auf dem Weg rufe ich meine Chefin an und nuschele etwas von Kolumne und Späterkommen ins Smartphone. Glücklicherweise habe ich ein neues Gerät, mit dem versteht man nur die Hälfte. Dann rufe ich bei Maja an. Lucy ist direkt selber dran. Als sie das zweite Kind bekommen haben, sind Maja und Thomas auf die andere Seite des S-Bahn-Rings gezogen. In den extremen Westen. Das macht man jetzt so. «Es dauert mit der S-Bahn nur fünfzehn Minuten bis zum Zoo», haben sie gesagt. «Und vom Zoo aus ist es noch mal eine halbe Stunde, bis du wieder in der Zivilisation bist», habe ich gesagt. Aber das haben sie nicht gelten lassen. Die City West sei die neue Mitte, das wisse jeder. «Du wirst schon noch draufkommen, wenn du auch mal Kinder hast», sagte Maja. Ich hasse diesen Satz.

Allerdings nutzen Maja und Thomas ihre Fünfzehn-Minuten-Strecke nie, denn seit sie zwei Kinder haben, ist Thomas' R4 verschwunden und an seine Stelle ein VW Touareg getreten, der ausschließlich für Fahrten in den Kindergarten und wieder zurück genutzt wird. Anscheinend gab es da bei VW einen Rabatt für Eltern mit Kindern unter fünf Jahren. Der Parkplatz vor der Kita sieht auf jeden Fall aus wie die Verkaufsfläche eines Volkswagenhändlers. Maja steht also wie jeden Morgen im Stau, Emma schreit in ihrem Kindersitz, und Lucy kann ans Telefon gehen.

«Na, Lucy», frage ich, «was ist denn deine Lieblingsfarbe?» – «Momentan Türkis und Mint», sagt Lucy, «und Gold und Silber.» – «Ah», sage ich und versuche, mich auf sichereres Terrain zu retten. «Aber Schokolade magst du immer noch so gern, oder?» – «Nee», sagt Lucy, «jetzt mag ich lieber Salami.» Eine Zirkustüte mit Bifi – unterschätz nie die Wünsche einer Sechsjährigen.

Im Bastelladen sind bereits zwei Mütter damit beschäftigt, den Verkäufer mit irrwitzigen Materialanforderungen in den Wahnsinn zu treiben. Meine Frage nach der optimalen Farbe zum Bemalen von Schultüten scheint ihn nicht glücklicher zu machen. Ich geh also selbst auf Jagd, was relativ lange dauert, denn der Bastelladen hat mehrere Etagen voller Bastelwunder. Als ich mit meiner Wunschfarbe endlich wieder an der Kasse angelangt bin, hat sich dort auch gerade eine der Mütter eingefunden. «13,66 Euro» will der Verkäufer haben. «Das ist lustig», sagt die Mutter an der Kasse, «mein Sohn hat letztens herausgefunden, warum man eigentlich Schnapszahl sagt.» – «Ach ja», sagt der Verkäufer. Er hört sich nicht so an, als interessiere er sich sonderlich für die Antwort. Aber er muss in seinen langen Jahren im Bastelladen die Erfahrung gemacht haben, dass nichts eine Mutter stoppt, die von der Heldentat ihres Kindes erzählen will. «Er meinte, Mama, wenn man einen Schnaps trinkt, dann sieht man doppelt, also sieht man dann Schnapszahlen.» – «Ich Idiot», platze ich dazwischen. Ich hatte gerade festgestellt, dass ich die Goldfolie vergessen habe. «Na.» Eh ich mich's versehe, hat die Mutter sich zu mir umgedreht und boxt mich in den Oberarm. «Nenn dich nicht Idiot», schimpft sie mit mir. «Du musst nett zu dir sein.» Aha, eine alleinerziehende Mutter, vermutlich Abonnentin der Zeitschrift «Emotion» und Besucherin von Frauengruppen. Wo lernt man sonst so etwas – fremde Frauen einfach zu boxen. Sie lächelt mich an, als habe sie mir einen großen Dienst erwiesen. Klar, sie ist Mutter. Und somit Fachfrau für alles Zwischenmenschliche.

Als ich mit Goldfolie und Farbe wieder an der Kasse erscheine, steht die Alleinerziehende immer noch da. Die Extremerfahrung, aus dieser Materialansammlung auf zwei Etagen die passende Farbe herauszufischen, hat mich jedoch milder gestimmt. Ich will gelobt werden. «Ich habe meinem Patenkind eine türkisfarbene Schultüte versprochen», erkläre ich den beiden stolz. Schließlich kann man für seine Bemühungen um den akademischen Nachwuchs ruhig mal Anerkennung einfordern, auch als Tante. «Das ist doch kein Türkis», sagt der Verkäufer. Ich drehe das Töpfchen um. Da steht eindeutig «Türkis» auf dem Etikett. «Ja, aber wenn ein Kind Türkis sagt, dann meint es damit ein eher blaues Türkis», erklärt der Verkäufer. «Also, ich wäre als Kind von so einem grünen Türkis enttäuscht gewesen.» – «Und was machst du mit der Goldfolie?», will die Alleinerziehende wissen. «Das passt doch gar nicht.» Die beiden sind eindeutig erfahrener als ich. Ich beschließe, auf sie zu hören.

Zu dritt durchforsten wir den Laden nach Kindertürkis. Aber weder auf Pappe noch in Sprühfarben finden wir, was uns alle drei überzeugt. «Weißt du was», sagt die Alleinerziehende, «nebenan nähen sie Schultüten, das ist jetzt Trend! Schau da doch mal.» Der Verkäufer ist einverstanden.

Ich hatte noch nie etwas von einer genähten Schultüte gehört. Mittlerweile ist es fast zwölf, ich habe mich seit drei Stunden mit nichts anderem beschäftigt, aber vorzuweisen habe ich nur einen zu erwartenden Bluterguss von dem Alleinerziehenden-Schlag und einen auffällig orangen und schwer zu transportierenden Tüten-Rohling. Maja scheint nicht komplett unrecht zu haben. Es ist wohl doch nicht so leicht, ein Kind glücklich zu machen.

Bei «Kleine Habseligkeiten» neben dem Bastelladen gibt es in der Tat genähte Schultüten. Man kann verschiedene Stoffe und Bordüren bestellen und natürlich auch den Namen des Kindes eingestickt bekommen. Wenn die Inhaberin eine Verkäuferin gewesen wäre, dann hätte sie es vielleicht auch innerhalb von drei Tagen geschafft, so einen Tütenschlüpfer für mich anzufertigen. Aber die «Kleinen Habseligkeiten» werden von einer Frau geführt, die diesen Laden eher als Selbstverwirklichung betreibt. «Ich kann die Tüte zwar nähen», sagt sie, «aber Samstag wollte ich gar nicht in den Laden kommen.» – «Kann ich sie dann vielleicht irgendwo abholen?» – «Eher nicht, ich wollte da wahrscheinlich ausschlafen.» In der Marienburger Straße aber nähten sie auch, da sollte ich mal vorbeischauen.

In dem Laden in der Marienburger sitzt eine strickende Asiatin hinter einer Theke inmitten von rosa Lillifee-Puppen und Diddl-Mäusen. Hinter ihr auf dem Regal türmen sich selbstgenähte Schultüten. Auf einer steht sogar «Lucy» gestickt. Türkisfarben sind sie nicht, aber schön. Das Ziel ist zum Greifen nahe. «Die sind bestellt», sagt die Asiatin, als sie meinen sehnsüchtigen Blick bemerkt. Ihr Deutsch ist eher gebrochen, ihre Aussage jedoch ist unmissverständlich. «Ah», sage ich, «haben Sie noch andere?» – «Heute ist Donnerstag», sagt die Asiatin. «Einschulung ist Samstag. Zu spät. Soll lieber andere Schultüte besorgen.» Mir ist nicht hundertprozentig klar, was sie mir sagen will. Das Einzige, was ich verstanden habe: Hier werden meine Kompetenzen angezweifelt. Ich weiß überhaupt nicht, warum ich mir jetzt von dieser Tiger-Mom erklären lassen muss, was ich bei der Einschulung von meinem Patenkind falsch mache.

Es ist mittlerweile halb zwei, und ich habe immer noch keine Tüte. Ich rufe im Sekretariat an und erkläre, dass ich den Tag im Nachhinein freinehmen wolle, überhöre das «Dachte ich es mir doch gleich» von der Sekretärin und fahre zurück zum Bastelladen. Der Verkäufer und die Alleinerziehende haben schon mit mir gerechnet. Die Alleinerziehende hat für mich silberne Sprühfarbe ermittelt, die sie mir ans Herz legen will, der Verkäufer hat aus dem Sortiment bestellter Rohlinge einen herausgefischt, der seiner Idee von Kindertürkis am nächsten kommt. Dass auf den jemand wartete, darauf wolle er jetzt keine Rücksicht mehr nehmen, schließlich hätte die betreffende Mutter ja den Vormittag über Zeit gehabt, das Ding abzuholen. Und überhaupt kenne er die Frau ja auch gar nicht.

Es dauert noch drei Stunden und vier weitere Läden, bis ich schwarze Schmetterlinge gefunden habe, die ich mit dem silbernen Lack besprühen kann, um sie dann auf die Tüte zu kleben, bis ich mich für türkisfarbene Pompons in drei verschiedenen Schattierungen, ein Set Kinderschminkmasken Tiger, Löwe und Gepard und vier Bögen Glitzer-Sticker zur Tütenfüllung entschieden habe. In jedem der Läden habe ich Mütter getroffen, die mir Ratschläge gegeben haben, was in so eine Schultüte reingehört und was von den Dingen, die ich in einem anderen Laden bereits erworben hatte, ich doch besser schnellstens zurückbringen sollte, falls ich weiterhin Interesse an Lucys Zuneigung hätte. «Was? Nein! Also Buntstifte? Die hat doch jedes Kind längst, die würde ich nicht reintun.» – «Pack das Kuscheltier gern dazu, aber du solltest wissen, dass das eher für Vierjährige ist.» – «Sticker? Wirklich? Wenn du meinst.» Die Welt scheint voller Menschen zu sein, die bestens über Lucys Wünsche Bescheid wissen. Ganz ohne sie zu kennen. Mittlerweile hatte die Aktion über hundert Euro gekostet. Noch ist keine einzige Süßigkeit drin, geschweige denn eine Mini-Salami.

Eigentlich hatte ich abends noch bei meiner besten Freundin Julia auf ein Glas Wein vorbeischauen wollen. Julia ist mein Happy-Place. Sie ist nicht nur meine beste, sie ist auch die letzte Freundin, die mir geblieben ist, um ein gemeinsames Erwachsenenleben zu führen. Die letzte, deren Tag nicht nach dem Babysitter getaktet ist und die auch nach einem Glas Wein wach bleiben kann. Die einzige wirkliche Freundin, mit der ich noch ganze Sätze und Gedanken austauschen kann.

Leider muss ich ihr jetzt absagen. Stattdessen knie ich auf dem Boden, besprühe Schmetterlingsaufkleber mit Silberspray, schneide eine große LUCY-Schablone aus und bastele eine Glückwunschkarte. Das Parkett im Flur wird leicht in Mitleidenschaft gezogen. Wie sich rausstellt, lässt sich das Spray aber mit Nagellackentferner beseitigen. Was anderes hätte ich auch gar nicht im Haus gehabt.

Ich bin glücklich. Ich wäre eine Super-Mutter. Ich kann aus ganz einfachen Dingen schöne Sachen basteln und verursache dabei noch nicht mal bleibende Schäden in der Wohnung. Am liebsten würde ich sofort zum Bastelladen fahren und mein Werk präsentieren. Aber es ist bereits nach elf Uhr. Daniel kann ich sie auch nicht zeigen, denn mein Freund baut gerade ein Haus in der Nähe von Frankfurt. Es ist sein erstes größeres Projekt in dem neuen Architektur-Büro. Ich fürchte, gegen sein Haus würde mein Glück über die Schultüte etwas jämmerlich aussehen.

Also rufe ich Julia an, um von meinem Abenteuer zu berichten, für das ich sie ja immerhin versetzt habe. Leider kann ich sie nicht entflammen. «Fängst du jetzt auch noch mit dem Quatsch an?», ist ihr erster Kommentar. Ich hätte es mir denken können. Julia ist ja eigentlich – genau wie ich – eher genervt von den endlosen Gesprächen unserer Freundinnen über die Herausforderungen des Mutterseins. Es war zu erwarten, dass meine Leihmutterschaft sie nicht mitreißen würde. Als ich sie dann endlich zu einem Kommentar kriege, stellt sie mich gleich vor die nächste Herausforderung. «Weißt du noch», sagt sie, «in meiner Schultüte war ganz unten ein Waschlappen mit einem Pony drin. Der war so toll. So was brauchst du unbedingt, wenn du willst, dass deine Tüte besonders ist. Die anderen Kinder haben alle was Besonderes.» Ich erinnerte mich in der Tat an den Waschlappen. Die Idee war spitze. Aber wo soll ich jetzt einen Waschlappen mit einem Pony herkriegen?

Ich hatte es Maja zeigen wollen. Ich wollte ihr beweisen, dass man mit links eine tolle Tüte besorgen könnte. Es hat nicht funktioniert. Sobald man in die Welt der Mütter eintaucht, wird man in den Strudel von Tausenden Erwartungen gezogen. Jeder hat eine andere, aber sehr genaue Vorstellung davon, was richtig und gut für ein Kind ist und was nicht. So hat man eigentlich permanent das Gefühl, man macht etwas falsch.

Diese Schultüte herzustellen und zu füllen, war tausendmal anstrengender, als ich gedacht hatte. Aber toll war sie. Am Ende habe ich noch ein türkisfarbenes Haarband mit Glitzersteinen bestickt gefunden, das ich anstelle des Pony-

Waschlappens ganz unten unter den Süßigkeiten und Überraschungen verstecken kann. Ich nehme sie zur Probe selber in die Hand und stelle mich vor den Spiegel. Die Tüte wiegt mindestens zehn Kilo. So ein Mist. Die Bonbons müssen wieder raus, an ihre Stelle kommen Chips und Flips. Jetzt ist alles perfekt. Wenn man vom Aspekt der gesunden Ernährung absieht.

Es hat sich gelohnt. Ich freue mich darauf, wie Lucy damit vor der Schule stehen wird. Auf dem Foto von ihrer Einschulung wird Lucy in alle Ewigkeit diese Schultüte in der Hand halten. Meine Schultüte.

Zum Festakt hat Maja an die dreißig Leute eingeladen, also umgerechnet fünf Familien und mich. Der Schulhof ist so voll wie Köln an Karneval. Großeltern, Tanten, Nachbarn, Cousinen, Freunde, jedes Schulkind ist durch Hundertschaften verstärkt. Ich trage mein puderblaues Kleid, von dem die Verkäuferin geschworen hat, dass auch Prinzessin Rania von Jordanien es sehr gerne trägt, und fühle mich wunderbar. Ein Familienvater dreht sich nach mir um und wird von seiner Frau zurechtgewiesen. Das wird ein guter Tag.

Daniel trägt den dunkelblauen, leicht glänzenden Boss-Anzug, den ich so an ihm liebe. Er sieht traumhaft aus. Wir beiden sind das einzige Paar, das unbespuckt und windelfrei den Pausenhof betreten hat und das keine heulenden Geschwister-Kinder auf dem Arm wippt. Ich nehme seine Hand und freu mich auf das, was kommt.

Lucy steht in einem Grüppchen von aufgeregten Mädchen, und ich stelle mit Stolz fest, dass mein Patenkind mit weitem Abstand das entzückendste ist. Als sie mich sieht, rennt sie zu mir und streckt ihre Arme nach der Tüte aus. «Oh, ist die schön.» Ich bin sehr glücklich. Zum Dank fasst Lucy mit zwei klebrigen Händchen in mein Gesicht und drückt mir einen Himbeereis-Kuss auf die Wange. Dann verschwindet sie mit ihrer Beute in der Menge.

Die Darbietung in der Aula ist sehr lustig. Zweit- und Drittklässler haben Lieder und Turnübungen vorbereitet. Überall wuseln kleine Kinder durch die Gegend. Die anderen Schultüten, das sehe ich auf den ersten Blick, können sich nicht mit meiner messen. Pseudoindividualisierte Massenware. Ich bin sehr zufrieden. Ein Kind bewundert auch gleich gebührend die Schmetterlinge auf Lucys Tüte. «Die kann man nachher abziehen und dann an die Wand zu Hause kleben», kläre ich sie auf.

Was für ein schöner Tag. Ich bin sehr stolz auf Lucy. Mein Patenkind. Das erste Mal, dass sie ohne ihre Eltern unterwegs war, war mit mir. Da waren wir im Zoo. Und auch wenn sich Lucy nur für die Perlhühner im ersten Käfig gleich am Eingang interessiert hat, war es doch ein Erfolg. Patenkinder sind anders als Kinder anderer Freunde. Man begeistert sich mehr für ihre Entwicklung, man freut sich über ihre kleinen Glücksmomente, und man kann gemeinsam Abenteuer erleben. Toll sind auch Geburtstage und Weihnachten, da kann man den Kindern Geschenke machen, die man selbst als Kind gerne gehabt hätte und die ihre Eltern ihnen nie kaufen würden.

Heute, bei der Einschulung, bin ich allerdings nicht so wichtig. Es sind Massen von Verwandten und Freunden da. Daniel und ich sind leicht überfordert mit der Situation.

Gehören die alle zu Lucy? Leider fällt Daniel zuerst eine gute Ausrede ein. «Ich muss noch mal dringend telefonieren», sagt er, «es gibt Stress mit der Haustechnik.» Und dann verabschiedet er sich für eine «halbe Stunde». Er gibt mir noch einen Kuss. «Ich komm später nach, okay?»

Die Abreise von der Schule wird komplett chaotisch, weil eine Hundertschaft auf Autos verteilt werden muss. Das Foto vor der Schule, die historische Aufnahme mit der historischen Tüte, geht im allgemeinen Wirbel unter. Vielleicht macht man das auch gar nicht mehr. Als ich Thomas quengelnd darauf hinweise, ist Lucy bereits von ihrer Mutter abtransportiert worden. Zu Hause wartet ja das Kinderfest. Also fahren wir auch.

Maja hat wirklich alles gegeben. Die beiden Apfelbäume sind mit weißen Pompons geschmückt, die Büsche mit Girlanden verziert. Lucy hat zur Einschulung einen aufblasbaren Mini-Pool mit eigener Wasserrutsche bekommen, der jetzt neben dem Trampolin steht.

Die ersten Mütter, die bereits im Garten angekommen sind, haben sich in eine Diskussion über die Frage vertieft, ob es sinnvoll für die kindliche Entwicklung sei, ein Trampolin und einen Mini-Pool gleichzeitig zur Benutzung zu haben. Es haben sich bereits zwei Lager gebildet. Die Gesundheitsfraktion, der es vor allem um den physiologischen Aspekt ging (Wie viel Wasserturnen und Hüpfen ist gut für das Kind?), gegen die emotionalen Mütter, die sich fragten, was es mit der Psyche des Kindes mache, wenn es so ein Überangebot an Sportgeräten im Garten hätte. Die Lager sind natürlich auch untereinander gespalten.

Als ich dazukomme, verstummt die Diskussion. Es scheint klar, dass ich nichts zu der Thematik beitragen könne. «Tja», sage ich. «Also mit dem Wetter hat Maja wirklich Glück gehabt.» Die anderen lächeln mich milde an. Dann gehe ich wieder ins Haus. Ich weiß nicht so recht, mit wem ich reden kann. Meine einzige mir verbliebene Nicht-Mütter-Freundin ist nicht da. Julia verspätet sich aus irgendeinem Grund. Wahrscheinlich ist der Grund ihre Abneigung gegen Mutti-Partys, auf denen alle nur über ihre Goldstücke reden.

Zur großen Einschulungsparty ist natürlich auch Ellen mit ihren Kindern gekommen. Ellen ist ihrem Ruf der Super-Mutter mal wieder gerecht geworden: Ihr Ältester, Lukas, hat eine eigene, sehr bunte und sehr schöne Schultüte gebastelt für Lucy. Auch sein Bruder, zwei Jahre alt, überreicht Lucy ein rosa-silbernes Ungetüm mit Einhorn drauf. Zweimal Konkurrenz für meine Tüte. Und bedauerlicherweise ernsthafte Konkurrenz. Im Laufe des Nachmittags kommen noch zwei andere Tüten von Ex-Kita-Muttis dazu. Später bringt die Nachbarin eine dieser bunten, sechseckigen Tüten mit Phantasiefohlen vorbei, und Sarah, die neue Freundin von Kai, die sich offensichtlich beliebt machen will, präsentiert auch eine eigene Tüte. Auch ihre ist ziemlich gut: Die Oberfläche sieht aus wie ein Meer, in dem sich glitzernde Fische tummeln. Ein paar springen mit Hilfe von Draht sogar aus den Wellen. Sarah gefällt mir. Die hat Ideen, das merkt man sofort.

Irgendwann liegt der Tisch voller Schultüten. Fast alle, die Lucy eine Schultüte geschenkt haben, haben auch eine kleinere Version für ihre kleine Schwester Emma mitgebracht. Ich kann die Tüten auf dem Tisch gar nicht mehr zählen. Lucy kramt in zwei Schultüten rum und geht dann mit den anderen Kindern zum naturwissenschaftlichen Kinder-Animationsprogramm, das Maja für das Fest gebucht hat.

Ich hatte Angst davor gehabt, das Kind mit meiner Tüte zu enttäuschen, jetzt bin ich selbst enttäuscht. Ich habe gehofft, dass Lucy die Tüte genauso viel bedeuten würde wie mir. Nun tue ich mir auch noch selber leid. Es ist ein bisschen erbärmlich. Geht es mir jetzt eigentlich um Lucy oder um mich selbst?

Die Sache ist mir aus der Hand geglitten. Wem hatte ich hier eigentlich etwas beweisen wollen? Vielleicht vor allem mir. Dass ich, auch wenn ich kein eigenes Kind habe, jederzeit eine phantastische Mutter sein könnte.

Wie schützen sich Mütter eigentlich vor diesen Enttäuschungen? Wenn sie sich tagelang mit so etwas Simplem beschäftigt haben wie einer Schultüte oder einem Geschenk von der Zahnfee oder einem Ausflug, und die Kinder lassen es links liegen?

Maja muss beobachtet haben, wie ich sinnend vor dem Geschenketisch stehe. Sie kommt zu mir, legt den Arm um meine Schultern. Eine Sekunde lang habe ich Angst, dass sie wieder zu einem ihrer gefürchteten «Du musst einfach mal ...»-Sätze anhebt. Aber ich täusche mich.

«Deine ist mit Abstand die tollste», sagt Maja und lacht. «Gut, dass ich dir Stress gemacht habe.» – «Ja», sage ich, «da hast du recht.» – «Ich habe Lucy damit vor der Schule fotografiert, sie war ganz begeistert von der Tüte, die Bilder werden sicher klasse.» Es gibt also doch ein Foto, ich habe wohl nicht richtig aufgepasst. Ich lächele Maja an, ich bin wieder etwas versöhnt mit der Welt.

Ich mache mich so oft über Maja lustig, wenn sie versucht, die perfekteste aller Mütter zu sein. Dabei wäre ich sicher nicht anders. Ich hatte nur einen Tag Perfektionsterror und bin schon voll eingestiegen in den Konkurrenzkampf der Top-Mütter. Und das ganz ohne Kind. Dieser Wettkampf hat gar nicht so viel mit Maja selbst zu tun als vielmehr mit der Welt um sie rum, die Welt der Kinderboutiquen-Leiterinnen, Bastelläden-Besitzer und Vorschulmütter, die sich mit wenig anderem beschäftigen als dem, was das Beste für das Kind ist. Kein Wunder, dass Maja sich verändert hat, wenn sie dem permanent ausgesetzt ist.

Vielleicht sollte ich in Zukunft weniger Mühe darauf verwenden, darüber nachzudenken, ob Maja eine gute Mutter ist. Vielleicht sollte ich sie etwas mehr dafür bewundern, wie sie es überhaupt schafft, eine Mutter zu sein, obwohl doch jeder glaubt, er könnte den Job besser.

2. Die frohe Botschaft

WIE JULIA MIT MIR SCHLUSS MACHT

Julia hat schon so einen geheimnisvollen Blick, als sie mich an der Tür begrüßt. «Endlich kommst du», sagt sie und zieht mich hastig in den Flur. «Es gibt Neuigkeiten.» – «Was ist los?», frage ich. Aber sie vertröstet mich lächelnd. «Komm erst mal rein.» Bedeutungsvoll tänzelt sie mit ihren langen Beinen den Gang entlang, ihr Pferdeschwanz wippt mit jeder Bewegung. Aber in der Küche, in der neuen Einbauküche in ihrer Erstbezugs-Eigentumswohnung, nimmt sie nur ein einziges Glas aus dem Schrank.

Ein Sektglas. Ich ahne nichts Gutes, will aber nicht gleich das Schlimmste befürchten. Es gibt Tage, da hat sich die ganze Welt gegen einen verschworen, da braucht man seine beste Freundin dringender als sonst. So ein Tag ist heute. Daniel und ich hatten einen seltsamen Morgen. Wir sind erst vor ein paar Monaten zusammengezogen, und eigentlich lief es gut. Aber heute Morgen hat er auf einmal gesagt, es ginge ihm alles etwas schnell mit uns und er sei überfordert von meinen Erwartungen. Er würde am Wochenende mal mit einem Freund wegfahren. Einfach so, ein bisschen Jungszeit haben.

Also hoffe ich, dass es für Julias Inszenierung eine ganz simple Erklärung gibt. Vielleicht hat Julia ihren Bonus doch noch gekriegt, oder Marc hat endlich eingesehen, dass World of Warcraft keine abendfüllende Beschäftigung für einen erwachsenen Mann ist, vielleicht hat Ellen wieder eines ihrer verrückten Dinger abgezogen, oder Katinka hat sich endlich von ihrem Mann getrennt. Es gibt unendlich viele Möglichkeiten für Neuigkeiten. «Sag schon, was ist los?», frage ich ungeduldig.

Julia holt eine Flasche Prosecco aus dem Kühlschrank. Das ist kein gutes Zeichen. Julia ist kein «Jetzt trinken wir erst mal ein Prosetscho»-Weibchen. So etwas kenne ich nicht von ihr. «Es gibt was zu feiern», sagt sie und lächelt wieder so verschwörerisch. «Mit nur einem Glas?», frage ich und versuche, meine Stimme möglichst fest klingen zu lassen. Ich gebe ihr Zeit, damit sie mir erklären kann, dass ihr Sekt schon im Wohnzimmer steht, dass sie sich einen hochtoxischen Cocktail gemischt hätte, dass sie den ganzen Tag schon auf Dröhnung sei. Aber sie tut mir den Gefallen nicht. «Nein.» Julia dreht sich mit einer schwungvollen Geste um und strahlt mich an. «Ich trinke nicht!» Mir wird flau, ich lehne mich an die Wand. Julia lächelt, macht eine kleine Kunstpause und holt tief Luft. Bitte, sag es nicht, denke ich, bitte, nicht heute, und sie sagt: «Ich bin schwanger.» – «Oh», sage ich. «Diesmal wirklich», sagt sie. «Oh», sage ich wieder. «Achte Woche», sagt Julia. Aus ihrem Mund klingt es wie: Goldmedaille. Oh, nein, denke ich, nicht auch noch du.

«Oh», sage ich noch mal. Und dann schnell hinterher: «Toll.» Pause. «Also toll für dich.» Pause. «Also für mich natürlich auch.» Pause. «Und für Marc … für Marc ja sowieso, also für den besonders. Natürlich genauso wie für dich. Also für dich noch mehr.» Aus der Sache komme ich nicht mehr raus. Ich überlege kurz, hole tief Luft und sage: «Also, ich freue mich wahnsinnig.» Dann aber fällt mir nichts mehr ein. Mehr Schwachsinn kann selbst ich nicht in dreißig Sekunden sagen. Glücklicherweise hört die neue Julia meinem hilflosen Gestammele gar nicht zu. Sie tänzelt fröhlich weiter in Richtung Wohnzimmer, ihr Pferdeschwanz wippt, und ich folge.

Ich habe gelogen. Eine Notlüge zwar, aber dennoch eine Lüge. Ich freue mich kein bisschen. Wieso auch? Ich habe nichts gegen Kinder, aber müssen sie unbedingt die letzte mir verbliebene Voll-Freundin bevölkern? Sie haben doch schon alle anderen verschlungen! Ich bin ohnehin fast nur noch auf Kindergeburtstagen, Kita-Festen und Spielplätzen. Hört das denn nie auf? Darf ich wirklich noch nicht mal Julia behalten?

Ich weiß, Julia meint es nicht so. Sie hat gar nicht mitbekommen, was hier geschehen ist. Sie hat keine Ahnung, was ihre Worte bedeuten oder welche Folgen sie haben. Für sie geht es hier nicht um mich. Aber machen wir uns nichts vor: Julia hat gerade mit mir Schluss gemacht.

Mir ist ein bisschen schwindelig. Ich versuche, auf cool zu machen. Bitte, es ist ja ihr Leben. Sie wird schon wissen, was das Beste für sie ist. Schwanger, klar, warum nicht. Sie musste ja auch unbedingt Voltigieren lernen, als wir elf waren, und dann diese bescheuerte Idee, die sie mit Mitte zwanzig hatte, dass wir beide eine Schafzucht in Neuseeland betreiben sollten. Dann ist es also diesmal ein Kind.

Tränen schießen mir in die Augen. Irgendwo im Universum gibt es einen kleinen Knall, eine Tür ist zugefallen. Ich will gerade nicht hier sein. Ich kann Julia jetzt unmöglich eine Szene machen. Aber ich würde am liebsten abhauen. Zu meiner Mutter fliehen und mich von ihr trösten lassen. Wie heißt noch mal die neue Freundin von Kai? Die, die noch keine Kinder hat. Sarah, oder? Die wird sicher bald meine neue beste Freundin.

Mein Melodram ist leider völlig unangebracht. Julia ist Mitte dreißig, es handelt sich hier nicht um eine Teenager-Schwangerschaft. Ich habe auch gewusst, dass sie sich Kinder wünscht, ja, dass sie es sogar mit allen Mitteln versucht. Aber jetzt, als der Moment dann da ist, ist es eben doch ein großer Schreck. Da werde ich ja wohl noch ein Recht drauf haben. «Oh», sage ich noch mal in den Raum rein und wünsche mir intensiv die Zeit zurück, in der man auf diese Meldung zu einer Freundin sagen konnte: «Oje? Und jetzt?»

Aber es ist längst klar, was jetzt ist: Die Zeit der Freundschaft ist vorbei, jetzt ist Familie: Sonntagsausflüge statt Samstagnächte, praktische Parkas statt Pumps, Spielplatz statt Thekenplatz, Stillkrise statt Krimkonflikt, Kurzhaarfrisur statt Curls.

Schweigend setzen wir uns aufs Sofa, und unter meinen entsetzten Blicken kuschelt sich Julia unter eine nagelneue pinke Plüschdecke. Ab jetzt herrscht die Gemütlichkeit. Ich schaue mich im Zimmer um, die Zeichen sind nicht zu übersehen: Hier wird ein Nest gebaut. Angefangen hatte es ja bereits mit der Eigentumswohnung im Kollwitzkiez, der aussieht wie die überdimensionierte Filiale eines dänischen Kindermöbelherstellers. Bislang war die Wohnung von Julia und Marc die letzte Erwachsenenwohnung im Kiez. Aber das wird sich jetzt ändern.

Mit der Einnistung wird nun auch das Interieur der Wohnung elterngerecht umgerüstet. Ich habe das Spiel mit Maja bereits durchgespielt: Eine moderne Familien-Wohnung ist ein Panic-Room, möglichst perfekt von der Außenwelt abgeschirmt und innen mit Watte ausgelegt. Julia, meine lässige coole Freundin Julia, wird alle Ecken an allen Möbeln mit glubschigen Plastik-Oschis kindersicher machen, es werden weiße Stolpferfallen-Schiebegitter vor allen Türen installiert, und man kommt an keine Steckdose mehr dran. Alle Regale, Schubladen und Schränke in Kleinkindhöhe werden evakuiert, und im Bad stapeln sich Stepper, Töpfchen und Wickelauflagen. Julia wird nicht mehr ausgehen wollen in diese hässliche Welt da draußen, sie wird zu Hause brüten. Ein Zweck, zu dem immer mehr Kissen angeschafft werden und Eisbärfelle für den Boden und kleine Mobiles mit Vögeln, die von der Decke hängen, und Julia wird da sitzen in gemütlichen Schwangerschaftshosen und selig lächeln. Ungefähr so, wie sie es gerade schon macht.

Eine von uns sollte jetzt etwas sagen. Es ist ein Charakteristikum unserer Freundschaft, dass wir uns immer etwas zu sagen haben, so war das immer schon. Andere Menschen können uns kaum verstehen, weil wir so schnell und so viel reden, manchmal sprechen wir sogar gleichzeitig, weil wir uns ständig etwas mitteilen wollen. So sind wir. Julia und ich. Ich und Julia. Das wissen alle.

Aber jetzt weiß ich zum allerersten Mal seit dreißig Jahren nicht, was ich sagen könnte. Alle Fragen nach dem Kind, Geschlecht, Haarfarbe, Größe oder so, erübrigen sich, da hat Julia sicher auch noch keine näheren Informationen. Von eigenen Erfahrungen mit Schwangerschaften kann ich auch nicht reden. Ob sie Informationen über die Schwangerschaften anderer begrüßen würde? Wohl kaum. Die letzte Möglichkeit, die mir einfällt, ist, das Thema zu wechseln. Aber das wäre unhöflich.

«Geht es dir gut?», frage ich schließlich. Julia lächelt selig.

Mein Gott, gibt es auch noch andere Gefühlsregungen von ihr heute? «Phantastisch», sagt sie. «Toll», sage ich. Und dann nicken wir beide ein bisschen vor uns hin und lächeln – eine glücklich, eine ein bisschen weniger glücklich.

Im Geiste nehme ich Abschied von Julias Wohnzimmer. Marc und sie wohnen erst ein paar Monate hier, trotzdem sind bereits einige Partys gefeiert worden, die in die Geschichte eingehen. Marcs Bar wird vermutlich die Geburt nicht überstehen, auch für die weiße Ledercouch sehe ich schwarz. Wenn das Kind auf der Welt ist, werden hier Indianerzelte und Lego-Zivilisationen und Berge von undefinierbarem, krachmachendem Spielzeug einziehen. Man wird ständig Sorge haben, auf einen Schnuller zu treten oder, schlimmer, in ein frisch bespucktes Spucktuch zu greifen. Julia wird mitten im Raum stehen und leicht auf und ab wippen, um einen schreienden Säugling davon abzuhalten, uns den letzten Raub zu nerven. Kinder, und seien sie auch noch so klein, haben ein sehr genaues Gespür dafür, was für andere Menschen gemütlich ist. Ihre Mission ist es, das zu verhindern.

Ich hatte mit Julia gezittert, Monat für Monat, wann eine dieser orientierungslosen, kopfdeformierten Spermien von Marc es denn nun endlich schaffen würde, die Eizelle zu entern. Aber dennoch hatte ich in einer kleinen Ecke meines Herzens sehr egoistisch gehofft, dass es nicht so bald sein wird. Dass Julia und ich noch Zeit haben, bevor sie diesen großen Satz sagt: Ich bin schwanger.

Dieser Satz ist ein mächtiger Zauberspruch. Einmal ausgesprochen, beginnt die Verwandlung. Schwanger zu sein, heißt keineswegs nur, dass man mit großer Wahrscheinlichkeit ein Kind bekommt. Schwanger zu sein, heißt, dass man

Mutter wird. Und welche Art Mutter, ist die letzte ideologische Frage unserer Zeit.

«Ach, meine Süße, ich freu mich ja so für dich», wiederhole ich mich, und dann umarme ich meine Freundin schnell. Julia merkt nichts. Sie strahlt wie der Heizstrahler, den sie nun bald in ihrem Bad installieren wird, damit dem kleinen Schatz beim Baden nicht kalt wird.

Es hat ewig gedauert, bis wir uns die Selbständigkeit erkämpft haben, die wir jetzt genießen. Zum ersten Mal einen Job mit Verantwortung, ein Gehalt, mit dem man sich auch mal Blödsinn kaufen kann, eine Wohnung für Erwachsene, wo nicht die Hälfte der verranzten Möbel noch von einem WG-Vormieter aus Urzeiten stammt. Gut, zugegebenermaßen war das eigentlich schon ziemlich lange so. Aber ich hatte nicht das geringste Interesse daran, dass sich an dieser Situation etwas änderte. Wir sind doch selbst noch halbe Kinder. Gut, Kinder, die bald vierzig werden.

Wo kommt denn nur diese Hektik her?

Julia ist meine beste Freundin. Aber jetzt wird sie Mutter, und damit werde ich Statistin in ihrem Kindertheater. Ich werde danebenstehen, wenn sie mit ihrer Tochter, die noch nicht mal sitzen kann, in Kinderstimme Diskussionen über den Brei führt. Na? Ist der zu heiß? Nein, die Mama hat ihn schön gekühlt, da, probier mal. Doch zu heiß? Na? Wenn die Tochter zwei ist, kommt zur Essensdiskussion die Bekleidungsfrage. Willst du das nicht anziehen? Nein? Magst du lieber das? Das auch nicht? Die rosa Strumpfhose? Die lila Glitzerschuhe? Julia wird in einer Tour von dem Kind wissen wollen, was es will. Ob es denn nun rutschen wolle oder lieber doch nicht, ob es etwas trinken wolle, ob es denn müde sei. Nur den wenigsten Kindern gönnt man ja den Luxus, dass irgendetwas einfach selbstverständlich ist. Heute müssen Kinder alles mitentscheiden. Jeden bescheuerten oder noch so banalen Schritt in ihrem Leben. Und wenn sie sich dann für etwas entschieden haben, dann applaudieren ihre Eltern wie irre. Toll hast du das gemacht. Super. Großartig. Julia hat sich früher über so etwas immer lustig gemacht. Jetzt wird sie die Seiten wechseln.

In den Feuilletons gab es jüngst eine Debatte darüber, ob man wahnsinnig sein muss, wenn man heute ein Kind bekommt. Die Frage ist eher, ob man wahnsinnig sein muss, wenn man heute ein Kind ist. Anders als die Eltern, haben die Kinder aber keine Wahl.

Durch ihre neue Lebensphase wird Julia auch neue Freundinnen finden. Stinklangweilige Karins und Ullas und Astrids, die wir früher ignoriert oder ironisiert hätten, aber von denen Julia jetzt in der Geburtsvorbereitungs-, Atem-, Rückbildungs- oder PEKiP-Gruppen feststellt, dass man ja so viele tolle, gemeinsame Interessen hat, nämlich die Brutpflege. Diese gesundheitsorientierten, gut organisierten Übermütter werden ständig bei allem dabei sein mit ihren eigenen verzogenen Blagen und ihren faden Anekdoten darüber, wie ihre Nachbarin doch tatsächlich ihrem Kind mal industriell gefertigten Brei gefüttert hat oder wie ihnen jüngst – kicher, kicher – fast ein ganzes Tablett ihrer glutenfreien Dinkel-Kekse verbrannt wäre.

Julia ist großartig, aber wird sie es bleiben? Die toughsten Frauen werden als Mütter auf einmal seltsam weich. Ich habe Unternehmensgründerinnen erlebt, die beim Anblick eines Katzenjungen in Tränen ausbrachen. Frauen mit Personalverantwortung, die auf einmal nicht mehr entscheiden können, ob es nun warm genug sei, dass Florin im Mai ohne Mütze auf die Schaukel kann. Frauen, die sechs Wochen mit dem Rucksack durch Indien reisten, sind gerade noch für ein Wellness-Wochenende zu gewinnen. Mit Kind natürlich. Für das dann die Sauna zu heiß ist.

Ich kenne das alles bereits im Schlaf. Fast alle meine Freundinnen sind Mütter. Die meisten mehrfache. Die Freundschaft wird durch das neue Familienglück total entwertet. Man verliert sich. Neulich postete eine meiner Exfreundinnen aus Studienzeiten ein Foto ihrer Kinder mit den Grußkarten, die sie ihr zum Muttertag gebastelt hatten, auf Facebook. «Super-Mama» und «Ich hab dich lieb, Mama» stand auf den Karten. Auf dem Bild waren drei Mädchen zu sehen. Ich hätte schwören können, als ich sie das letzte Mal gesehen habe, hatte sie zwei Jungen.

Manche Freundinnen wirken im Nachhinein so, als wäre die Zeit unserer Freundschaft für sie nur eine Warteschleife gewesen. Mit diesen Freundinnen bin ich nächtelang um die Häuser gezogen und habe diverse Männer kennengelernt, aber als sie dann Mutter wurden, wollten sie von dieser Zeit der Irrungen und Wirrungen absolut nichts mehr wissen und taten so, als habe sich ihr ganzes Leben immer schon um diese Kinder und diesen Mann gedreht. Als Mütter behandeln sie ihre kinderlosen Freundinnen so, als seien die nur zufällige Bekanntschaften in der Schlange gewesen, bevor sie endlich in den Flieger nach Family Island einchecken konnten.

Ich hatte früher auch viele männliche Freunde. Manche aus der Schule, manche aus dem Studium, andere einfach so, von irgendwoher, von einem Konzert oder einer Party. Sobald geklärt ist, dass man kein Paar werden wird, kann man wunderbar mit Männern befreundet sein. Bis diese Männer Väter werden. Ein paar meiner männlichen Freunde sind

Softie-Väter, die nur noch mit Kinderabholen und Kinderausflügen und Kinder-zum-Schwimmen-Fahren beschäftigt sind. Wenn ich sie frage, ob sie mit mir ein Bier trinken gehen, dann müssen sie immer erst ihre Frau fragen, ob es nicht schon einen anderen gesellschaftlichen Termin an diesem Abend gibt. Andere Freunde sind durch die Vaterschaft Macho-Männer geworden, die ständig von Verantwortung und Familie-Ernähren und ähnlichem Kram reden und einem große und lange Vorträge über Moral und Lebenswandel halten. Sie gehen kein Bier mehr mit mir trinken, weil sie das jetzt nur noch mit Leuten machen, mit denen sie beruflich zu tun haben. Andere sind einfach abgetaucht, von denen kann ich nicht sagen, ob nun als Macho oder Softie.

Alle drei Varianten sind schwierig, und das Resultat ist dasselbe: Man kriegt die Freunde nicht mehr zu Gesicht und wenn doch, dann sind sie komplett erschöpft. Man kann nur noch Kontakt mit ihnen halten, wenn man sich mit ihren Frauen anfreundet. Und das ist ein Opfer, das ich nicht in jedem Falle auf mich nehmen konnte.

Es hat mir um die Freundschaften leidgetan, die ich verloren habe, aber mit der Zeit blieb mir nichts anderes übrig, als mich daran zu gewöhnen. Selbst bei den engsten Freunden, denen, die man wirklich nicht loslassen will, ist es eine große Anstrengung, befreundet zu bleiben. Ich habe kinderlose Bekannte, die sagen mir, ich sei verrückt. Die streichen jeden ihrer Freunde von ihrer Liste, sobald die Kinder bekommen. Das ist mir zu blöd. Dazu sind mir meine Freunde zu wichtig.

Mit Julia aber hat die Geschichte einen neuen Höhepunkt erreicht. Noch mag ich mir gar nicht vorstellen, wie ihre baldige Lebensaufgabe sie verändern könnte. Ich kenne kaum einen Menschen, der so sehr seinen eigenen Weg verfolgt, wie

Julia. Niemand kann gleichzeitig so gut auf andere eingehen und sie verstehen wie sie. Und niemand bleibt doch so sehr sich selber treu. Wie wird es sein, wenn sie zu zweit ist? Wird sie so werden wie alle anderen? Oder gelingt es ihr, Julia zu bleiben?

Das dürfte schwer werden. Selbst wenn sich Julia gegen den Zeitgeist dafür entscheiden würde, eine fröhliche und freie Mutter zu sein, dann müsste sie sich immer noch der Müttermafia erwehren, die hart gegen Abweichler vorgeht. Das Schlimmste für Eltern sind nämlich andere Eltern.

Mütter und Väter kontrollieren einander, regen sich auf, wenn eine Mutter oder ein Vater irgendetwas anders macht als sie selbst, dass man so doch wirklich nicht mit Kindern umgehe, sie beschweren sich, dass die dämlichen Kinder der anderen ihr Goldstück bei der Entwicklung blockieren, ja, sogar, was die anderen Eltern ihren Kinder anziehen oder zu essen geben, kann ein Thema für Eltern sein.

Ich habe oft gehört, dass es auch sehr lockere Eltern gebe, solche, denen alles leicht von der Hand geht und die überhaupt keine Probleme haben, das Neugeborene in das Leben zu integrieren, das sie leben wollen. Die auch einmal einen Tag ohne ihr Kind überstehen können. Kennen tue ich allerdings keine.

Die Eltern, die ich kenne, sind zwei bis drei Jahre lang dauermüde, sie haben Krisen mit ihrem Partner und ihren Kindern, und mindestens einmal im Monat stehen sie nachts am Kinderbett eines hellwachen Kindes oder holen ein komplett durchnässtes Kind aus einer Pfütze oder versuchen, ein schreiendes Kind in einem übervollen, total genervten Zug zu beruhigen, und denken sich, warum habe ich das alles nur getan.

Man muss heute wahnsinnig sein, um ein Kind zu bekommen, aber es macht einen auch wahnsinnig glücklich. Auch das habe ich bei meinen Freunden gesehen. Und weil es sie so glücklich macht, freut man sich selbst auch mit über die kleinen Hosenscheißer. Meistens jedenfalls.

Spätestens mit der Geburt beginnt die neue Zeitrechnung, die Eltern und Kinderlose trennt: Eltern kommen grundsätzlich eine halbe Stunde zu jedem Treffen zu spät, alles andere kann schließlich warten, wenn Peter Plüschohr noch im Kinderzimmer vermisst gemeldet ist. Holt man Eltern zu Hause ab, dann verbringen sie Stunden damit, die Kinderwagen so vollzupacken, dass sie die nächsten zehn Tage auf dem Spielplatz als Selbstversorger überleben können. Hat man das ganze Zeug aus dem vierten Stock endlich nach unten geschleppt, fällt ihnen ein, dass sie die Förmchen vergessen haben.

Eltern machen einem auch gerne klar, wie wenig man selbst geeignet ist, Mutter zu sein. Sie sitzen mit ihrem brüllenden Engel im Café und begrüßen einen mit den Worten: «Bevor du kamst, war Lotta total lieb.» Sie sagen: «Kannst du mal eben auf Karl aufpassen, ich bin gleich wieder da?» Aber dann tauchen sie erst wieder auf, wenn Karl den Hund vom Nachbartisch angefallen, den Cappuccino umgestoßen hat und heult. Dann schauen einen diese Eltern an und sagen: «Du kannst aber nicht so gut mit Kindern. Gut, dass du keine hast.»

Aber das stimmt nicht. Es ist überhaupt nicht gut, dass ich keine Kinder habe. Sondern ein bloßer Zufall. Es passt eben seit Jahren nicht, mal mit dem Freund, mal mit dem Job, mal mit der Wohnung. Mal mit allem zusammen. Jetzt aber habe ich Daniel. Vielleicht ändert sich meine Einstellung schon bald.

Noch aber sage ich: Wenn Freundinnen Mütter werden, dann sind sie keine Freundinnen mehr. Zumindest nicht am Anfang. Auf einmal für einen sehr kleinen, sehr unselbständigen Menschen verantwortlich zu sein, ist nun mal eine riesige Herausforderung, dahinter tritt alles andere zurück. Muss es auch. Aber schade ist es trotzdem. Mich erwartet eine gewaltige narzisstische Kränkung, denn: Es geht hier leider absolut nicht um mich.

«Okay», sagt Julia, «sag bitte, wenn du es blöd findest.» – «Nein», sage ich. «Absolut nicht, was denn überhaupt?» – «Du musst es wirklich sagen.» – «Ich verspreche es.» – «Okay», sagt Julia noch mal, «soll ich dir das erste Ultraschallbild zeigen?» – «Au ja», sage ich wenig überzeugend. Julia kramt in einer großen blauen Tasche eines Babypuderherstellers, die sie beim Frauenarzt geschenkt bekommen hat, und bringt einiges zum Vorschein. Eine Broschüre mit Gymnastiktipps für Schwangere, einen Katalog eines Internetversandes von Schwangerenmode, ein Info-Schreiben vom Jugendamt auf Deutsch und Türkisch, die anbieten, einem dabei zu helfen, die Wohnung babyfreundlich zu machen, und gleich eine lange Liste an Geboten und Verboten liefern, einen Katalog eines Kinderwagenherstellers; sogar ein Probeset Stilleinlagen ist darin.

Schließlich findet Julia ihren Mutterpass ganz unten in der Tasche neben einer Probepackung von kleinen, sauteuren Tabletten, die die Pharma-Industrie sich als Ernährungszusatz für werdende Mütter ausgedacht hat. Im Mutterpass liegt ein kleines Bild mit sehr viel Grau und Schwarz. In einer Art Schneelandschaft zeichnen sich die Umrisse einer Zipfelmütze ab. In der Zipfelmütze ist eine kleine Blase, und in dieser Blase ist wiederum etwas, das ich beim besten Willen nicht zuordnen kann. Ich versuche fieberhaft, das Bild zu deuten, aber es gelingt mir nicht. «Ist das, äh, ...?», frage ich. Julia nickt. Wie nennt man das jetzt? Dein Kind? Zu früh. Der Fötus? Zu unpersönlich und mit großer Wahrscheinlichkeit nicht korrekt. Der Wurm? Könnte falsch verstanden werden. Wie redet man über so ein kleines Wesen, das einem selbst noch völlig fremd ist, das für die beste Freundin aber schon die ganze Welt bedeutet?

Julia starrt fasziniert auf das Bild in ihrer Hand. Ich weiß, dass ich jetzt etwas Entscheidendes sagen muss, etwas, woran wir uns später immer erinnern können. Aber ich weiß nicht, was das sein könnte. Bei längerer Betrachtung erscheint mir das, was da in der Blase ist, wie ein kleiner erdnussförmiger Kosmonaut. Allerdings würde Julia so einen Vergleich vermutlich nicht begrüßen. Und wenn ich jetzt sage: Ganz die Mama? Nein, es ist wohl eher kein Moment für Witze.

Schließlich sage ich: «Sag mal, steht der auf dem Kopf?» Julia stößt Luft aus. Es ist nicht die Reaktion, die sie sich erhofft hatte. «Das machen die alle.» – «Aha.» Wir schauen weiter auf das Bild. «Schön», sage ich dann, obwohl ich ahne, dass auch sie weiß, dass das Blödsinn ist. «Ganz ehrlich», sagt Julia. «Da sieht man doch gar nix drauf.» Wir lachen. Ich bin etwas erleichtert. Es ist also nicht alles sakrosankt, was mit dieser Schwangerschaft zu tun hat.

Ich nehme noch einen Schluck von meinem einsamen Sekt und bedauere mich ein bisschen, dass ich jetzt nur noch die Nummer drei bei Julia sein werde. Wenn überhaupt. Wahrscheinlich wird mich Julias Mutter sogar noch auf Platz vier verdrängen. Und Ellen, die ja schon zwei Kinder hat, wird sicher auch eine Konkurrentin werden. Platz fünf?

Es ist furchtbar, dass ich das zugeben muss, aber ich bin

ein wenig enttäuscht. Ich hatte immer gehofft, wir würden gemeinsam schwanger sein, eines fernen Tages. Wir würden das gemeinsam durchstehen, uns an den wachsenden Bäuchen freuen, gemeinsam in die Klinik gehen, und die Kinder, die würden Mädchen und Freundinnen, so wie wir es sind. Und was ist jetzt mit mir?

Je älter ich werde, desto schwieriger wird es natürlich auch, Mütter, die nicht meine Mutter sind, aus meinem Leben auszublenden. Es sind einfach zu viele. Meine beiden Schwestern haben längst Kinder, die meisten meiner Freundinnen auch. Ich habe vier Nichten, einen Neffen und sechs Patenkinder. Allerdings gibt es da Überschneidungen. Wenn auf Partys die anderen Frauen von ihren Kindern sprechen, von Einschulungs- oder Einschlafproblemen, von der Kinderbuchheldin Conni oder den Problemen mit der Tai-Chi-Lehrerin im Kindergarten, dann kann ich mitreden. Dank meiner Patenkinder habe ich weiterhin Möglichkeiten zum sozialen Austausch. Über etwas anderes als Kinder, andere Mütter und Väter, über Kitaplätze und Kita-Erzieherinnen oder Eispreise wollen Eltern ja ohnehin nicht mehr reden.

Ich habe mich meinem neuen Umfeld hervorragend angepasst. Mein Handyhintergrund ist ein Bild von meinem wunderbaren Patensohn, meinen Schreibtisch in der Redaktion umranken Fotos von Nichten und Neffen, an meiner Wand im Wohnzimmer hängen krakelige Kinderzeichnungen. Ich kenne jeden Kinderfilm, der neu erscheint, weil ich mit meinen Patenkindern sehr gerne ins Kino gehe. Wenn ich abends auf Kinder aufpasse, dann lese ich lieber die Mumins oder Bullerbü vor als Lauras Stern, aber ich bin in dieser Frage nicht ideologisch.

Politisch gehöre ich zur Fraktion, die gegen Englisch-AG

im Kindergarten, aber für Animationsfilme für Dreijährige ist, und ich stimme gerne mit ein in den Chor derer, die beklagen, dass die zeitgenössischen Kinderbücher gar keine Geschichten mehr erzählen, sondern nur noch von langweiligen Alltagsepisoden handeln wie «Conni geht zum Zahnarzt», «Conni lernt Rad fahren», und die den Kindern auch noch die Freude am Lesen dadurch versauen, dass sie die Bücher mit vermeintlichen Kinder-Problemen vollpacken wie «Paul hat zwei Mamas» oder «Siddharta kommt aus Indien» oder «Wo kommen die Kinder her?». Ich bin kurz davor, das zu werden, was die amerikanischen Frauenzeitschriften eine PANK nennen, professional aunt, no kids. Eine kinderlose Übertante.

Die Kinder meiner Schwestern und Freundinnen sind eine Bereicherung für mein Leben. Ich rutsche gern, ich gehe gern ins Schwimmbad, und ich stelle hervorragendes Sandeis her. Nur sieht es etwas seltsam aus, wenn man als erwachsene Frau ohne Kind auf einem Spielplatz auftaucht. Insofern bin ich ganz dankbar über den Kindersegen. Die Kinder sind nicht das Problem. Ihre Eltern sind es.

Bald schon wird Julia bei jedem Treffen, bei dem das Kind nicht dabei ist, eine Standleitung zur Heimatfront haben, nur um sicherzugehen, das Laura-Carlotta bitte auch wirklich den Schlafanzug mit der Erdbeere darauf anzieht. Sie wird mich im Januar anrufen und mich fragen, ob ich sie am 26. März um 19.30 Uhr treffen kann. Zur Not ginge auch 19.45 Uhr. Aber sie müsse das heute festmachen. Sie wird sich verändern, mehr als je zuvor in unserem gemeinsamen Leben.

Ich trinke einen großen Schluck aus meinem Sektglas. Wir schweigen weiter. «Soll ich noch mehr Sekt holen?», fragt Julia in die Stille hinein. «Ja, das ist lieb, danke.» – «Ich kann dir auch was kochen?» – «Danke, aber brauchst du nicht.» – «Du musst aber doch was essen. Du siehst überhaupt blass aus. Arbeitest du nicht etwas viel in letzter Zeit?» O Gott, denke ich, jetzt geht das los.

Ich weiß immer noch nicht, was ich zu Julia sagen soll. Sie sitzt neben mir auf dem Sofa, und ich habe das Gefühl, zwischen uns liegen zwei Kilometer kalter Asphalt. «Ganz schön aufregend», sage ich schließlich. Es ist keine besonders schlaue Bemerkung. Julia lächelt auch nur weiter ihr neugewonnenes Mütterlächeln. Dann fällt mir was ein: «Was sagt denn Marc?» Treffer. Auf Marc ist Verlass, der macht unter Garantie immer irgendetwas Blödes, über das Julia gerne reden will. «Kannst du das fassen?», sagt Julia und setzt sich auf. «Er hat mir gratuliert. Mir. So als wenn nur ich mich darüber freuen würde. Ist doch nicht nur mein Kind. Es war doch seit der Hochzeit klar, dass wir eine Familie werden wollen.»

Aha, Marc beginnt also, die klassischste aller Männerstrategien zu fahren. Er schiebt das Kind Julia zu. Kinder sind Frauensache, Männer helfen ab und zu mal aus oder springen ein, aber nur, wenn sie Lust haben oder explizit aufgefordert wurden. Julia fängt an, sich aufzuregen. Endlich redet sie mit mir, teilt mir mit, was sie denkt und fühlt.

Julia ist wie Familie für mich. Vor drei Jahrzehnten hat sie mich im Sandkasten getroffen. Sie hat mir eine Schaufel dermaßen heftig drübergezogen, dass ich gar nicht anders konnte, als mit einem Baggerwurf zu kontern, und unsere peinlich berührten, eigentlich für Gewaltfreiheit eintretenden Mütter sich anfreundeten. Julia hat alles mit mir geteilt, dreizehn Jahre Schulzeit mit sehr unterschiedlichem Erfolg, Streitereien mit den Eltern und den Geschwistern, die erste Verliebtheit in einen Idioten und die in einen Tollen. Wir studierten in verschiedenen Städten und blieben doch immer miteinander verwachsen. Nur ganz am Anfang des Studiums gab es einmal einen großen Krach. So schlimm, dass wir ein halbes Jahr lang keinen Kontakt hatten. Und dann trafen wir uns wieder auf der Straße, und alles war in einer Sekunde vergessen. Wir haben nie über diese sechs schrecklichen Monate geredet. Aber irgendwie war es klar: Das war der Moment, an dem unsere Freundschaft unsterblich wurde. Nichts, das haben wir uns damals stillschweigend geschworen, könnte uns trennen. Auch das jetzt nicht, sage ich mir tapfer.

«Ich freu mich wirklich wahnsinnig», lüge ich noch mal und umarme sie schnell ein bisschen fester als beim ersten Mal. Julia stellte ihr Heizstrahler-Lächeln auf die höchste Stufe. Die Verwandlung hat begonnen: Julia kriegt schon nicht mehr so richtig mit, was um sie herum geschieht. Sie glüht jetzt förmlich vor Glück. Ich kann mir gar nicht mehr helfen, ich muss mich auch ein bisschen erwärmen. Ich hatte mir ja gerade erst vorgenommen, mit Maja nicht mehr so kleinlich zu sein. Vielleicht kann ich das ja auf Julia erweitern. Wir schaffen das schon, denke ich. Julia hat zwar mit mir Schluss gemacht, aber wir können ja Freunde bleiben. Ich weiß zwar nicht, wie das gehen soll, aber wie es nicht gehen kann, darin gibt es kaum eine größere Expertin als mich.

3. Annas Mamamorphose

WIE MEINE ERSTE FREUNDIN MUTTER WURDE

Als Anna mich anrief und mir sagte, dass sie schwanger sei, fand ich das wahnsinnig aufregend. Das ist jetzt zehn Jahre her, und ich wusste damals noch nichts von Mamamorphosen und Still-Mafias und Väter-Kartellen. «Oh, wie schön», habe ich gesagt. «Sollen wir zur Feier des Ereignisses einen trinken gehen?». Mir fiel sofort auf, dass genau das jetzt nicht mehr passieren würde. «Wollen wir ein Kaffee-und-Kuchen-Date arrangieren?», korrigierte ich mich deswegen schnell. Anna lachte nur. «Du bist ja lustig. Du weißt schon, dass Kaffee absolut tabu ist für Schwangere?» – «Gut, dann trinken wir einen Tee.» – «Da darf ich auch nicht mehr als eine Tasse am Tag. Teein ist genauso gefährlich wie Koffein.» – «Wie wäre es mit einem Kamillentee?» Aber auch das ging nicht. Sie hatte in meiner Stimme eine leichte Erkältung gehört, das sei in ihrem Zustand jetzt gar nicht gut. Felix, ihr Mann, hatte ihr dringend abgeraten, sich auch nur in der Nähe von virenbesetzten Menschen aufzuhalten. «Die Folgeschäden für die Kinder sind unglaublich», sagte Anna. Da ahnte ich, dass die Geschichte schwierig werden könnte.

Als ich virenfrei war, starteten Anna und ich einen zweiten Versuch. Eine Stunde vor dem Date rief Anna an und sagte ab. Ihr Auto startete nicht. «Fahr doch mit dem Rad?» –

«Das ist zu gefährlich für das Kind.» – «Und U-Bahn?» – «Im verseuchten ÖPNV mit all den Pennern? Da würde mir Felix vielleicht was erzählen.» – «Sag mal, das kann doch nicht dein Ernst sein», erwiderte ich. Aber es konnte. Ich wurde zunehmend ungehaltener über die neuen Regeln, sie zunehmend genervt von meiner Kritik.

Schwangerschaften sind Glaubensbekenntnisse. Wie in einer Religionsgemeinschaft finden sich Gläubige zusammen, um gemeinsam die Frohe Botschaft der Empfängnis zu verkünden. Es gibt unendlich viele, sehr komplizierte Regeln, und man achtet gemeinsam darauf, dass niemand sie übertritt. Fast alle Sachen, die Spaß machen, werden verboten. Und wie bei Religionsgemeinschaften gibt es nicht nur verschiedene Konfessionen, die sich untereinander bekämpfen, es gibt auch Atheisten, die sich an gar nichts halten. Die werden von den anderen am meisten gefürchtet, da sie die Notwendigkeit solcher Glaubensgemeinschaft selbst in Frage stellen.

Die drei Hauptgebote der Schwangerschaft sind: Du sollst keinen Alkohol trinken, du sollst nicht rauchen, du sollst keinen Kaffee trinken. Allerdings werden sie fakultativ angewendet. Wer eines davon übertritt, achtet bei den anderen Frauen umso schärfer darauf, dass sie die anderen beiden einhalten. Eine meiner Freundin trank schon mal ein Glas Wein, schwor aber, dass Kaffee absolutes Gift für ein Kind sei. Wer in der Schwangerschaft Kaffee trinke, der müsse sich über eine Fehlgeburt wirklich nicht wundern. Was das alles mit dem Herzen des Kleinen anstelle. Eine andere rauchte und behauptete, ihr Arzt habe gesagt, das sei nicht so schlimm, ihr Mann sei außerdem sehr groß, so richtig kleinwüchsig werde das Kind da sicher nicht, wirklich tödlich aber sei Alkohol. Das würde sie ja auf keinen Fall machen. Kaffeetrinker und gelegentliche Sekt-Nipper wiederum können sich darauf einigen, dass eine rauchende Schwangere ein gesundes Kind gar nicht verdient hat.

Postnatal tritt bei Frauen übrigens eine totale Amnesie ein. Wenn das Kind erst einmal da ist, dann behaupten die Mütter steif und fest, nie irgendeine dieser bescheuerten Panikattacken zum Thema «vorgewaschener Salat» gehabt zu haben. Nicht ein einziges Mal seien sie mit einem Blatt Rucola in die Restaurant-Küche gestürmt und wollten den Küchenchef sprechen. Sie doch nicht! Sie hätten ja gar nicht verstanden, was ein Campylobacter-Bakterium eigentlich sein soll. Eier? Natürlich hätten sie die zuhauf verspeist! Hm, Saltimbocca! Das haben wir uns nicht nehmen lassen! Und Buletten? Lecker! Da haben wir gar nicht genug von bekommen können. Wie affig sich doch diese oder jene Schwangere gerade aufführt, das wäre uns doch nie eingefallen!

Dabei war ich doch dabei, als das Kreuzverhör zum Thema «Wie lange ist dieses Fleisch gebraten worden» bei Partys regelmäßig in die Verlängerung ging. Erst wenn die Bräterin auf ihr Leben schwor, ließen meine schwangeren Freundinnen von ihr ab. Um dann zu erklären, sie hätten auf einmal doch gar keinen Hunger mehr auf Fleisch. Habt ihr vielleicht noch etwas frisches Obst? Ist das gewaschen worden? Ja? Wie? Von wem?

Annas Schwangerschaft war die erste und für mich die radikalste Form des Pietismus. Sheryl Sandberg sagt, ob eine Frau als Mutter das Leben führen kann, das sie glücklich macht, hängt im Wesentlichen von der Wahl ihres Partners ab. Anna hatte sich den Turbo-Übervater Felix ausgesucht – ein chronischer Besserwisser vor dem Herren, der sich in seinem Lebensweg durch die Vaterschaft total bestätigt sah. Nur durch absolute Konformität mit den Regeln, die Felix aufstellte, würde Anna ein gesundes Kind zur Welt bringen.

Mit jedem Monat wurde Anna ängstlicher und frommer. Als wir uns das nächste Mal verabredeten, bestand sie darauf, dass wir uns bei ihr in der Gegend träfen, damit sie zu Fuß gehen könnte. Das schien erlaubt. Allerdings nur mit flachem, festem Schuhwerk. Dass Sushi ausfallen würde, das war mir damals bereits klar. Aber dass auch in Salami und Käse der Fötentod lauerte, war mir neu. Es kostete uns abartige Anstrengung, ein Lokal zu finden, das allen Anforderungen gerecht wurde. Es hätte nicht viel gefehlt, und Anna hätte eine Inspektion der Küche verlangt. Ab der 20. Woche verweigerte sie komplett, in Restaurants zu gehen. Bei zu viel Lärm riskiere man einen angeborenen Hörschaden bei dem Kind.

Sich bei ihr zu Hause zu treffen, war aber auch schwierig, denn Felix hatte nicht nur sehr dezidierte Meinungen dazu, wie sich Anna zu benehmen habe, er hatte auch noch Kapazitäten für mich übrig. «Sag mal, was sind das denn für Schuhe? Wenn du weiter mit so etwas rumläufst, bist du spätestens in einem Jahr Stammpatient beim Orthopäden», begrüßte er mich, als ich bei ihnen zum Abendessen eingeladen war. «Ist das jetzt schon dein drittes Glas Wein? An einem Mittwochabend?», wollte er während des Essens wissen. Um mich dann zu fragen, wann ich es denn Anna und ihm gleichtun wolle. «Weißt du», sagt er, «als Frau hat man ja nicht ewig Zeit.»

Als die kleine Rebecca endlich schadenfrei zur Welt gekommen war, wurde Felix' Überwachung unerträglich. Man durfte jetzt nur noch zu ganz bestimmten Zeiten anrufen, und selbst dann schrie im Hintergrund entweder das Kind, oder Felix verlangte dieses oder jenes von Anna. Die drei wurden zur Heiligen Familie, die Anbetungszeiten wurden immer stärker eingeschränkt und getaktet.

Ich habe Anna noch einmal gesehen, kurz nach der Geburt des vierten Kindes. Sie war ins hinterste Allgäu gezogen, wo Felix die Kanzlei seines Vaters übernahm und Anna eigene berufliche Ambitionen endgültig begraben konnte.

Ich hatte sie übers Wochenende besucht. Schlauerweise nur über Samstagnacht, alles andere wäre mir zu viel gewesen. Das Haus, in dem sie mit ihren Schwiegereltern lebte, war absolut keim- und viren- und dreckfrei; ich weiß nicht, wie man so etwas macht bei vier Kindern. Annas Tage waren perfekt getaktet durch große Familienkalender, die überall im Haus aushingen. Wir verbrachten den Samstag damit, die vier in einem riesigen Van zu verschiedenen Aktivitäten zu fahren, Schwimmen, Ballett, Kindergeburtstag. Abendessen gab es um halb sieben. Dann wurden die Kinder ins Bett gebracht. Ich hatte eine halbe Stunde alleine mit Anna, danach setzte sich Felix zu uns und hielt neue Vorträge über das richtige Leben.

Meine stilsichere Freundin Anna, die mal ausgesehen hatte wie ein französisches Model, war eine praktische Hausfrau in Funktionskleidung geworden. Die Ansprüche, die Felix an sie stellte, füllten sie komplett aus. Sie hatte keine Zeit mehr für Kino oder Theater, sie las keine Zeitungen mehr und interessierte sich ausschließlich für die Familienagenda. Und sie war glücklich damit.

Mir ist das später noch häufiger passiert. In solchen Momenten fragt man sich, ob die Freundin jetzt zu sich selbst gefunden hat oder sich eher verleugnet. Ob all ihr Engagement und ihr Enthusiasmus für Politik und Kultur einfach nur etwas waren, womit sie sich die Zeit vertrieben hat, bis ihre wahre Bestimmung anfängt, das Muttersein. Oder ob genau dieses Muttersein einen so absorbiert, dass man zu gar nichts anderem mehr kommt, und dass es besser ist, wenn man dem alten Leben nicht hinterhertrauert, weil die Diskrepanz zwischen dem, was man ist, und dem, was man mal werden wollte, einen sonst todunglücklich macht.

Am nächsten Morgen gab es ein gemeinsames Familienfrühstück. Ich war gerade dabei, für Julian kleine Reiter herzustellen, mit denen mich mein Vater immer gefüttert hatte, als eine Biene durchs offene Fenster ins Wohnzimmer flog. Rebecca, die fünf Jahre alt war, rannte zu dem kleinen Summer und wollte ihn die Scheibe entlangjagen. Wie gestochen sprang Felix auf und riss das Kind weg. «Bist du dumm?», schrie er seine Tochter an. «Weißt du nicht, wie gefährlich das ist?» Rebecca erschrak und begann zu weinen. Felix herrschte sie an, ruhig zu sein. Er setzte sie wieder auf ihren Stuhl an den Tisch. Julian fing jetzt auch an zu weinen, mit ihm im Dominoeffekt die kleineren Geschwister. Schweigend frühstückten wir, untermalt vom Kinderschluchzen. Ich blickte auf die verängstigten Kinder und beschloss, nie wieder mit Felix eine Mahlzeit einzunehmen. Anna sagte kein Wort.

Nach dem Frühstück half ich Anna in der Küche. Ich hatte gedacht, sie würde das Thema umgehen, aber sie sprach es selber an. «Es passt dir nicht, wie wir hier leben», sagte sie und räumte weiter die Spülmaschine ein, so als sei es ein total unwichtiges Nebenthema. Ich wich aus, erzählte etwas vom schönen Garten und davon, was für ein nettes Kind Rebecca sei. Aber sie insistierte. «Ich merke das, du verurteilst uns», sagte sie. «Weißt du, wenn du selber mal Kinder hast, dann wirst du merken, dass es nicht so einfach ist, eine Familie zu sein. Man muss Kompromisse machen, man steht eben nicht mehr im Mittelpunkt. Auch du wirst eines Tages nicht mehr ausschließlich um dich kreisen.» Ich hatte sie beleidigt, jetzt beleidigte sie mich.

Ich habe dieses Argument später noch öfter gehört, manchmal direkt an mich gerichtet, manchmal indirekt. «Tante Judith hat keine Kinder, die weiß nicht, wie das ist», sagen meine Freundinnen zu ihren Laras und Gretas, wenn ich finde, dass die nicht unbedingt Apfelsaft in meine Handtasche gießen müssen oder ihrer Mutter eine Tüte über den Kopf stülpen, nur weil sie nicht wollen, dass ich weiter mit ihrer Mama redete. Ein Kind hat mir sogar mal den Mund zugehalten. «Ich weiß nicht», sagte ich und versuchte, meine Kritik positiv zu wenden. «Ich bewundere sehr, wie du dich so völlig hintanstellen kannst und dein Leben total auf die Kinder ausrichtest. Ich glaube, ich könnte das nicht.» – «Dann ist es besser, dass du keine Kinder hast», sagte Anna. Wir hatten uns genug verletzt. Ich wartete noch ein paar Höflichkeitsstunden, und dann reiste ich ab.

Ich muss zugeben, dass die Kinder von Anna und Felix nette Kinder waren. Sie waren freundlich und fröhlich und höflich, und sie spielten sehr schön miteinander und freuten sich, wenn man mit ihnen spielte. Gut erzogen, hätte man früher gesagt, aber heute gilt diese Kulturtechnik ja als verpönt, und man erwähnt das Wort nicht mehr, weil man glaubt, durch Erziehung die Kinder in ihrer Persönlichkeit zu beschränken.

So gesehen waren strenge Eltern wie Anna und Felix ein Relikt aus einer anderen Zeit. Und doch hat es den Kindern nicht geschadet. Rebecca ist, soweit ich das beurteilen kann, ein glückliches Kind. Sie schien sich wohl zu fühlen in den deutlichen Grenzen, die ihre Eltern ihr aufzeigten. Bis vielleicht auf die Momente, in denen eine Biene im Zimmer war.

Trotzdem hielt ich es nicht aus in dieser permanent angespannten Stimmung bei Anna und Felix, in ihrer Welt, in der alles in richtig und falsch unterteilt ist. Aber ich bin eben auch nicht mehr fünf, ich habe keine Kinder, ich kann gar nicht beurteilen, ob diese Erziehung gut oder schlecht ist, und ich muss es auch nicht. Ich will einfach nur nicht Zeuge davon sein.

Anna und ich kommunizierten nach meinem Besuch fast nur noch über E-Mail, nur ganz selten riefen wir uns an. Vom fünften Kind erfuhr ich noch durch die Geburtsanzeige. Irgendwann schrieben wir uns keine Weihnachtsgrüße mehr, wir vergaßen unsere gegenseitigen Geburtstage. Dann kam auf einmal eine Mail von ihr mit dem Betreff: «Vorfall Lolli».

«Liebe Eltern der Froschgruppe», schrieb Anna, und ich ahnte bereits, dass der Brief gar nicht an mich gerichtet war, sondern dass er wohl von Felix geschrieben war, denn die beiden haben natürlich eine gemeinsame Familien-E-Mail-Adresse, aber der Anfang war zu gut, um ihn nicht ganz zu lesen. «Mit großem Erstaunen habe ich gestern von unserem Jüngsten erfahren, dass auf dem Kita-Ausflug zum Puppentheater Traubenzucker-Lollis zur Belohnung verteilt wurden, als alle Kinder wieder wohlbehalten in der Kita waren. Wir versuchen gerade, Tim beizubringen, dass Rücksicht und Vorsicht im Straßenverkehr etwas ganz Normales ist, woran sich jeder Verkehrsteilnehmer zu halten hat. Wenn jetzt aber die Erzieherinnen Süßigkeiten nutzen, um ein Einhalten der Verkehrsordnung hervorzurufen, dann finde ich das sehr problematisch. Wir wollen nicht, dass unser Kind mit Süßigkeiten bestochen wird. Wir geben unseren Kindern gerne mal etwas zum Naschen, aber das soll für sie eine Freude bleiben und nicht in ein Belohnungssystem für das richtige Verhalten eingebunden sein. Die Belohnung für korrektes Verhalten im Straßenverkehr ist ja bereits, dass der Verkehr funktioniert und niemand verletzt wird. Der Traubenzucker-Lolli ist da völlig unangebracht, und die Kinder fangen so an, zwei Sachen zu verknüpfen, die nichts miteinander zu tun haben. Wie soll das weitergehen? Bekommen sie demnächst ein Eis, wenn sie alleine zur Toilette gegangen sind? Mit Eurem Einverständnis möchte ich gerne den Vorfall auf der nächsten Elternsitzung mit den Erzieherinnen besprechen. Liebe Grüße, Eure Anna und Felix.»

Ein paar Stunden später schickte Anna die zu erwartende Aufklärung. Felix hatte sich im Verteiler vertan und aus Versehen unseren alten Uni-Verteiler aktiviert. Die Mail war also auch an unseren ehemaligen Professor gegangen. Ich antwortete ihr mit einer kleinen Stichelei, die sie ignorierte, danach hörten wir nie wieder voneinander. Vor kurzem traf ich ihre kleine Schwester auf der Straße. Die erzählte mir, Anna sei jetzt Landesvorsitzende eines Elternvereins, der sich für die Reform der Kita-Pädagogik in Bayern einsetzt. «Nie mehr Lollis für Tim und Rebecca», sagte ich. Die Schwester verstand die Bemerkung nicht, hörte aber in der Ironie Kritik raus. «Ich finde es toll, wie Anna sich da engagiert», sagte sie beleidigt. Vielleicht, wenn ich eines Tages tatsächlich noch ein Kind bekommen werde, werde ich Anna verstehen. Vielleicht rufe ich sie dann mal wieder an.

Warum bekommen Menschen eigentlich Kinder? Ich meine nicht biologisch, das ist mir auch klar. Aber warum? Was bewegt Menschen dazu, ein Kind in die Welt zu setzen? Mit dem Kind selbst kann das erst einmal gar nichts zu tun haben, denn das gäbe es ja ohne den Wunsch der Eltern gar nicht. Ich glaube, viele Eltern vergessen unterwegs die ursprünglichen Gründe, warum sie sich ein Kind wünschten. Vielleicht waren sie ihnen auch nie so richtig bewusst.

Kinder werden gezeugt aus Eitelkeit: Auch wenn man kein großer Schriftsteller oder Denker, kein bedeutender Architekt oder Weltenlenker ist, so wird doch etwas von einem auf der Welt bleiben, wenn man selbst sie verlassen muss. Ein Kind oder zwei, die man später natürlich auch dazu anhält, wieder Kinder zu bekommen. Damit das Erbe gesichert ist.

Kinder werden gezeugt aus einer Liebe, die man weitergeben will. Die Liebesbeziehungen unter Erwachsenen sind Schwankungen unterworfen, ein Mensch, der für uns die große Liebe war, hat vielleicht längst vergessen, dass er einen mal kannte. Mit einem Kind aber schafft man jemanden, für den man als Vater oder Mutter automatisch einer der wichtigsten Menschen in ihrem Leben wird. Die Beziehung zu den Eltern ist ein Thema, das jeden Menschen vom Anfang bis zum Ende begleitet. Im Guten wie im Schlechten. Man geht als selbstbewusste Eltern natürlich erst einmal vom Guten aus.

Manche Menschen werden Eltern, um ihren eigenen Eltern zu zeigen, wie man es richtig macht mit der Kinderliebe und der Kindererziehung. Oder auch nur der Generation vor ihnen, die alles so lasch angegangen ist, die ewig studiert haben und sich bei der Berufswahl nicht immer vom Profit leiten ließen. Die Generation, die die Selbstverwirklicher waren, die wird jetzt abgelöst von den Selbstoptimierern. Sie, das nehmen sie sich fest vor, werden alles anders machen. Sie werden die besseren Eltern.

Manche Menschen werden Eltern, um das weiterzugeben, was ihre Eltern ihnen mitgegeben haben. Manchmal ist es auch eine Kombination von beidem, wieder aber hat es mehr mit den werdenden Eltern selbst als mit dem Kind zu tun.

Manche Menschen werden Eltern, um nicht alleine zu sein. Manche, damit jemand sie liebt und damit sie jemanden lieben können. Manche, weil es in ihrer Branche einfach dazugehört, eine Familie zu haben, weil es ein Statussymbol ist, wenn die Gattin auf dem Betriebsfest die frisch gebügelten Blagen präsentiert.

Es gibt Menschen, die werden Eltern, damit sie wieder ein Kind sein können. Damit sie Sandburgen bauen können und Dolomiti-Eis essen, damit sie mit dem Schlitten einen gefährlichen Berg heruntersausen können und so lange Fußball spielen, bis es zu dunkel wird, um den Ball zu sehen.

Und es gibt Menschen, die werden Eltern, weil sie kein Kondom dabeihatten, aber zu betrunken oder heiß waren, um auf die Gelegenheit zu verzichten. Oder weil ihnen versichert wurde, dass für die Verhütung gesorgt sei. Oder weil sie nicht nachgefragt oder nachgerechnet oder nachgedacht haben. Manche Menschen werden Eltern, weil sie sich ganz einfach nichts sehnlicher wünschen auf der Welt als ein Kind. Ein Kinderwunsch kommt von tief innen. Man kann ihn nie rein rational erklären, man kann ihn auch nicht wegdiskutieren.

Es gibt Tausende Gründe, warum Menschen Eltern werden, sie haben sich seit Anbeginn der Welt nicht grundlegend verändert. Warum also tut gerade eine ganze Generation Mütter und Väter so, als würden ausgerechnet sie durch ihr Elterndasein die Welt retten?

Eltern zu werden, wird heute nicht mehr als der Normalfall gehandelt, der er immer noch ist. Ja, in Akademikerkreisen werden deutlich weniger Kinder geboren. Aber die unglaubliche Einzigartigkeit, als die Eltern ihr Familiendasein darstellen, ist es dennoch nicht. Trotzdem sehen die zeitgenössischen Eltern sich gerne als die großen Altruisten, von deren aufopferungsvoller Aufzucht ihrer Kinder die Menschheit profitiert. Im Umkehrschluss betrachten sie ihre kinderlosen Freunde als grenzenlose Hedonisten, die verantwortungslos in den Tag hineinleben und ausschließlich um sich selber kreisen. Wenn Freunde Eltern werden, geben sie denen, die diesen Schritt nicht gemacht haben, gerne das Gefühl, unterlegen zu sein.

Und das ist der wahre Kern der Problematik bei einer Freundschaft zwischen Eltern und dem zugegebenermaßen überschaubaren Rest der Welt. Es ist nicht das Kindergebrüll oder die Diskussionen über Mandarin in der Kita, es ist diese Konkurrenzsituation, die Eltern gegenüber Kinderlosen gerne kreieren: Wir sorgen dafür, dass jemand eure Renten zahlt und euer Sozialsystem aufrechterhält. Wir sorgen dafür, dass die Welt sich dreht und dass weiterhin Menschen auf ihr leben. Wir sind die besseren Menschen.

Eltern zu sein, hat uns weiser und weicher und geduldiger gemacht, es hat uns beigebracht, die eigenen Bedürfnisse hintanzustellen. Wir sind glücklicher und erfüllter. Wir haben eine neue Perspektive auf die Welt gewonnen. Wir sind verantwortungsvoller und vorausschauender und demütiger.

Wenn Sie selbst Vater oder Mutter sind, werden Sie beim Lesen des letzten Paragraphen selig lächelnd genickt haben. Richtig? Sehen Sie – und genau diese Einstellung der heutigen Eltern ist es, die Kinderlose in den Wahnsinn treibt.

Bei Julia war der Kinderwunsch erst ganz leise. Für andere Kinder hat sie sich nie interessiert. Aber von eigenen hat sie zuletzt immer öfter gesprochen. Wir haben uns überlegt, wie wir zusammen in ein Haus ziehen würden mit unseren Familien. Jeder in eine eigene Etage. Wir würden einfach die Wohnungstüren aufmachen, und die Kinder, die auch Freunde sein würden, flitzen hoch oder runter und spielen zusammen. Wir könnten sie vom Küchenfenster aus beobachten, wenn sie im Hof spielten. Eine würde auf die Gören der anderen aufpassen, haben wir uns versprochen. Daraus aber scheint nichts mehr zu werden.

Ein elementarer Bestandteil der Kindererziehung unserer Eltern war: Tür auf, Kind raus, Tür zu. Als wir noch sehr klein waren, lebten Julia und ich in einer Neubausiedlung, links der Straße ein paar Hochhäuser, rechts die Einfamilienschachteln. Das Land unserer frühen Kindheit war genau zwei Hochhausblöcke groß, es wurde bevölkert von Kindern zwischen drei und sechs Jahren, und seine touristischen Highlights waren zwei Sandkästen und ein Spielplatz mit Schaukel und Rutsche. Jenseits dieses Landes lag die Erwachsenenwelt, die man nur mit einem Erwachsenen betreten durfte. Im Westen gab es eine Straße, ihre Verlängerung war der ebenfalls von Kindern allein zu betretende Korridor zum Kindergarten und zur Grundschule. Nach Osten hin wurde das Land durch ein Wäldchen begrenzt, das Russenwäldchen hieß, weil dahinter die amerikanischen Soldaten lebten. Das Betreten des Russenwäldchens war streng verboten. Julia und ich waren fest davon überzeugt, dass die Soldaten dort Schießübungen machten und dass wir deswegen das Wäldchen nicht betreten durften. Bei einem Kindergeburtstag war die von meiner großen Schwester geleitete Gruppe mehrere Stunden lang spurlos verschwunden – im Russenwäldchen. Es war eine international anerkannte Gefahrenzone.

Am Tag, an dem John Lennon erschossen wurde, sahen wir uns zum ersten Mal gezwungen, die Grenze zum Erwachsenenland zu verletzen. Wenn jemand erschossen wird, dann gibt es einen Toten, und den wollten wir uns gerne ansehen. Der Vorschlag stammte natürlich von Julia. Bei einer kleinen Konferenz im Sandkasten waren wir gemeinsam zu dem Schluss gekommen, dass John Lennon nur im Russenwäldchen liegen konnte. Wir würden sicher sehr berühmt werden, wenn wir ihn als Erste fänden. Der Ruhm würde den Ärger, den wir uns zu Hause für die Aktion einhandelten, sicher überschatten. Anscheinend war uns jedoch leider jemand zuvorgekommen, denn trotz stundenlanger intensiver Suche mussten wir ohne Lennon wieder nach Hause zurück, als das Licht in den Straßenlaternen anging. Es ist ein Naturgesetz unserer Kindheit gewesen, dass man den Heimweg anzutreten hat, wenn die Straßenlaternen angehen. John Lennon hin oder her.

Natürlich hatten meine Eltern auch andere Momente ihrer Erziehung. Sie haben viel Zeit mit mir verbracht. Sie haben mit mir gespielt und gebastelt und mir vorgelesen, sie haben mich durch Museen geführt und mich in die Oper mitgenommen, und sie haben versucht, gegen meinen erklärten Willen, mir die architektonischen Besonderheiten jeder einzelnen Kirche, die jemals gebaut wurde, näherzubringen. Aber meine Eltern haben auch Zeit ohne mich verbracht. Und ich ohne sie. Nicht jede Minute dieser unbetreuten Zeit habe ich mit Sinnvollem und Erbaulichem verbracht. Vieles war durchaus schwachsinnig. Allem voran die häufigen Versuche, irgendetwas in Brand zu stecken. Ich bin von Bäumen gefallen und bin Treppen runtergestürzt, wir haben Ameisen-Staaten zerstört, und wir haben in verlassenen, einsturzgefährdeten Häusern gespielt. Wir haben unsere Grenzen ausgetestet, und nicht immer war das gut oder richtig. In unserem Land der Kindheit ist nichts passiert, aber wir wussten auch schon damals, dass anderswo Kinder entführt oder vom Auto überfahren werden und dass dieses «anderswo» nicht weit weg ist.

Es gab sicher Kinder, für die es besser gewesen wäre, wenn die Eltern sie bei dem einen oder anderen Abenteuer begleitet hätten. Denen mehr Fürsorge oder mehr Förderung einen glücklicheren Start ins Leben verschafft hätte. Auch mir ganz persönlich hätte es sicher nicht geschadet, wenn ich zwischen drei und dreizehn weniger Schwachsinn veranstaltet hätte. Aber muss die Überwachung gleich so extrem sein, wie es heute geschieht?

Unsere Eltern hatten ihre eigene Erwachsenenwelt mit ihrer eigenen Zeitrechnung. Die fing dann an, wenn wir Kinder ins Bett mussten. Entweder blieb man dann mit älteren Geschwistern oder Babysitter allein zu Hause, oder man stellte sich noch kurz mit geputzten Zähnen und im Ringelpyjama den Gästen vor und hatte dann abzuzischen. Bei Familienfesten gab es Kindertische und Erwachsenentische, und sobald die Kinder aufgegessen hatten, fingen sie an, die Gegend zu erkunden, während die Erwachsenen stundenlang ihre faden Erwachsenengespräche führten.

Jetzt, wo wir selber erwachsen geworden sind, wollen wir die Kinderwelt nicht mehr den Kindern allein überlassen. Also ziehen wir bei ihnen ein. Wir richten ihre Kinderzimmer nach Erwachsenenbedürfnissen im Kinderformat aus, mit kleinen Tischen und kleinen Stühlen, an denen zwar nie ein Kind sitzt, aber durch deren Existenz wir dann glauben können, dass die Kinder genau so sind wie wir. Wir stellen ihre Spielsachen in unsere Wohnzimmer und sitzen dann zu viert auf einem Sofa mit den Prosecco-Gläsern in der Hand und starren auf die spielenden Kinder. Wir behaupten, dass die Kinder nicht ohne uns können. Aber wir glauben uns das selber nicht. Wir lassen die Kinder in Tageseinrichtungen, wo sie permanent beobachtet werden, und sobald sie da rauskommen, karren wir sie durch die Stadt vom Fußballverein zum Tennisclub, zum Fechten, zum Flöten, zum Ballett.

Wir reden ständig über diese Kinder, und das auch noch in ihrer Anwesenheit. Über ihre Erfolge und Misserfolge, über ihre Peinlichkeiten und ihre Klugheiten. Wir schauen den Kindern permanent zu und bejubeln sie. Wir reden natürlich auch über uns vor den Kindern, über die Beziehungen, die unter den Kindern leiden, über Affären, über Trennungen, über Patchwork und Schwangerschaften und Fehlgeburten, über Krankheiten und Kollegen. Wir wollen nichts vor ihnen verheimlichen, es wird alles ganz natürlich, Kinder können doch auch nur glücklich werden, wenn die Eltern glücklich sind. Warum also die Klappe halten darüber, dass man sich neu verliebt hat oder dass Papa den Unterhalt nicht zahlt. Wir zwingen den Kindern unsere Erwachsenenwelt auf und finden uns auch noch toll, weil wir glauben, wir nehmen die Kinder damit ernst.

Ich sehe selbst ein, dass meine Freundinnen ihre Kinder nicht einfach auf die Straße laufen lassen können, wie unsere Eltern das gemacht haben. Denn die Welt auf der Straße hat sich eben verändert. Irgendwo ganz tief in der Provinz wachsen Kinder sicher noch genauso auf wie Julia und ich damals, aber es können ja auch nicht alle meine Freunde in die Provinz ziehen, nur weil sie Eltern werden.

Was mich tröstet, ist, dass meine Großmutter sicher mit

genau denselben skeptischen, bedauernden Augen auf die Kindererziehung meiner Mutter schaute und dass meine Nichte es eines Tages bei ihren Kindern, wenn die mal Kinder haben, genauso machen wird. Es ist eine gute Zeit, wenn man die eigene Kindheit für das Beste der Welt hält. Was mich beunruhigt, ist, dass ich, weil ich keine eigenen Kinder habe, sofort in die Perspektive der Großmutter rutsche.

Allerdings ist es auch nicht so, dass mir die neuen Eltern jetzt komplett fremd sind. Fremd ist mir nur, dass es jetzt Freunde von mir sind. Ganz so anders waren die Eltern auch nicht, als ich selber klein war. Die übergriffige Mutter ist längst kein Phänomen unserer Zeit, die gab es schon in den Achtzigern. Vielen Müttern meiner Freundinnen, die nicht arbeiteten, passte es nicht, dass meine Mutter Vollzeit arbeiten ging. Sie bedauerten mich, weil ich nicht das perfekte Pausenbrot hatte oder auf eintägigen Klassenausflügen Proviant für drei Tage. Manche verboten ihren Kindern sogar, zu mir nach Hause zum Mittagessen zu kommen, weil mein Vater kochte und ein kochender Mann ihnen suspekt war. Eine latente Übergriffigkeit gehört zum Elterndasein dazu, mir kam das nur als Kind so komisch vor, weil ich die unübergriffigsten Eltern der Welt habe.

Es ist ein Gemeinplatz, aber er muss doch noch mal gesagt werden: Die Welt, in der wir leben, fordert zu viel von Eltern, speziell von der Mutter. Zu hoch lastet der Druck auf einer Frau, die gerade ein Kind bekommen hat, ihr ganzes bisheriges Leben aufzugeben und nur noch für das Kind und seine Bedürfnisse zu existieren. Wenn diese Frau das dann aber tut, ist es uns auch nicht recht.

Als ich aufwuchs, wurde unser Land von einem Mann regiert, den viele «Birne» nannten. Heute wird es von einer Frau regiert, die ein paar dämliche Männer verächtlich «Mutti» nennen. Es sind ausgerechnet die Männer, die sich eigentlich ein Heimchen am Herd bzw. eine Hockey-Mum im 5er BMW wünschen, die aus einer alten Koseform für den Begriff «Mutter» ein Schimpfwort gemacht haben. Kann man sich das noch in einem anderen Land vorstellen? Das Wort für Mama als eine Beleidigung? Kann man sich da noch wundern, dass die Mütter sich überfordert fühlen und alleingelassen? Und dass sie deswegen ihre Kinder komplett überhöhen?

4. Stress mit DITTs

WARUM SICH BEI SPÄTEN ELTERN ALLES VERDOPPELT

Julia ist abgetaucht. Wir hören seltener voneinander, meine Tage sind voller Arbeit, ihre voller Übelkeit. Wenn ich abends von der Arbeit komme und mich mit ihr treffen will, schläft sie schon. Eigentlich ist der Montagabend unser Abend. Erst Yoga, dann Sauna, dann Pasta und Rotwein beim Italiener. Damit ist aber jetzt Schluss. Yoga, Rotwein und Sauna sind verboten für Schwangere. Kino oder Theater sind ihr zu anstrengend. Partys zu laut.

Einmal, da ist Julia im vierten Monat, treffen wir uns in unserer Lieblingsbar. Sie hält sich den ganzen Abend mit Rhabarberschorle über Wasser und versucht tapfer, die Augen offen zu halten. Der Abend läuft dementsprechend schlecht. Sie selbst erzählt nichts. Meine Fragen nach der Schwangerschaft beantwortet sie zögerlich und unwillig, an allen anderen Themen scheint sie das Interesse verloren zu haben. «Ach», sagt sie dann, wenn ich versuche, etwas Tagespolitisches auf den Tisch zu bringen, «hab ich gar nicht mitbekommen.» Als ich ihr von meiner Arbeit berichte, sagt sie, «Na ja, da macht man sich immer so viel Gedanken, dabei ist das ja alles gar nicht so wichtig.» Gegen halb elf kriegt sie einen Zuckerflash, ihr ist schlecht von der ganzen Brause, und wir brechen das Experiment ab.

Ein paar Wochen später habe ich wieder einen blöden Streit mit Daniel. Er findet, ich interessiere mich nicht genug für seine Projekte. Ich finde, er interessiert sich nicht genug für unser gemeinsames Leben. Als es mir zu bunt wird, stürme ich aus der Wohnung und rufe Julia an. Die geht ausnahmsweise sogar dran. Aber nur, um mir zu erklären: «Seit wir das Kind erwarten, gibt es so was zwischen Marc und mir nicht mehr.» Da reicht es mir.

Julia hat also tatsächlich Schluss gemacht. Soll sie ruhig. Ich habe ja noch andere Freundinnen. Ich bin überhaupt nicht auf Julia angewiesen. Wir waren uns doch teilweise wirklich grässlich nah. Das kann einen ersticken. Und kindisch ist es außerdem. Mein Gott, «beste Freundin», wer hat denn so was überhaupt noch? Das ist doch ohnehin ein Konzept aus der Schulzeit. Ich habe nicht eine, ich habe viele Freundinnen. Das machen Erwachsene so.

Bitte, wenn Julia nicht will, dann kann ich auch Maja anrufen. Ich hole mein Handy aus der Tasche, aber als ich wählen will, fällt mir auf, dass es halb neun ist. Um halb neun ist bei Maja Vorlesezeit. Wenn ich jetzt anrufe, wird sie wahrscheinlich nicht drangehen. Wenn sie doch drangeht, dann nur, um zu sagen: «Du musst dich einfach mal entscheiden, wo diese Beziehung zu Daniel hinführen soll.» Sie hat recht, aber ich will das gerade nicht hören.

Und Ellen? Hm, deren Jungs müssen eigentlich auch um neun Uhr schlafen. Die putzen vermutlich gerade die Zähne oder quengeln, dass sie sich nicht die Zähne putzen wollen. Aber Sarah! Die neue Freundin von Kai, bei der kann ich mich mal melden. Ich finde sie sehr lustig, ich wollte schon seit Ewigkeiten mal mit ihr ausgehen. Die rufe ich an. Sarah geht erst beim zweiten Anruf dran. «Hey, wie nett, dass du dich meldest», säuselt sie ins Telefon. Sie ist bereits leicht angeschickert und auf einem Geburtstag eines Kollegen, auf dem sie offensichtlich jede Menge Spaß hat. Leider kann ich mich dahin nicht selbst einladen. «Amüsier dich», sage ich mit leichtem Neid und lege auf.

Dann scrolle ich weiter durch mein Adressbuch, aber alle meine Optionen sind Väter oder Mütter, die jetzt gerade ihre Kinder ins Bett bringen. Moment mal, Gesine! Die hat mal damit angegeben, dass die Zwillinge um Punkt acht Uhr abends schlafend im Bett liegen. Die ruf ich an.

Gesine und ich haben uns vor zwölf Jahren bei einem Termin kennengelernt, über den wir beide berichten mussten. Ein Parteitag in der Provinz von einer Partei auf dem Weg ins Aus. Mir ist damals sofort aufgefallen, wie extrem abgeklärt und zielorientiert Gesine ist. Ich war furchtbar aufgeregt, weil es das erste wichtige politische Ereignis war, über das ich schrieb. Gesine war furchtbar cool. Obwohl es auch ihr erster großer Termin war.

So ist es geblieben. Gesines Karriere ist durch die Decke gegangen, aber niemand könnte das mit größerer Nüchternheit betrachten als sie selbst. Sie macht ihren Job immer noch mit links. Letztens hat sie Angela Merkel interviewt. Sie hat mir gar nicht davon erzählt, wieso auch, das sei ja keine große Sache, hat sie hinterher gesagt, als ich sie auf den Artikel ansprach. Gesine wird sicher demnächst selbst Kanzlerin. Mindestens. Ich hingegen drehe seit ein paar Jahren beruflich Schleifen und flippe ständig über jede Kleinigkeit aus.

Gesine ist sehr erfreut über meinen Anruf. «Du musst uns mal wieder besuchen kommen», sagt sie sofort. Aber diesmal falle ich nicht darauf rein. Ich weiß nämlich ganz genau, was passiert, wenn ich Gesine mal wieder besuche. Seit sie die

Kinder hat, trennt Gesine Berufliches und Privates strikt. Und leider bin ich dem Privaten zugeteilt worden. Wenn ich sie treffe, ist also ein normales Gespräch kaum mehr möglich, dann sitzen wir beide auf dieser gigantischen Sofalandschaft im Wohnzimmer, und Gesine nickt mir aufmunternd zu, damit ich anfange, irgendetwas zu erzählen. «Also ich finde nicht, dass man sagen kann, Russland sei nicht Teil Europas. Was ist denn mit Anna Karenina? Das gehört doch zu einer gemeinsamen Kultur.» Gesine lauscht und nickt und lauscht. Man könnte glauben, sie sei eine gute Zuhörerin. Aber das stimmt nicht. Gesine wartet einfach nur, bis ein Thema vorbeikommt, auf das sie Lust hat. Und das sind seit der Geburt der Kinder wenige. In ihrem Beruf bewegt sie die große Politik, wenn sie mich trifft, dann will sie nur noch Banalitäten hören.

Gesines Sofa hat fast matratzenartige Sitzflächen, und so rutscht man unweigerlich in seine Tiefen hinein. Ich bemühe mich um eine aufrechte Position und rede vor mich hin, und Gesine wackelt oder gibt so bestätigende Laute von sich wie «uhu», die mir signalisieren sollen, dass sie mir folgt. Aber in Wirklichkeit beobachtet sie aus dem Augenwinkel, was der Nachwuchs gerade wieder anstellt. Nach spätestens drei Minuten unterbricht sie mich mit einer Handbewegung. «Warte kurz.» Dann wendet sie sich ihrem Sohn zu, der gerade die Katze am Schwanz zieht, und erklärt ihm die Situation, denn Gesine ist eine von diesen Müttern, die ihren Kindern immer alles ganz genau und haarklein erklären.

«Die Mama hat Besuch», sagt Gesine dann, «schau mal, wenn du Besuch hast, dann willst du doch auch mit dem spielen, und so möchte ich jetzt mit meiner Freundin reden. Weißt du, die Judith ist für mich genau so wichtig wie für dich die Emma. Sie ist meine Freundin, und Emma ist deine Freundin.» Gesine glaubt, man müsse mit Kindern nur ganz vernünftig reden, dann verstehen sie einen schon. Und Gesine glaubt, dass das, was sie macht, vernünftig reden ist.

Aber Max ist zwei Jahre alt, und es ist ihm komplett egal, was seine Mutter oder irgendein anderer Mensch auf dieser Welt ihm mit einer gespielten Stimme der Vernunft erklärt. Max will die Teetasse umwerfen, das Sofa bemalen und auf den Glastisch springen. Und das macht er auch. «Sich zu unterhalten ist für Erwachsene so wie spielen für Kinder», erklärt Gesine geduldig, während sie mit der einen Hand Max von der Teelache abhält, die sie mit der anderen Hand wegwischt. «Max, das finde ich jetzt nicht in Ordnung von dir, du hast den ganzen Morgen Kinderprogramm gehabt», sagt sie etwas strenger, wenn sie Max von der Sofalehne runterholt, von der aus er mir gerade in den Nacken springen will. «Ganz lieb, Max», beschwört sie ihren Sohn, wenn der mir mit der Kuchengabel ins Knie sticht. Meistens wird Max wütend und schmeißt seine Autos durchs Wohnzimmer oder rennt gegen den Schrank oder macht sonst irgendetwas, das ihm auf jeden Fall noch mehr Aufmerksamkeit sichert. Dann wird Gesine sauer, und Max bricht in wildes Tränengeheule aus. Gesine nimmt dann den bebenden kleinen Kinderkörper auf ihren Schoß und versucht, ihren Sohn zu trösten, der meist nur noch lauter brüllt. Ich sitze daneben und schaue peinlich berührt zu und weiß nicht, was ich tun soll.

Wenn Max ausnahmsweise mal einen friedlichen, genügsamen Tag hat und seine Mutter nicht vorführt, dann hat Gesine ja auch noch ein anderes Kind, das nerven kann: Leonie, Max' Zwillingsschwester. Die benutzt andere Utensilien und ist deutlich weniger aggressiv, aber Aufmerksamkeit will sie auch. Leonie verlangt nach Wasser für ihre eigene Puppenteekanne, und wenn sie es bekommt, dann verlangt sie, dass sie es in meine Tasse zu dem heißen Tee gießen darf. «Oh, wie lieb», sagt Gesine dann. «Schau mal, sie begreift so soziale Situationen schon unheimlich gut. Ja, richtig, mein Schatz, die Judith trinkt auch Tee. Du kannst so schön teilen, meine Süße, das finde ich ganz toll.» Wenn ich dann versuche, über ein Buch oder einen Film oder sonst irgendetwas anderes zu reden, dann habe ich Gesines Aufmerksamkeit nie länger als einen Halbsatz lang. «Ägypten? Ja, grässlich, was da passiert. Noch etwas Tee, Leonie? Aber jetzt erzähl doch mal, wie geht es dir denn?»

Ich schaue mir meist ein paar Stunden lang an, wie Gesine und ihre Kinder eine kleine Aufführung ihres Familienlebens geben, ich trinke Tee, falls er nicht verwässert wird, ich lächele, ich checke meine Mails, schreibe SMS. Manchmal gehe ich ein bisschen in dieser riesigen Altbauwohnung spazieren, die Gesine von ihren Eltern zur Geburt der Kinder geschenkt bekommen hat, aber irgendwann reicht es mir dann. «Ich muss langsam mal gehen», kündige ich Gesine an, aber die ist sofort entsetzt. «Nein, wieso? Wir haben uns doch noch gar nicht unterhalten. Setz dich doch noch mal.» Dann setze ich mich wieder hin und fange wieder an, zu erzählen, aber Max und Leonie stehen unter Garantie schon zwei Sekunden später wieder parat. «Komm, bleib noch eine halbe Stunde», sagt Gesine, wenn ich aufstehe. Am liebsten würde ich dann antworten: «Wozu, ich bin seit drei Stunden da, und du hast noch nicht ein Wort mit mir gewechselt, was bitte soll jetzt anders werden?» Aber das sagt man ja nicht, weil man ja selbst sieht, dass Gesine mit den Kindern alle Hände voll zu tun hat. Später bringt sie mich dann zur Tür mit Worten wie:

«Die Kinder werden aber auch jeden Tag süßer. Das macht so richtig Spaß mit ihnen.»

In der Tat sind Max und Leonie süße Kinder. Sie haben große Telleraugen und kirschrote Schmollmündchen und beide sehr niedliche, weiche Kinderlockenhaare. Sie haben eine gemeinsame Patentante, die nicht nur einen hervorragenden Geschmack, sondern auch noch eine Kinderboutique hat, weswegen die beiden auch immer perfekt angezogen sind. Gesines Zwillinge sehen immer aus wie in einem Spot für Wunschkinder. Ich habe schon ein paarmal auf sie aufgepasst, wenn gerade wieder eine Tagesmutter ausgefallen war, was die Kinderfrauen im Prenzlauer Berg gerne tun, denn sie können sich das leisten.

Mit Zwillingen im Krabbelalter alleine zu sein, ist die ultimative Herausforderung. Dagegen ist nackt durch den Amazonas schwimmen oder mit einem Fallschirm aus dem Weltall abspringen ein Häschen-Witz. Wenn man das überlebt hat und sogar alle unverletzt sind, dann kann man alles schaffen. Ich habe es nicht immer geschafft, wenn ich auf Leonie und Max aufgepasst habe, ein paarmal habe ich Freunde zur Verstärkung gerufen. Dann hatte meist Max auf den Boden gepinkelt, weil ich ein knapp ein Jahr altes Baby nicht davon überzeugen hatte können, dass ich ihm jetzt eine Windel anziehe. Oder Leonie und Max hatten beide stundenlang auf dem Arm rumgetragen werden wollen, bis ich Krämpfe bekam. Aber es war auch toll.

Leider benehmen sich die Zwillinge, seit sie aus dem Gröbsten raus sind, genau so, wie man es sich vorstellt, wenn ein finanziell bestens abgesichertes Paar über vierzig Kinder bekommt: Max und Leonie sind die verwöhntesten Kinder, die ich kenne.

Gesine und Cem sind DITTs – double income, toddler twins, eine der jüngsten Entwicklungen auf dem Lebensmodell-Markt. Die DITTs haben die DINKs abgelöst, double income no kids. Dabei mitgeholfen hat unter Garantie der Fortschritt der Reproduktionsmedizin, der es heute deutlich mehr älteren Männern und Frauen ermöglicht, eigene Kinder zu haben, und vielleicht auch, dass heute gesellschaftlich gesehen Kinder als ein Indiz für ein geglücktes Leben gelten. Manche DITTs wären vielleicht besser DINKs geblieben, aber es steht niemandem zu, darüber zu urteilen. Gesine und Cem auf jeden Fall lieben ihre Kinder. Aber ihre Berufe lieben sie auch.

Cem und Gesine haben beide sehr intensiv und extrem erfolgreich ihre Karrieren betrieben, dann haben sie sich, beide über vierzig, schnell noch dazu entschieden, eine Familie zu gründen, ohne jedoch auf ihre Vollzeitstellen zu verzichten, wobei Cem auch noch zwischen Berlin und Hamburg pendelte, weil er für seinen Job zwei Büros koordinieren muss. Mit zwei sehr hohen Einkommen versorgt, können sie sich einen kleinen Hausstand an Personal halten. Sie haben eine fest angestellte Kinderfrau, die bei ihnen wohnt und die «Nachtschichten» übernimmt, wie Cem es nennt. Wenn die Kinderfrau freihat, springt einer der Babysitter ein. Die Babysitter sind selbstredend in einem aufwendigen Casting-Verfahren ausgewählt worden, sie haben regelrechte Vorstellungsgespräche hinter sich bringen müssen, was auch daran lag, dass Gesine nicht so recht wusste, wie sie die ersten Wochen mit den Kindern, in denen der Gesetzgeber ihr verboten hatte zu arbeiten, füllen sollte. Um die Kinder hatte sich ja da schon die Kinderfrau gekümmert. Natürlich gibt es auch eine Putzfrau. Außerdem haben beide Personal Trainer, aber ich bin nicht sicher, ob man die wirklich zum Familienunternehmen dazuzählen kann. Auf jeden Fall verbringen sie relativ wenig Zeit mit ihren Kindern. Vielleicht haben sie deswegen an ihren knapp bemessenen Kindertagen gerne Zeugen dabei. Mich beschleicht bei Gesine gerne mal das Gefühl, dass sie mich als Publikum für ihre Mutterinszenierung nutzt. Diese Homestorys finden fast ausschließlich am Wochenende statt, wenn Gesine mit den Kindern alleine ist, weil Cem noch mal kurz ins Büro muss. Wenn Cem mit den Kindern alleine ist, weil Gesine noch mal kurz im Büro ist, ruft er meist seine Kumpels an, und dann gehen alle auf den Spielplatz oder zum Bowlen oder ins Kino.

Vor ein paar Monaten sind Gesine und Cem einen Schwierigkeitsgrad zurückgegangen, und Gesine hat einen Job in Hamburg angenommen. Ihr «Du musst uns mal besuchen kommen» hat eine neue Dimension angenommen: Ich kann nicht nach zwei Stunden wieder gehen.

Als mich also Gesine an diesem Abend am Telefon um einen Besuch bittet, sage ich: «Ich komme sehr gerne nach Hamburg, passt dir nächste Woche Freitag? Da würde ich dich gerne zum Essen einladen.»

Okay, es ist nur ein halber Schritt auf sie zu. Sicher wäre es Gesine lieber gewesen, ich wäre bei ihnen zu Hause vorbeigekommen. Hätte ich eine Therapeutin, würde die mir raten: Formulieren Sie Ihre eigenen Bedürfnisse klar. Da ich das weiß, kann ich mir das Geld sparen und stattdessen Gesine zu diesem spektakulären Italiener ausführen. Der ist auch noch im Nachbarhaus (Kompromiss!) von Gesine und Cems neuer Wohnung, und wenn zu Hause etwas passiert, was Gesines Anwesenheit bedarf, kann sie in zwei Minuten in ihrer Wohnung sein. Ich wage nicht zu träumen, Gesine aus dem Babyphone-Radius auf ihrer iPhone-App locken zu können. Die Reichweite des Babyphones ist der digitale Eiserne Vorhang, der alle Eltern umgibt.

Ich freue mich sehr auf den Abend. Wir werden bei meinem Hamburger Lieblingsitaliener Spaghetti alle vongole essen und sehr viel Rotwein trinken, und wir werden den ganzen Abend reden. Gesine ist sehr schlau. Ich werde ihr von meiner anstrengenden Kollegin erzählen, und Gesine wird kluge Tipps dazu haben. Sie wird mir von ihrem neuen Job erzählen, der klingt sehr aufregend.

Ehrlich gesagt, verfolge ich noch eine andere Agenda mit meinem Besuch in Hamburg. Ich habe ein Angebot für einen neuen Job. Ich würde ihn auch tatsächlich gerne machen, aber ich handele gerade die Bedingungen aus. Gesine soll mich beraten. Sie ist in solchen Fragen perfekt. Wie sehr ich meine Freundin seit der Geburt der Kinder vermisse, fällt mir jetzt erst so richtig auf, als ich mir unseren Abend ausmale. Was werden wir nicht alles besprechen. Am Ende der Nacht wird eine politische und wirtschaftliche Neuordnung des Landes fällig sein. Am nächsten Tag kann ich mich dann dem Kinderprogramm von Max' und Leonies Mutter Gesine hingeben, und während wir im Sand sitzen und Max mir Rhabarberschorle in die Handtasche gießt, werde ich einfach noch etwas an die Gespräche des Abends denken.

Gesine findet die Idee glücklicherweise gut. Ihr neuer Job ist stressig, die Idee, auszugehen und mal etwas anderes zu sehen als Schreibtisch oder Kinder, gefällt ihr. «Eine herrliche Vorstellung», sagt sie am Telefon. «Ich freue mich.»

Als der ICE aus Berlin den Südkanal in Hamburg überquert, klingelt mein Handy. Es ist Gesine. «Cem holt uns was vom Italiener, was magst du denn gern?» Gesine hat die

Kunst der versteckten Absage erfunden. Wenn sie zu spät kommt, dann ruft sie mich an, gar nicht unbedingt vorher, sondern eventuell auch, wenn es schon zu spät ist, und sagt: «Ich bin hier gerade im Supermarkt/im Drogeriemarkt/in der Apotheke/beim Metzger, brauchst du was?» Das ist ihre Version von «Ich komme zu spät, tut mir leid». Wenn man dann leicht genervt ihr Angebot ablehnt, sagt sie: «Das ist absolut kein Problem, Süße.» Und erst, wenn ich auflege, merke ich, dass sie sich gar nicht bei mir dafür entschuldigt hat, dass sie mich warten lässt, sondern mir im Gegenteil verziehen hat, dass ich nichts mitgebracht bekommen möchte. Einmal bin ich ausgeflippt, als sie wieder mal vierzig Minuten zu spät war und dann fand, es sei kein Problem, dass ich nichts aus dem Schreibwarenladen brauchte. «Kannst du dich nicht einfach entschuldigen wie andere Menschen auch?», habe ich sie angefahren. Aber Gesine war nicht erschrocken über meine Wut. Im Gegenteil, sie hat sich gefreut. «Dass du dich über mein Verhalten so aufregst, zeigt mir, wie wichtig ich dir bin», hat sie mir erklärt.

Gesine sagt also gerade unser Essen ab. «Ich dachte, wir gehen aus», sage ich. «Du, Süße, wir waren beide jetzt drei Tage auf Dienstreise. Die Kinder sollen mal ein bisschen Alltag mit uns erleben», sagt Gesine. Ich merke, wie ich sauer werde, aber ich weiß, dass ich kein Recht dazu habe. Kinderzeit geht vor Freundinnenzeit. «Spaghetti alle vongole», sage ich und versuche, gelassen zu wirken. Seit Anbeginn der Menschheit haben die einen Kinder bekommen und die anderen nicht. Das gehört zur Evolutionsgeschichte dazu. Dass es fast unmöglich ist, junge Eltern aus ihren eigenen vier Wänden rauszubewegen, ist ein Naturgesetz. Es ist nichts, was ich als persönliches Scheitern empfinden sollte.

Als der Zug in Hamburg Dammtor hält, habe ich einen guten Vorsatz gefasst: Ich werde ganz entspannt alles auf mich zukommen lassen. Wir sind keine zwanzig mehr und auch keine dreißig, das Leben hat sich verändert, das muss ich akzeptieren. Das «akzeptieren» streiche ich noch im Bus durch Hoheluft aus meinem Gedächtnis und füge stattdessen «das ist ein Grund zur Freude» ein. Mit ein bisschen Autosuggestion und Glück wird dieser Abend gelingen.

Cem hat eine Antipasti-Platte vom Italiener mitgebracht, das ginge schneller und sei praktischer, erklärt er mir zur Begrüßung, als wir uns im Treppenhaus treffen. Das allerdings scheint mir eine neue Wendung in Evolutions- und Kulturgeschichte zu sein. So spontan fällt mir keine Autosuggestion für diesen Fall ein. Und schon gar kein Glück. Ich hatte mich seelisch auf eine Änderung des Orts und der Personenkonstellation eingestellt, aber nicht auf ein komplett anderes Menü. Wie haben das die anderen Kinderlosen in der Geschichte ertragen, dass sie ihrer Spaghetti alle vongole beraubt wurden und stattdessen labbrige Paprika in Öl essen müssen? Ich weiß es nicht. Antipasti-Platten wurden meiner Meinung nach ohnehin nur zur Strafe erfunden, das Zeug kann doch nicht ernsthaft jemand mögen. Zucchini mit Grillstreifen? Glibbrige Zwiebeln? Und seit wann, bitte, muss ein Abendessen mit Freunden praktisch sein?

Die neue Wohnung von Gesine und Cem ist noch gigantischer als die alte. Ein Dachgeschoss zu finden, war in Hamburg deutlich schwieriger als in Berlin, also haben sie einfach zwei Wohnungen zusammengelegt. Noch stehen die alten Möbel etwas unmotiviert in der Gegend rum. Zum Einrichten war keine Zeit. Nur die Kunst, die Gesine und Cem im ersten Jahr ihrer Beziehung in Massen gekauft haben, hängt schon an der Wand. Max war direkt am zweiten Tag in der neuen Wohnung in ein am Boden stehendes Bild gerannt und hatte einen Totalschaden am Bild verursacht und sich die Füße aufgeschnitten. Das hat seine Eltern dazu gezwungen, in diesem Einrichtungspunkt schnell zu handeln.

In der Küche sitzt Gesine und sieht sehr müde aus. Obenrum ist sie noch ganz Business, untenrum trägt sie Jogginghose. Stil war noch nie ihr Hauptproblem. Max ist gerade dabei, die Besteckschublade auszuräumen. Als er mich sieht, kommt er auf mich zugelaufen. Oh, das Kind scheint zivilisiert worden zu sein. Er erinnert sich ganz offensichtlich an Tante Judith, die die beste Vorleserin im ganzen Land ist. Er denkt wahrscheinlich gerade dran, dass ich nie gepetzt habe, wenn er wieder auf den Boden gepinkelt hat, während ich auf ihn aufgepasst habe. Vielleicht wird der Abend ja doch ganz nett.

«Hallo, Max», sage ich, erfreut über die persönliche Begrüßung, und beuge mich zu ihm runter. Die Antwort fällt überraschend aus: Max grinst kurz, dann tritt er mir vors Schienbein. «Max», sagt Gesine. «Wir haben doch darüber gesprochen, dass man anderen Menschen nicht mit Gewalt begegnet. Wenn du Kontakt aufnehmen willst, dann musst du das vorsichtiger machen. Sei mal ganz lieb.» – «Ach, lass nur», sage ich. Was soll ich auch sonst sagen? Ich hätte Max gerne eine gelangt, aber dazu müsste er größer und älter sein.

«Ich habe mir gerade einen Tee gemacht, willst du auch einen?», fragt Gesine. Früher hätte die größte Cocktail-Mixerin des Prenzlauer Berges so einen Satz höchstens ironisch gesagt. Wir setzen uns also in die Küche und trinken Frauen-Balance-Tee, und ich arbeite innerlich an meiner Autosuggestion, wofür ich sehr viel Zeit habe, denn die erste halbe

Stunde verbringen wir damit, dass Max uns immer wieder unterbricht, indem er am Blusenzipfel seiner Mutter zieht und sagt: «Mama, komm jetzt», und Gesine sich dann selbst unterbricht und Max erklärt, was wir hier gerade machen wollen und warum er dabei stört. Max sagt dennoch mindestens dreißigmal: «Mama, komm jetzt.» Entweder hat er eine bemerkenswerte Ausdauer oder keine Fähigkeiten zur Variation.

Cem deckt in der Zwischenzeit den Tisch, was dadurch verlangsamt wird, dass sich Leonie an sein Hosenbein gehängt hat. «Cem bringt die kleinen Raubtiere gleich ins Bett», sagt Gesine, was ein zweistimmiges Geschrei zur Folge hat. Als Cem Max an die Hand nehmen will, läuft der noch mal zu mir rüber und tritt mir wieder vors Schienbein. «Na, du kleiner Rabauke», sage ich mit gepresster Stimme, weil mir immer noch nicht ganz klar ist, was eigentlich die adäquate Reaktion auf diese Aktion eines Kleinkinds ist.

Ich kann Max verstehen, wir sind eben Konkurrenten. Ich würde ihm auch liebend gern vors Schienbein treten, aber ich darf ja leider nicht. Ich will mit meiner Freundin reden, und Max will seine Mutter für sich haben. Max nervt mich genauso sehr, wie ich ihn nerve. «Sollen wir doch noch zum Italiener», frage ich Gesine hoffnungsvoll. «Ich finde es eigentlich ganz gemütlich gerade», sagt die. «Wir bringen jetzt erst mal die Kinder ins Bett, dann machen wir es uns nett.» Aus «Cem bringt die Kinder ins Bett» ist also «wir» geworden. Unter Protest werden die Kinder aus dem Raum geschoben, und ich bleibe alleine mit der traurigen Paprika und der Frankfurter Allgemeinen Zeitung, die Cem und Gesine glücklicherweise im Abo haben.

Als ich schon fast beim Wirtschaftsteil angelangt bin,

kommt Gesine wieder in die Küche. «Die Kinder schlafen gleich», verspricht sie. «Das ist jetzt total easy mit denen, die sind echte Goldstücke.»

Das Spiel zwischen Kinderlosen und Müttern geht so: Wenn die Mütter etwas Lobendes über ihre Kinder sagen, dann muss die Kinderlose ihnen sofort und umstandslos begeistert zustimmen. Alles andere kommt bei der Mutter nämlich als Kritik am Kind an. Und wozu sollte man ein fremdes Kind kritisieren? Es geht einen ja nichts an. Also sagt man: Wahnsinnige Goldstücke. Und ja, das ist das schönste Krakelbild der Welt, oder nein, so einen lustigen Satz habe ich noch nie gehört, oder wirklich, so ein waches Kind habe ich selten erlebt. Es gibt Kinder, bei denen einem das schwerfällt. Aber es gibt ja auch solche, die wirklich tolle Krakelbilder malen. Das kann man ruhig mal anerkennen.

Wenn Mütter eine kritische Frage zu ihrem Kind haben, wenn sie also selbst ins Zweifeln geraten, dann muss man sie von diesen Zweifeln zur Not mit nackten Lügen befreien. Ein Zweifel wächst aus einer schwierigen Situation, und man hat ja selber gerade gesehen, wie anstrengend es mit dem Kind ist, da wäre man ein Unmensch, wenn man die Sorge jetzt noch vergrößern würde. Kinder kosten Kraft, das ist völlig normal. Nur weil man selbst als Erwachsener genervt ist, gibt einem das nicht das Recht, dem Kind sein Kindsein zu verpfuschen. Erst im Laufe so eines Gesprächs, wenn die Mutter sicher sein kann, dass man ihr und ihrem Kind nicht feindselig gegenübersteht, kann man langsames Hinterfragen beginnen, falls man tatsächlich das Gefühl hat, die Freundin begehe einen Fehler. Ja, es ist wichtig, dass Leonies Wille nicht gebrochen wird. Aber glaubst du wirklich, eine Zweijährige sollte selbst entscheiden, ob sie im Februar eine Strumpfhose trägt oder mit nackten Beinen rausgeht? Ja? Gut, du musst sie vielleicht wirklich selbst ihre Welt mit allen Sinnen erfahren lassen.

Der erste Fall, der des Lobs, ist einfach und einleuchtend, der zweite aber ist kniffelig. Wenn eine Mutter ihr Kind kritisiert, und wenn man findet, dass sie es mit gutem Recht tut und dass das Kind tatsächlich außergewöhnlich unangenehm ist, was macht man dann? Wäre die unangenehme Person ein Kollege oder ein Freund oder sogar ein Partner, dann würde man sich einmischen, sobald man sieht, dass die Freundin darunter leidet. Man würde sie bestätigen und ihr helfen, Auswege zu finden. Aber das eigene Kind? Man darf einfach nicht sagen: Ja, dein Kind ist wirklich außergewöhnlich langsam in der Auffassung. Ja, es hat ein problematisches Sozialverhalten.

Ich weiß das, denn ich habe es probiert und bin damit gescheitert. Wenn man ihr Kind kritisiert, dann stellt man die Freundin selbst in Frage. Kinder sind eine Verlängerung eines Menschen. Erst wenn man sicher sein kann, dass es für sie wirklich ein Problem ist, dann kann man Hilfe anbieten. Ihr zustimmen darf man aber auch dann auf keinen Fall.

Bei Gesine kommt es aber ohnehin nicht so weit, denn sie ist ausnahmslos begeistert von ihren Kindern. Ständig machen die etwas Kluges, Lustiges oder sonstwie Großartiges. Natürlich sind die Kinder spitze, alles ist spitze in Gesines Leben, sie und Cem führen eine tolle und total gleichberechtigte Beziehung, sie leben in der perfekten Wohnung, und ihre Freunde sind schön und spannend. Alles fügt sich nahtlos ein in die Erfolgsgeschichte, die Gesines Leben neuerdings ist.

«Jetzt erzähl doch mal, wie geht es dir denn», fragt Gesine, als sie wieder zu mir kommt, und schenkt sich noch einen Tee ein. «Ich habe Rotwein mitgebracht», sage ich und präsentiere zwei Flaschen Tempranillo, die ich noch schnell am Bahnhof gekauft hatte, man weiß bei Eltern ja nie. «Toll, danke», sagt Gesine und stellt die Flaschen weg. Ich verkneife mir, nach einem Glas Rotwein zu fragen, ich will nicht versoffen wirken. Tee ist ja auch sehr gesund. Die Tür geht auf, und Max kommt rein. Er ist jetzt barfuß, stelle ich beglückt fest, immerhin wird der nächste Tritt vors Schienbein nicht so weh tun. «Max, es ist Viertel nach acht, morgen ist Kita, gehst du bitte wieder ins Bett», fordert ihn Gesine auf. Max rührt sich nicht von der Stelle. «Ich bring ihn eben», sagt Gesine und verschwindet. Eine halbe Stunde später kommt sie zurück. Sie hat Leonie auf dem Arm, die wollte noch etwas trinken. Auf dem Gang treffen sie Cem und Max, dem auch noch eingefallen ist, dass er durstig ist. «Der Cem macht das jetzt mal alleine», sagt Gesine und setzt sich wieder zu mir. «Wie geht es dir denn so?» Ich bin sehr froh, dass sie jetzt endlich etwas Zeit für mich hat, denn ich würde wirklich gerne über meinen potenziellen neuen Job reden, bei dem alles perfekt zu sein scheint. «Die Position, der Inhalt, die Kollegen», schwärme ich Gesine vor. Nur die Bezahlung ist nicht das, was sie sein sollte. Ich will wissen, was Gesine darüber denkt, denn die trifft in beruflichen Fragen immer die richtigen Entscheidungen. «Soll ich vielleicht noch eine Bahncard-100 verlangen?», frage ich. «Muss ich höher pokern?»

Aber Gesine hört mir überhaupt nicht zu. Sie nickt ein bisschen vor sich hin, stochert in ihrer Paprika, und als ich sie frage, wie sie entscheiden würde, fragt sie: «In welchem Fall?» Als ich wieder ansetze, unterbricht sie mich. «Ist das bei uns?» – «Was? – «Na, das Kindergebrüll.» – «Ich höre nichts.» – «Ich schau mal eben.»

Ich sitze also verlassen in der Küche und komme mir extrem überflüssig und sehr langweilig vor. Wenn ich jetzt wenigstens Rotwein trinken könnte. Vielleicht ist es wirklich ein triviales Problem, diese Jobfrage. Ich hatte mich eigentlich über das Angebot gefreut, aber Gesine findet es anscheinend indiskutabel. Ich nehme mir wieder die Zeitung vor. Erst die von heute, dann die von gestern, irgendwo in dem Stapel ganz unten finde ich schließlich noch ein altes Zeit Magazin.

Cem kommt rein, Max vermisst ein Kuscheltier. Gesine und Leonie kommen rein, Leonie wolle mir noch gute Nacht sagen. Ich drücke dem Kind einen Kuss auf die Wange, und der Zug setzt sich wieder in Bewegung in Richtung Kinderzimmer. Ich bleibe in der Küche hocken und warte auf den nächsten Auftritt. Im Geiste male ich mir aus, wie ich diese Geschichte hier Julia erzähle. Die findet ohnehin, dass Gesine total übertreibt mit den Kindern. Wir werden uns totlachen, denke ich. Dann fällt mir wieder ein, dass Julia ja schwanger ist. Wenn ich überhaupt einen Termin bekomme, um ihr das hier zu erzählen, wird sie es mit Sicherheit nicht lustig finden. Das Thema Familie ist gerade vermintes Gebiet.

Um halb zehn beginnen wir endlich mit dem Abendessen. Warum hungern Eltern ihre Freunde eigentlich so gerne aus? Das ist doch nicht normal. Nie gibt es bei Menschen mit Kindern vor halb zehn irgendetwas auf dem Tisch. Eigentlich ist halb zehn sogar noch ziemlich gut. Meistens essen sie dann aber ohnehin nicht mehr mit, weil sie schon bei der Kinderabspeisung deren Reste vernichtet haben.

Ich bin genervt, aber Gesine ist höchst zufrieden mit ihrem Abend. «Das ist klasse, wie die Kinder so unsere Aufmerksamkeit fordern und sich behaupten», sagt sie. «Die kriegen ganz genau mit, dass wir Besuch haben und wir sie deswegen lieber schnell ins Bett bringen wollen, und dagegen wehren sie sich. Es ist enorm wichtig, dass sie lernen, sich auch gegen unsere Autorität durchzusetzen.» Aufs Stichwort erscheint jetzt auch Max wieder in der Tür, die Eltern begrüßen ihn voller Stolz. Es fehlt wenig, und sie hätten ihn gelobt. «Na, komm, ich bring dich wieder ins Kinderzimmer», sagt Cem, «dann könnt ihr beide hier in Ruhe quatschen.» – «Nein, das mache ich schon», sagt Gesine, «da ist er mehr dran gewöhnt, so oft bringst du ihn ja nicht ins Bett.» – «Ich mach das, mach du dir keine Umstände.» – «Nein, ich kann das wirklich übernehmen.» Am Ende hat jeder eine Kinderpatschehand in seiner, die drei wandern durch den Flur in Richtung Kinderzimmer, und ich fange an, die Teenachmittage auf dem Sofa in neuem Licht zu sehen. Im Vergleich zu dem hier war das so schlecht nicht.

Um zehn Uhr schlafen die Kinder endlich, und wir essen labbrige Paprika. Cem hatte Erbarmen und dann doch noch einen Rotwein aufgemacht. Der Abend kann also endlich beginnen. «Und?», frage ich Gesine. «Wie ist der Start im neuen Job?» – «Ach, du, prima», sagt Gesine. Viel mehr kriege ich aus ihr nicht heraus. Ich versuche noch ein zwei andere Themen, aber sie bleibt wortkarg und geistesabwesend. «Wie geht es eigentlich Julia?», fragt sie. Danke! Ein großer Schwall an Worten kommt aus mir raus, ich bin so froh, endlich darüber reden zu können, dass ich mich verlassen fühle.

Aber Gesine schaltet schon während der ersten Welle wieder ab. Leicht vor sich hin dämmernd, schaut sie mir noch ein bisschen beim Reden zu, dann unterbricht sie mich: «Ich kann nicht mehr, ich bin total kaputt, lass uns doch morgen reden, ja? Du frühstückst doch mit uns.» – «Klar», sage ich, denn da weiß ich noch nicht, wann Gesine und Cem frühstücken.

Um halb elf Uhr abends liege ich schlaflos und frustriert auf meinem Schlafsofa. Das Gästezimmer ist zugleich das Arbeitszimmer. Mir ist nicht ganz klar, wann eigentlich Gesine und Cem noch zu Hause arbeiten wollen, sie sind doch ohnehin fast rund um die Uhr im Job, aber vielleicht wussten sie auch einfach nicht, was sie mit dem Zimmer anfangen sollten, ein reines Gästezimmer schien ihnen zu dekadent, und Rosario, die Kinderfrau hatte ja bereits ein Zimmer. Auf jeden Fall bin ich glücklich, einen eigenen Raum zu haben, mir ist ein bisschen schummrig, denn weil mir so langweilig war, habe ich viel zu viel und viel zu schnell Wein getrunken.

Das erste Jahr mit dem ersten Kind wird von Eltern allgemein als Wachkoma bezeichnet. Die Grundfunktionen werden am Laufen gehalten, darüber hinaus ist nicht viel los. Gesine und Cem haben diese Wachkoma-Phase bis in das dritte Lebensjahr ihrer Zwillinge ausdehnen können, zumindest, was ihr Privatleben angeht.

Nebenan ist das Kinderzimmer. Leonie wacht mitten in der Nacht mehrmals auf und ruft interessanterweise nach ihrem Vater. Beim dritten Mal, während ich mich noch frage, ob man daraus jetzt irgendeine gesellschaftliche Entwicklung ableiten kann, steht Gesine mit Max im Schlepptau in der Tür. «Willst du einen Kaffee?» – «Mitten in der Nacht?» Gesine lacht. «Es ist doch schon halb sieben!»

In der Küche ist Rosario damit beschäftigt, das Frühstück zu machen, und Gesine ist damit beschäftigt, ihr zu sagen, was sie dabei falsch macht. Gesine und Cem sind nicht die erste Familie, bei der Rosario arbeitet, und sie hat ganz genaue Vorstellungen davon, wie ein Familienfrühstück aussehen sollte. Gesine allerdings auch. Rosario hat den Vorteil, dass sie so tun kann, als verstehe sie Gesine einfach nicht.

«Que?», fragt sie und schiebt Gesine mit ihrem dicken Arm aus dem Weg, um an den Kühlschrank zu kommen. «Die Bananen gehören nicht in den Kühlschrank», sagt Gesine noch etwas lauter als vorher und baut sich vor der Kühlschranktür auf. Aber Rosario stammt aus Spanien, und in Spanien gehören Bananen selbstverständlich in den Kühlschrank. Als ich reinkomme, ist Gesine einen Moment unaufmerksam, und Rosario verstaut ihre Beute schnell im Gemüsefach.

Max erscheint in der Küche in einem Outfit, das im Fotoshooting vermutlich als «sonntägliche Landpartie» angepriesen worden ist, und tritt Rosario vors Schienbein. Offensichtlich scheint es seine Art der Kontaktaufnahme zu sein. Rosario verharrt in der Bewegung und blickt rüber zu Gesine. Sie weiß, dass sie das Kind nicht tadeln darf. Gesine hat ihr unter Garantie einen längeren Vortrag über Kinderseelen und Zurückweisungen gehalten. «Ich finde das nicht lustig, Max», sagt sie und droht mit dem Zeigefinger. Max aber lacht und klammert sich an Gesines Bein.

Später, als Rosario verschwunden ist, erklärt mir Gesine, dass sie mit ihrer Perle nicht besonders zufrieden ist und dass sie vermutet, Max und Leonie imitierten ihr Verhalten gegenüber Rosario auf ihre Weise. Der Schluss, den sie daraus zieht, überrascht mich. «Ist das nicht toll, was für eine unglaubliche Auffassungsgabe die beiden haben?»

Im Prinzip sind DITTs, die double income, toddler twins, nur eine neue Bezeichnung für eines der ältesten Familienmodelle: die Bessersituierten. In der gehobenen Gesellschaft des 19. Jahrhunderts war der Vater auch den Tag über in Firma oder Praxis, die Mutter arbeitete zwar nicht, ging aber doch ganz anderen Aktivitäten nach als Kinderschaukeln oder Windelnwechseln. Dafür hatte man damals wie heute Personal. Doch die Kindermädchen von einst waren für viele Kinder die tatsächlichen Bezugspersonen, das ist heute nicht mehr so. Die Eltern, die beide arbeiten, organisieren ihre Familie wie ein Unternehmen und führen so die Kategorie der Hierarchie in die Familie ein. Die Kinder werden nicht mehr der Obhut des Kindermädchens und ihren Spielen überlassen, nein, die Eltern fordern Berichte über tägliche Fortschritte des Kindes von ihren Familienmitarbeitern. Meine Freundinnen, die ihre Kinder größtenteils von eigens von ihnen angestelltem Personal betreuen lassen, zweifeln permanent daran, ob dieses Personal ihrem Kind intellektuell überhaupt gewachsen ist. Die, die keine haben, zweifeln dafür an den Kindergärtnern und Grundschullehrern.

Um halb zehn hat sich Gesine mit ein paar anderen Müttern auf dem Spielplatz verabredet. Sie fragt mich, ob ich mitkomme, aber ich behaupte schnell, dass ich mir dringend eine Ausstellung in den Deichtorhallen anschauen wollte und überhaupt leider bald schon wieder zurückmüsste nach Berlin, weil noch Arbeit auch mich warte. «Jetzt haben wir uns seit November nicht gesehen, und du musst schon wieder los», sagt Gesine. «Ich hätte so gern gehört, wie es dir so geht.»

Im Zug nach Berlin mache ich mir ein Astra auf und überlege, was ich darauf hätte sagen sollen. Dass ich seit November dreimal in zwei verschiedenen Städten bei ihr auf dem Sofa Tee getrunken habe, während die Zwillinge um uns rumturnten. Dass es ihr offensichtlich egal ist, was bei mir los ist, sonst hätte sie die Besuche ja nicht vergessen. Dass ich dringend ihre Meinung zu meinem neuen Job-Angebot hören wollte, dass ich ihr meinen Liebeskummer mit Julia erzählen wollte, aber sie es ja nicht geschafft habe, mir auch nur fünf Minuten zuzuhören.

Ich hole mir ein zweites Bier aus dem Zugbistro, die haben leider nur Becks, und ich werde immer ungehaltener. Dann tippe ich einige wütende Sätze in mein Smartphone, aber weil ich so aufgeregt bin, vertippe ich mich dauernd. Ein orthographisch problematischer Vorwurf aber würde vermutlich eher Heiterkeit als Betroffenheit hervorrufen. «Du internes dich gar nicht für mich.» – «Dir ist dich Radisch.» – Nach der dritten Chaos-Nachricht gebe ich auf, der Kampf Mensch gegen Rechtschreibprogramm ist von der Maschine gewonnen worden. Die sind offenbar harmoniebedürftiger, als man denkt.

Als Gesine die Kinder bekam, da waren sie und Cem ein paar Tage lang völlig aus dem Häuschen. «Es ist, wie wenn man sich verliebt», hat Cem damals die erste Zeit mit Leonie und Max beschrieben. Vielleicht ist es genau das, was mich an den Kindern so stört. Man wird als Freundin zurückgestuft, man wird ein ganz klein bisschen weniger geliebt als zuvor. Das ist sehr normal und total natürlich und sicherlich auch völlig richtig, aber es kränkt einen eben doch. Bei Gesine ein bisschen, bei Julia sehr. Je nachdem, wie wichtig die Freundschaft war.

Gesine fokussiert sich jetzt auf die Dinge, die ihr wirklich wichtig sind. Ihre Familie und ihr Beruf. Für etwas anderes hat sie keine Kapazitäten mehr. Es gibt keinen Platz für Freundschaften in ihrem Leben, zumindest nicht für eine Freundschaft mit mir. Sie ist deswegen aber kein anderer Mensch. Je älter die Kinder werden, desto weniger werden sie ihre Eltern fordern. Wer weiß, in zehn Jahren unterhalten Gesine und ich uns vielleicht sogar wieder. Das heißt, wenn ich dann nicht immer noch beleidigt bin.

Beim dritten Bier rufe ich Julia an. Ich bin bereit, ihr zu

verzeihen. Sie hat das sicher alles nicht so gemeint. Aber Julia geht nicht ans Telefon. Ich tippe ein fehlerfreies «Hey, Süße, was macht der Bauch? Kuss» ins Handy und bin von mir selbst gerührt, dass ich so großzügig über ihre Schwangerschaftsschwächen hinwegsehen kann. Sie ist eben meine beste Freundin.

5. Natürlich verhüten mit der Eisprung-App

JULIAS VORGESCHICHTE

Kinderlosigkeit war mal ein Schicksal, heute ist es eine Entscheidung. Vielleicht stimmt das nicht in jedem einzelnen Fall, sicher gab es auch früher Frauen, die bewusst kinderlos blieben, und ganz bestimmt sind auch heute noch einige Frauen ungewollt keine Mütter, aber die gängige Auffassung ist, dass sich heute jeder, der möchte, durch die verschiedensten Methoden der Reproduktionsmedizin den Kinderwunsch erfüllen kann. Wenn er ihn denn hat. Bei Frauen, die keine Kinder haben, gehen die meisten davon aus, dass das eine bewusste Entscheidung gewesen ist. Eine Entscheidung gegen Kinder.

Es gibt heute Samenbanken und Eizellenkühlschränke, Spermienaufarbeiter und Eizellenspender und künstliche Befruchtungen und Leihmütter, und wenn es auch nicht alles davon in Deutschland gibt oder legal ist, so ist es doch im Großen und Ganzen vor allem eine Frage des Geldes, der Zeitplanung und der Einstellung, ob man Eltern wird.

Zu dieser Entwicklung der Forschung gibt es einen gegenläufigen Trend bei den Eltern. Gegen die Möglichkeiten (und Realitäten) der Medizin wird der Mythos der Natürlichkeit aufgebaut. Je mehr man anhand eindeutiger Indizien vermuten kann, dass die Eltern sich haben helfen lassen, desto mehr beteuern gerade diese Eltern, von der Schwangerschaft völlig überrascht worden zu sein. Die Einzigartigkeit, das Gottgewollte, man will es sich nicht nehmen lassen. Und so plaudern die Mütter in meinem Freundeskreis gerne, viel und ungefragt darüber, wie überrascht sie doch waren, als sich das Kind ankündigte. Wie sie damit absolut nicht gerechnet hätten und dass alles ja ganz spontan gewesen wäre.

Dieselben Mütter, die einem monatelang von ihrer Angst erzählt haben, dass es für sie ein Familienglück nicht geben würde, die beim Mittagessen in Tränen ausbrachen, wenn Themen wie Weihnachten, Babys oder Familie aufkamen, die bauen sich auf einmal vor einem auf und sagen: Ach, ich habe ja absolut gar nicht damit gerechnet. Ein kleiner Unfall, unsere Lara. Der schönste Unfall unseres Lebens. Man möchte sie schütteln und sagen: Hast du mit dem Kind auch das Gehirn aus dir herausgepresst?

Das Schlimmste daran ist, dass diese Frauen andere Frauen unter Druck setzen, die sich ein Kind wünschen. Auch Julia hat sich von dem Gequatsche beeindrucken lassen. Auch bei ihnen würde alles ganz natürlich und spontan und leidenschaftlich zugehen, hat sie sich vorgenommen. Sie würden aufhören zu verhüten und alles auf sich zukommen lassen. Allerdings hatte sie nicht mit Marc gerechnet.

Als Idee fand er es schön, die Leidenschaft, das Kinderkriegen, das Weitergeben von Werten und so, aber das alles müsse doch jetzt wirklich noch nicht sein. Wann denn dann? Da wollte sich Marc nicht so festlegen. In den ersten Wochen nach der Hochzeit redeten sie, dann diskutierten sie, dann stritten sie. Der romantische Traum von dem Wochenende in Paris, von dem Julia ihrer Tochter später mit verschämtem Lächeln würde erzählen können, wurde immer unrealistischer.

Je mehr Marc Julia mit der Frage nach dem Kind alleinließ, desto unsympathischer wurde er mir. Ihre gleichberechtigte Beziehung geriet aus dem Gleichgewicht. Was soll man sagen, als beste Freundin? Zu jeder anderen Zeit in unserem Leben hätte ich ihr geraten, den Typen sitzenzulassen und einen neuen zu suchen. Aber Julias Kinderwunsch wurde immer dringender, wenn sie jetzt einen Neuen suchen würde, müsste sie dem noch Zeit geben. Außerdem war es ja auch nicht so einfach, einen neuen Mann zu finden, mit dem man Kinder haben will. Ich hatte das Gefühl, Marc wusste das und nutzte es aus. Vielleicht war er auch einfach nur lethargisch.

Eines Tages setzte Julia dann kurzerhand die Pille ab. Anscheinend war das für Marc aber okay. Vielleicht wollte er ganz einfach, dass sie die Entscheidung traf. Als sich Julia mal bei einem Frauenabend darüber beschwerte, stellte sich raus, dass es bei fast allen anderen ähnlich gewesen war. Dass die neuen Männer keinen gesteigerten Wert darauf legen, Verantwortung für die Familie zu übernehmen, das hatte sich bereits bis zu mir herumgesprochen. Dass sie aber noch nicht mal wirklich entscheiden wollten, wenn es darum ging, ob und wann sie Väter würden, das war Julia und mir neu. Frauen entscheiden doch sowieso alles alleine, Julia ist der Boss, ich bin der Praktikant, sagte Marc mit einem undurchsichtigen Lächeln, das man auch als Vorwurf deuten konnte, und damit war das Thema für ihn erledigt.

Die Biologie ist ein großes Rätsel. Solange man nicht schwanger werden will, glaubt man, im Grunde rund um die Uhr fruchtbar zu sein. Das ist gerade in den ersten Jahren des Liebeslebens Quell großer Panik. Als sicherste Methode gegen Kindersegen gilt sowohl täglicher hormoneller Beschuss durch Anti-Baby-Pille, plus Kondom in den Anfangszeiten.

Schon kleinste Verhütungspannen lösen größte Krisen aus. Dann wird gezittert und gewartet und gerechnet und im Notfall oft noch Verhütung hinterhergeschoben.

In dem Moment aber, in dem eine Frau schwanger werden will, verdreht sich alles ins Gegenteil. Spermien, von denen man bislang vermutete, dass sie die weiblichen Genitalien belagern wie einst die Griechen Troja, sind auf einmal orientierungslose Vorbeieilende. Eizellen, die zuvor Medizinbälle mit magnetischen Kräften waren, werden zu zarten Seifenblasen, die der kleinste Hauch zerplatzen lassen kann, lang bevor das schreckhafte Spermium sich ihr überhaupt genähert hat.

All das findet eines Nachmittags in einem Garten einen gewissen Höhepunkt. Ellen hat eingeladen. Es ist einer dieser endlosen Kuchen-und-Kinder-Nachmittage, bei denen nie ein Gespräch aufkommen kann, weil ständig eines der Kinder ankommt und seine Mutter belagert oder verlangt, dass sie mitkommen möge. Von sechs Menschen sitzen nie mehr als zwei gleichzeitig am Tisch, und das sind in der Regel Julia und ich, die anderen rennen ständig rein und raus, wobei sie permanent Sachen rein- und raustragen und Kinder auffordern etwas an- oder auszuziehen.

Wer nicht schwanger ist oder stillt, trinkt Prosecco, der Rest Rhabarberschorle. Ellen hat noch vom Wochenende Torte übrig. Eine Stunde lang habe ich der Versuchung widerstanden. Ach, danke, habe ich zu Ellen gesagt, als sie mir Torte angeboten hatte. Dazu habe ich ein bisschen überheblich gelächelt.

Ellen soll ruhig wissen, dass ich beleidigt bin. Früher hat sie für ihre Freundinnen eigenen Kuchen gebacken, heute können wir dankbar sein, wenn die Familie vom Wochenende Reste lässt. Leider fallen Ellens und Majas Kinder in regelmäßigen Abständen entweder gemeinsam oder nacheinander von der Schaukel, und so bemerkt Ellen meine konsequente Ablehnung gar nicht, und sie hat auch keine Möglichkeit, nach ihren Hintergründen zu forschen und beschämt zu sein, dass ihre Freundinnen ihr nicht mal mehr einen eigenen Kuchen wert sind. Mein heroisches Opfer, um ihre Selbsterkenntnis zu fördern, stellt sich als sinnlos heraus. «Ich nehme gerne ein Stück Torte», beschließe ich also nach dem zweiten Glas Prosecco.

Ich muss auch dringend etwas unternehmen, denn Ellens ebenfalls anwesende Freundin Kerstin hat vor vier Wochen ihren Luis geboren und ist in Stilltrance. Diese seltsame Frau hat schon bei ihrem ersten Kind das Stillen geliebt, aber da gab es zwischendurch noch kurze Schammomente, und meist zog sie sich diskret zurück, wenn sie andockte. Jetzt aber scheinen alle Hemmungen zu fallen. Der Still-BH sitzt wie eine Brille um die entblößten Brüste dieser Frau, die ich nur von den Kuchennachmittagen bei Ellen kenne. Zwei riesige Brustwarzen starren mich an. Ich weiß nicht, wo ich hinschauen soll. Ich werde mich an das öffentliche Stillen nie gewöhnen.

Die Freundin hat einen Jungen im Alter von Ellens Sohn, und die beiden klettern jetzt um die Wette einen Baum hoch. Um nicht dauernd auf diese fremden Brüste starren zu müssen, blicke ich hoch und äußere ein unüberlegtes «Der kann aber klettern» über den anderen Jungen. Und dann, noch unüberlegter, zu Ellen: «Willst du Carl da nicht lieber runterholen? Das sieht ziemlich gefährlich aus.» Das hätte ich lieber nicht getan. Man darf nie, nie, nie «Ellens Jungs» kritisieren. Und schon gar nicht, wenn man vorher ein anderes

Kind lobend erwähnt hat. Ellen schaut mich aus funkelnden Augen an. «Zu deiner Information», sagt sie, «Carl war der Allerjüngste im Schwimmkurs und hat als Erstes das Seepferdchen bekommen.» – «Schwimmen und Klettern sind doch total unterschiedliche Dinge», sage ich, dritter schwerer Fehler. «Du hättest ihn mal sehen sollen, wie er da durchs Becken gleitet. Der ist extrem sportlich. Der Trainer hat gesagt, den behalten wir im Auge.» Leider bin ich jetzt auch genervt. Warum müssen eigentlich alle Kinder die totalen Überflieger sein. Kann nicht zufällig mal jemand ein normales Kind auf die Welt bringen? «Ihr hattet einen Trainer fürs Seepferdchen?», frage ich schnippisch. «Super Entscheidung. Ein normaler Schwimmlehrer hätte dieses enorme Talent am Ende übersehen.»

Glücklicherweise nimmt uns Julia den Wind aus den Segeln: «Apropos Schwimmen», sagt sie, «wusstet ihr, dass bei vierzig Prozent der Paare, die ungewollt kinderlos sind, die Unfruchtbarkeit gar nicht an der Frau, sondern am Mann liegt?» Wir schauen sie überrascht an. «Darauf kommt man ja nicht», sagt sie. «Die Frauen denken immer, sie seien schuld.» Wir schauen immer noch ungläubig. Woher kommt denn jetzt dieses Thema? «Schwimmen», klärt uns Julia über ihre Assoziation auf. «Millionen von Spermien können offensichtlich nicht richtig schwimmen.»

Spermien sind in dieser Zeit ein absolutes Lieblingsthema von Julia. Nach den ersten ergebnislosen Monaten hatte sie begonnen, sich intensiver mit den Fragen der Biologie zu beschäftigen. Das hatte zu umfassenden Erkenntnissen zum Thema Eisprung geführt, aber leider auch zur eigenen Desillusionierung. Müsste ich es mit meinen eigenen Worten umschreiben, dann würde ich sagen: Früher hatte Julia einmal im Monat schlechte Laune, jetzt hat sie es zweimal. Einmal, wenn es die Chance gibt, dass etwas passiert, was Julia wahnsinnig nervös machte, und dann, wenn klar war, dass es diesen Zyklus nicht passiert war, was Julia zunehmend frustrierte. Interessanterweise waren die wenigen Tage der Entspannung die, in denen die Periode hinter ihr lag und die Ovulation vor ihr. Also die Zeit, in der sie sich nicht jeden Tag mit der Frage quälen musste, ob denn nun etwas passiert sei. In der Zeit zwischen Ovulation und Periode war Julia dauerangespannt. Was sie am meisten anstrengte, war, dass ihre Frauenärztin gesagt hatte, sie dürfe sich auf keinen Fall Stress machen, weil das ihre Chance noch verringerte.

Die Phase eins an der Kinderwunschfront sind die Kinderwunschforen. Julia fängt an, sich durch die blödsinnigen Einträge anderer Verzweifelter durchzuarbeiten. Sie lernt deren Kommunikationsstil. ES ist Eisprung, SS ist Schwangerschaft, KIWU der Kinderwunsch. Das schönste Wort aber, das sie lernt, ist MehrlingsSS.

Auf den Schwangerenforen herrscht die totale Hysterie. Dort werden Tipps getauscht, was das Einnehmen von Mönchspfeffer oder die Kerze bewirken nach dem GV, der jetzt nicht mehr Sex heißt. Jede noch so kleine Regung des Körpers wird dort kommuniziert, durch die Maillisten gejagt und republikweit kommentiert. Nach einem halben Jahr war Julia auch hysterisch.

«Wusstest du, dass Männer auf keinen Fall ihr Laptop auf dem Schoß haben dürfen? Die Wärme zerstört die Spermien», klärt sie mich auf. Sie macht sich über die kleinsten Dinge Gedanken. Sie geht nicht mehr in die Sauna, weil die Hitze tödlich für befruchtete Eizellen sein könnte, sie besucht kein Schwimmbad, weil sie sich dort einen Pilz einfangen könnte, dessen Behandlung dann aber abtreibende Wirkung haben könnte. Als sie mit der Theorie kommt, dass sie nicht mehr mit dem Rad über das Kopfsteinpflaster in ihrer Straße fahren dürfe, weil das Geruckele das Ei aus der Gebärmutter lösen könnte, sieht sie schließlich selbst ein, dass es Zeit ist, sich aus den Foren zu verabschieden.

Julias Kinderwunsch-Phase ist zu einer der intensivsten Momente unserer Freundschaft geworden. Manchmal ruft sie mich schon morgens um halb acht Uhr an und sagt Sätze wie: «Die Spermienbeweglichkeit lässt mit dem Alter des Mannes rapide nach.» Wir nehmen keine Rücksicht mehr auf andere Fahrgäste in der U-Bahn, wenn ihr gerade danach ist, über Eizellenzahlen und Anti-Müller-Hormon-Pegelstände zu reden. Julia hat 2,69, das war nicht schlecht, aber eine Kollegin, die hatte 3! «Stell dir das mal vor», sagt sie. «Drei was», frage ich. «Keine Ahnung», sagt Julia. «Aber es klingt hoch.» Wieder eine andere Kollegin hatte nur 0,7. Wir tauschen Informationen aus, als spielten wir eine neue Art von Fruchtbarkeits-Quartett.

Die anderen aber waren noch nicht eingeweiht in Julias Pläne. Deswegen traut sich keiner, etwas zu sagen nach ihrer Enthüllung beim Kuchennachmittag. Maja ergreift als Erste die Chance: «Es klappt nicht?», fragt sie. «Kein bisschen», sagt Julia. Und dann erzählt sie den anderen, dass sie und Marc es seit vier Monaten versuchen und sie leider jetzt schon dabei sind, zu verzweifeln, auch wenn sie weiß, dass vier Monate keine Zeit sind.

«Hast du es mal mit einer Eisprung-App versucht?», fragt Maja. – «Mit einer was?» Wie sich herausstellte, war die total natürliche, spontane und überraschende Empfängnis nur eine Geschichte, die Maja uns erzählt hatte. Tatsächlich hatte sie eine längere Odyssee hinter sich gebracht bei dem Versuch, ein Kind zu kriegen. Und wie sich weiter herausstellt, ist sie Expertin in Sachen Nachhilfe. Maja zückt ihr Smartphone und reicht es Julia.

Ihre Eisprung-App setzt auf einfache Bilder: Man trägt die Zyklus-Länge ein und markiert die Tage der Periode, und schon erscheinen in einem Kalender Pusteblumen und Schmetterlinge. Die Pusteblumen zeigen die unfruchtbaren Tage an, die Schmetterlinge die fruchtbaren, erklärt uns Maja. Am Tag des Eisprungs entfaltet der Schmetterling beide Flügel. Seltsame Ironie der Geschichte: Auf dem Höhepunkt der Aufklärung kehren Bienen und Blumen zurück in unser Leben. Oder zumindest Insekten und Blumen auf die Oberfläche unserer Smartphones.

Julia ist sofort sehr begeistert. Sie beginnt, ihren Terminkalender mit ihrem Eisprung abzugleichen. «September und Oktober gehen von meiner Seite aus klar, nur im November ist diese Dienstreise nach Frankfurt, die kann ich nicht absagen, na ja, vielleicht bin ich dann schon schwanger.» – «Sonst nimmst du Marc eben mit.» Wir machen noch ein paar alberne Witze über Sex nach Kalender. Darüber, dass Majas total spontane Schwangerschaft ein Mythos zu sein scheint, reden wir nicht. Ich würde sie gerne danach fragen, aber wenn sie dazu bislang geschwiegen hat, wird sie ihre Gründe haben. Ein Kuchennachmittag bei Ellen ist nicht der richtige Moment dafür.

Die App hilft Julia in den folgenden Monaten, den Druck zu erhöhen. An jedem der fruchtbaren Tage steht unter dem Kalender ein Eintrag. «Wenn es heute klappt, würde ihr Baby voraussichtlich ein Mädchen und am 1. Juli geboren, Sternzeichen Zwilling.» Jedes Mal, wenn ihr klar wird, dass es diesen Monat eben nicht geklappt hat, verliert sie also ein kleines potenzielles Schützenmädchen oder einen Fischejungen. Der Oktober geht ins Land, die Dienstreise im November auch, Dezember, Januar – aber nichts passiert, wenn man mal von der Tatsache absieht, dass Marc sich zunehmend bedrängt fühlt von den Terminen. Julia hatte sich eigentlich vorgenommen, ihn nicht einzuweihen, aber so ganz klappt es anscheinend nicht.

Es ist Zeit für Phase zwei: der Ovulationstest. Auch dieser Tipp kommt von Maja. Der Ovulationstest holt die Familienplanung wieder zurück in die Realität. Ein Teststreifen ermittelt, ob es den digital angezeigten Eisprung der App im Körper von Julia überhaupt gibt. Kurz vorher steigt die Konzentration des luteinisierenden Hormons (LH) im Körper an. Wenn man sich beim Hersteller über diesen LH-Test informieren will, findet man zugleich Aufnahmen von glücklichen Paaren, die in weißen Klamotten auf einer total gemütlichen Couch sitzen und gemeinsam so ein Teststäbchen in den Händen halten und sich freuen.

Abgesehen von dem Offensichtlichen, dass man selbst schon nicht so irre gerne etwas in der Hand halten will, auf das man vorher draufgepinkelt hat, und dass man dieses Stäbchen schon gar nicht gemeinsam mit jemand anderem halten will, hat diese Testszene noch ganz andere Haken. Wie stellt sich der Hersteller denn bitte diesen Moment vor, der nach dem Test erfolgt? Der Streifen fliegt in die Ecke, und die beiden fallen übereinander her?

Julias Frauenärztin rät ihr, möglichst nicht mit ihrem Mann über die Sache mit den Stäbchen und schon gar nicht über deren Ergebnis zu reden. Ihre Erfahrung zeige, dass das eher kontraproduktiv sei. Zuerst hat sich Julia dagegen gewehrt, sie fand, dass es schließlich auch Marc etwas anginge und er ruhig Bescheid wissen könne über die Familienplanung, aber bereits bei der ersten kleinen Andeutung zum Thema hat Marc ihr mitgeteilt, dass er das so genau alles gar nicht wissen wolle.

Julia fängt also an, an potenziell fruchtbaren Tagen auf kleine Stäbchen zu pinkeln. Heimlich. Je nach Hersteller, den sie öfters wechselt oder manchmal auch als zweite Meinung hinzuzieht, zeigt das Sichtfenster ihr per Grinsegesicht, Ei oder rosa Streifen an, dass heute der Schmetterling von der App die Flügel entfaltet.

Am Anfang läuft es ganz gut. Sich mit den Herstellern und den Funktionsweisen der Tests zu beschäftigen, gibt Julia etwas zu tun in der Wartezeit. Bei der ersten Ankündigung von Schmetterlingen durch ein grinsendes Gesicht ist sie so aufgeregt, dass sie Marc in der Mittagspause im Büro überrascht, weil sie einfach nicht bis zum Abend ausharren will. Marc wiederum ist begeistert von der Spontanität. Julia giggelt am Telefon, als sie die Geschichte erzählt.

Doch je länger sich nichts tut, desto höhnischer erscheint Julia das Grinsen. «Die machen sich doch über einen lustig», sagt sie irgendwann sehr sauer. Einmal zeigt das Sichtfenster statt leerem Kreis oder Grinsegesicht einen Pfeil, der auf ein offenes Buch deutet. «Was soll das heißen?», fragt Julia. «Lesen Sie doch lieber ein Buch, statt ein Kind zu zeugen?»

Mit der Zeit wird sie nervöser und nervöser. Ihrem Liebesleben kommt jede Natürlichkeit abhanden. Sie beklagt sich bei mir, aber ich habe keine Ahnung, was ich ihr raten soll. Fahrt doch mal weg? Denk nicht mehr dran? Es ist alles wenig hilfreich. Eine Kollegin rät zu roter Unterwäsche, das habe bei ihr auch geholfen. Julia findet das erst bescheuert, aber die

Kollegin hat drei Kinder, scheint also Expertin zu sein. Am Schmetterlingsabend mit roten Dessous schickt sie mir vorher noch ein Foto von sich. «Ran!», schreibe ich zurück. Aber Marc bleibt ausgerechnet an diesem Abend länger mit einem Kunden aus. Julia bombardiert mich mit SMS. Sie macht immer verrücktere Aufnahmen von sich in diesen bescheuerten Dessous. Am Anfang lachen wir noch drüber, dann fängt sie an, sauer zu werden. Als Marc um halb zwölf heimkommt, empfängt ihn eine fluchende, angetrunkene Gattin, die mittlerweile im Gesicht genauso rot ist wie ihre Unterwäsche, über die sie längst eine Jogginghose gezogen hat.

Eine Stunde später bereut sie den Streit und versucht verbissen, ihn zu verführen. Immerhin ist Grinseabend. Eine halbe Stunde später schließt sie sich ins Klo ein und ruft mich an. «Das klappt so nicht», sagt sie. «Er hat gesagt, meine Verführungskünste erinnern ihn an seine Großtante.» Zwei Wochen später kommen sie etwas betrunken von einer Party nach Hause, und er schmiegt sich im Taxi zärtlich an sie, woraufhin sie sagt: «Heute bringt das eh nichts.» Danach sagt Marc den Satz, von dem man so lange glaubt, er sei ein Klischee, bis man ihm zum ersten Mal selber hört: «Ich bin doch kein Zuchtbulle.» Und verbringt die Nacht auf dem Sofa. Statt Sex zu haben, haben sie an den nächsten Schmetterlingstagen Streit. «Ich hätte nicht gedacht, wie effektiv der Eisprung bei der Verhütung ist», sagt Julia beim nächsten Kuchennachmittag in Ellens Garten. «Bei uns läuft gar nichts mehr.»

Es ist eigentlich kein Thema für einen Freitagnachmittag mit Erdbeerkuchen, diesmal gekaufter, aber in Zeiten des Kinder-Kriegs muss man eben auch mal ohne Alkohol und mitten am Tag über Intim-Probleme reden können, andere

Möglichkeiten gibt es ja nicht. «Ach, Süße», sagt Maja und zaubert zu meiner großen Überraschung eine Packung Zigaretten aus ihrer Tasche hervor, «bei uns war das genauso.» Und dann steckt sie sich eine Zigarette an und erzählt uns endlich, wie das bei ihr und Lucy damals war.

Sie hatten alles versucht, Temperaturmessen, Stäbchenpinkeln, Mönchspfeffer, sogar Eisprung per Ultraschall überwachen. «Irgendwann war ich praktisch jede Woche bei meiner Frauenärztin wegen irgendeiner neuen Idee oder einer neuen Entwicklung, die ich prüfen lassen wollte.» Maja fing an, ihren Eisprung selbst per Spritze auszulösen und anschließend noch mal Hormone zu spritzen, zur besseren Einnistung. «Drei Jahre lang haben meine Frauenärztin und ich jedes Mittel ausprobiert, das je von der Medizin erdacht wurde», erzählt Maja. «Und dann?» – «Dann sind wir irgendwann draufgekommen, dass es an Thomas liegen könnte.» Es hat noch mal ein halbes Jahr gedauert, bis Thomas sich endlich davon überzeugen ließ, dass vielleicht er die Bremse der Familienplanung war. «Erst hat er sich total verweigert», erzählt Maja. «Er hat über mich gelacht.» Aber dann hat er irgendwann doch tatsächlich seine Schwimmer testen lassen. Es stellte sich raus, dass sie eine künstliche Befruchtung brauchen würden, wenn sie Kinder haben wollten. Und auf einmal ist Thomas dann selbst aktiv geworden. Den nächsten Termin beim Arzt hat er ausgemacht. Als ihm klar wurde, dass er eben nicht bis ins hohe Alter zeugungsfähig sein würde, war er plötzlich sehr engagiert und interessiert.

Lucy ist also das glückliche Ergebnis einer extrakorporalen Befruchtung. Und Maja hat das alles vor uns geheim gehalten. «Warum hast du uns nichts erzählt», frage ich Maja. «Keine Ahnung», sagt sie «vielleicht, weil Thomas es nicht wollte, vielleicht aber auch, weil ich mir gewünscht habe, dass es anders ist. Bei allen anderen klappt es doch auch.»

Das Diktat der Übermütter verlangt den Frauen einiges ab. Es wird erwartet, dass jeder absolut perfekt ist. Eine völlig normale Sache, wie die, dass man nicht sofort schwanger wird, nur weil man sich ein Kind wünscht, kann somit direkt eine Krise auslösen. Das Gefühl der Unzulänglichkeit macht sich breit.

Eine der seltsamsten Erfahrungen, die ich in diesen ersten Jahren als Mütter-Beobachterin gemacht habe, ist dieses Schweigen der Mütter über die Dinge, die nicht so klappen, wie sie sich das vorgestellt haben, sei es die Empfängnis oder die Geburt oder das Stillen. Statt miteinander zu teilen, wie schwierig oder auch unmöglich manche Dinge sind, kämpfen sie tapfer alleine und verbissen darum, dass sie sie doch noch schaffen.

Hätte ich Maja gegenüber mehr Verständnis aufgebracht, hätte sie mir vielleicht anvertraut, was sie bewegt. So aber hat sie dichtgemacht und alles für sich behalten. Ich hätte für meine Freundin da sein können, das habe ich verpasst. Vielleicht habe ich auch damals einfach nicht verstanden, wie tief so ein Kinderwunsch eine Frau bewegen kann.

6. Karriereziel Profigattin

WIE ELLEN KRIEGT, WAS SIE WILL

Ein wichtiger Aspekt der Mamamorphose ist die religiöse Erweckung. Menschen, die bevor sie Eltern wurden Vorträge über die Verkommenheit der Kirche an sich, die Unsinnigkeit von Kirchensteuer und ihre Probleme mit der vermeintlichen Autorität und Unfehlbarkeit des Papstes hielten, sehen sich plötzlich außerstande, ihre Kinder ohne den priesterlichen Segen großzuziehen. Es sind dieselben Menschen, die vor allem deswegen kirchlich geheiratet haben, um ihren Gästen und dem Fotografen einen besonderen Moment als Programmpunkt bieten zu können. Die Religion an sich bedeutet ihnen nicht viel, es ist eher dieses Bedürfnis, ihre Familie kulturell zu verankern und sich einzuordnen in etwas Größeres, das ihnen eine Identität gibt und auf Bildern möglichst gut aussieht.

Ich kenne Ellen seit der elften Klasse, aber mir war nie aufgefallen, dass sie sich für die Kirche interessierte. Eher im Gegenteil. Wofür Ellen sich aber interessierte, und das fast mit religiöser Inbrunst, war die Inszenierung ihrer Familie. Und zu der gehörte eine pompöse Taufe des Infanten.

Natürlich waren wir alle eingeladen. Der Text, auf handgeschöpftem Butterweiß gedruckt, begann mit einem Zitat aus dem ersten Brief Paulus' an die Korinther, dessen 13. Kapitel bis in alle Ewigkeit die Top Ten der Trausprüche anführen wird. Ellen hatte sich für eine Stelle aus dem 16. Kapitel entschieden. «Alle Eure Dinge lasst in der Liebe geschehen.»

Einige meiner Freunde, die keiner Konfession angehören, haben für ihr erstes Kind eine Alternative zur Taufe organisieren wollen. Das war noch zu Beginn des 21. Jahrhunderts. Sie nannten sie «Willkommensfest» oder «Frühlingsfest» oder schlicht «Hallo-Carla-Fest» und füllten sie mit einigen hilflosen Versuchen, neue Rituale zu etablieren, wie dem, dass alle Wünsche auf Karten schrieben, die man dann an Luftballons hängte und im Anschluss gemeinsam fliegen ließ. Oder man warf Steine in einen See, und während des Wurfs wünschte man sich im Stillen etwas für das Kind. Es gab ein paar dieser Feste, sie waren alle etwas überladen und haben in der Regel noch nicht mal die Eltern selbst überzeugt. Ich habe noch nie davon gehört, dass man so ein Fest auch für das zweite, geschweige denn das dritte Kind organisiert hätte.

Das Ritual erhebt den Menschen über das Zufällige und ordnet ihn ein in die Welt. Das wünschen sich viele Eltern für ihr Kind. Aber mit neuen Ritualen ist es so eine Sache. Sie sind schlicht ein Widerspruch in sich. Ein Ritual wird eine Sache ja erst, wenn sie etabliert ist.

Wegen dieses unlösbaren Widerspruchs sind die meisten wieder schlicht zur Feier der Taufe in der Kirche zurückgekehrt. Viele nicht unbedingt aus einer Überzeugung heraus, sondern eher aus einem Gefühl, dass sie ihrem Kind auch wirklich alles bieten wollen und auf gar keinen Fall irgendwelche Möglichkeiten verderben. Das hat mir ein Vater tatsächlich mal so gesagt. Als ich erwiderte, dass sie dann ihren Sohn auch beizeiten hätten beschneiden müssen, lachte er nur. So hätte er es natürlich nicht gemeint. Manche

Freunde lassen ihr Kind taufen, obwohl sie selbst längst aus der Kirche ausgetreten sind. «Ich glaube an Gott, aber nicht an die Kirchensteuern», hat mir eine Freundin dazu gesagt, als ich sie nach den Hintergründen ausfragte. «Aber das Geld wird ja nicht ausschließlich für bischöfliche Badewannen verwendet», habe ich versucht einzuwenden. Umsonst.

Viele Eltern finden über die Geburt eines Kindes den Weg in die Kirche. Ob nun zurück oder hin, das ist ja egal. Der Glaube daran, dass da noch eine andere Macht ist, der am Wohlergehen ihres Kindes etwas liegt, gibt ihnen ein gutes Gefühl. Jemand anderes, mit dem sie ein klein wenig der Verantwortung teilen. Dankbarkeit und Demut stellt sich ein, wenn man ein Kind bekommt. Dieser Liebe kann die Kirche einen Raum geben, wenn man ihn denn will.

Taufen waren einmal kleine Feiern. Der Täufling war dabei, die Eltern, die Großeltern, die Paten, vielleicht noch Tanten und Onkel und eventuelle Kinder, die es bereits in der Familie gab. Heute sind Tauffeste Events. Wenn der Bezug zum Glauben fehlt, tendieren Eltern zu einer leichten bis mittelschweren Übertreibung, gewissermaßen um die Ahnungslosigkeit wettzumachen. Es werden Freunde eingeladen und Kollegen, es wird gegrillt, es werden Programmpunkte organisiert und Restaurants angemietet.

Insofern hat es mich nicht überrascht, als Ellen uns mit einer eigens gestalteten Karte zur Taufe von Carl einlud. Sie wollte sich eben nicht vorwerfen lassen, sie habe in der Sache irgendetwas versäumt. Auf die Karte war eine Kohlezeichnung der Kirche gedruckt, in der die Taufe stattfinden würde, die Zeichnung hatte Ellen selbst angefertigt, so etwas kann sie gut. Zu sehen war eine kleine Schlosskapelle, irgendwo in einem dieser Brandenburger Orte, die auf das Suffix ‹-ow› enden. Es gab einen Tauf-Tisch mit möglichen Tauf-Geschenken, es gab sogar einen Dresscode: sommerlich festlich.

Auf Daniels Baustelle gab es leider gerade große Unruhe, er musste das Wochenende durcharbeiten und konnte nicht mitkommen. Eigentlich hatte ich daraufhin mit Julia zur Taufe fahren wollen, aber Marc hatte darauf bestanden, dass sie beide unterwegs von Berlin zur Taufe bei seiner Mutter haltmachen sollten, um den wachsenden Bauch vorzuführen, und damit fiel die gemeinsame Anreise aus.

Julia hatte das am Telefon bedauert. «Aber weißt du», hatte sie gesagt. «Ich versuche gerade ein besseres Verhältnis zu Marcs Mutter aufzubauen. Die wird ja schließlich die Oma meines Kindes. Die ist enorm wichtig als Bezugsperson.» Julia kann Marcs Mutter nicht ausstehen, denn die ist immer noch nicht drüber hinweg, dass ihr kleiner Bub doch tatsächlich eine andere Frau als seine Mama liebt. Wenn sie Julia und Marc besucht, schnappt sie sich schon in der ersten halben Stunde einen Wischlappen und wischt demonstrativ seufzend die Küchenschränke aus. Aber jetzt wird Julia selbst Mutter und Marcs Mutter somit auf einmal begehrtes Familienmitglied. Das nämlich empfiehlt die Elternlektüre, die sich auf Julias Nachttisch stapelt.

An einem schönen Samstagmorgen reise ich also allein gen Osten. Die übliche Verspätung zwingt mich dazu, mich auf dem Zugklo des Regionalexpress umzuziehen, was ich hier niemandem empfehlen möchte. Dann nehme ich mir ein Taxi und werde natürlich meinen Koffer nicht mehr los, den ich jetzt mit in die Kirchenbank quetschen muss. In der Schlosskapelle stelle ich fest, dass ich die Einzige bin, die an diesem Morgen nicht noch einen Friseurtermin wahrgenommen hat. Vor mir sitzen so viele Föhnwellen und

Hochsteckfrisuren, dass es für eine Hochzeit in Neukölln gereicht hätte. Da ich viel zu spät gekommen bin, habe ich mich nur schnell in die letzte Bank schleichen können, ich habe also einen perfekten Ausblick. Während es bei den Damen immer bauschiger wird, haben die Herren deutlich an Volumen verloren. Zumindest, was die Haare angeht. In der Frage der Körperfülle ist es genau andersrum. Es sieht so aus, als hätten die Frauen sämtliche Schwangerschaftspfunde auf ihre Ehemänner übertragen. Julia kann ich nirgendwo entdecken.

Ellen hatte ein kleines Liederheft gestaltet: alle Hits des Sakro-Pop zum Mitsingen. Allerdings sparen sich die meisten das. Nur eine Frau in meiner Bankreihe – wie ich ohne Ehemann, dafür aber mit zwei Kindern – wandelt tapfer Brot zu Rosen. Ich sehe sie aber hinterher nicht wieder. Vermutlich hatte sie sich in der Veranstaltung geirrt.

Die Kirche ist voll, aber Ellen ist noch nicht da. Jörg steht alleine vor dem Altar und schaut ein wenig nervös zur Kirchentür. Je länger nichts passiert, desto verwunderter wird die Gemeinde. Auf einmal kommt jemand auf die Idee, Jörgs Blick zu folgen. In dem Moment erklingt Lohengrin. Die ganze unchristliche Meute wendet sich jetzt nach hinten um. Tatsächlich. Da erscheint Ellen in der Tür, in einem Traum aus weißer Wildseide am Arm ihres Vaters. Carl, der Täufling, marschiert vorneweg mit seiner Patentante. Lukas, Ellens achtjähriger Sohn aus einer früheren Beziehung, schreitet neben Ellens Schwester. Ein paar erstaunte Lacher erfüllen die Kirche, die ersten Gäste fangen an zu applaudieren. Ellen strahlt, als habe sie die Eine-Million-Dollar-Frage beantwortet. Unter dem wilden Geklatsche und Gejohle ihrer Freunde und erster Tränen der Freundinnen schreitet sie zum Altar.

Ellen sieht zauberhaft aus. Ihr flachsblondes Haar ist zu einem dicken Knoten im Nacken gebunden und bildet einen schönen Kontrast zu dem schlichten Kleid. In der Hand hält sie einen Strauß aus Maiglöckchen.

Bei Ellen passt immer alles zu allem, und nie ist etwas zu viel. Sie verwendet ihre ganze Aufmerksamkeit auf ihr Äußeres, sie hat vier Frauenzeitschriften im Abo, auf deren Inhalte man sie besser hätte prüfen können als auf ihr BWL-Examen, aber keine Sekunde davon ist verschwendet. Wenn ich mich hübsch mache, sehe ich innerhalb kürzester Zeit so aus, als sei ich auf ein Schützenfest in den Achtzigern eingeladen. Bei Ellen wirkt ihre Perfektion auch noch natürlich. Es ist im Grunde unverschämt.

Ich habe eine tiefe Verbundenheit mit Ellen. Sie ist eine von den Freundinnen, die man nachts um halb drei Uhr anrufen kann und sagen: «Blöde und lange Geschichte, aber ich brauche dringend tausend Euro. Kannst du mir Geld leihen?» Und Ellen würde sagen: «Gib mir deine Kontonummer.» Nach einer sehr schmerzhaften Trennung, die mich leider meine Wohnung gekostet hat, habe ich mal ein paar Wochen bei ihr gewohnt, damals, als sie noch ihre erste Familie hatte. Ihre Wohnung war 80 Quadratmeter groß, aber trotzdem hat sie nie gefragt, wann ich eigentlich wieder aus ihrem Wohnzimmer ausziehe. Wenn ich das Thema ansprach, sagte sie: «Ist doch schön, dass du da bist.»

Ellen ist eine Lebenskünstlerin. Auch die Dinge, die nicht so glatt laufen, wie sie es sich gewünscht hat, durchlaufen irgendwann erfolgreich Ellens Steaming-Programm und kommen perfekt wieder raus. So wie diese Hochzeit heute.

Als Jörg und Ellen heirateten, fiel die kirchliche Trauung aus, weil Jörg schon mal verheiratet war und die katholische

Kirche kleinlicherweise ihr jahrtausendealtes Regelwerk nicht für Ellens Vorstellungen einer Romantik-Hochzeit hatte ändern wollen. Obwohl sie, wenn man ehrlich ist, doch mehr als bereit gewesen waren, Ellen entgegenzukommen. Der Pfarrer hatte ihr vorgeschlagen, dass man die Ehe von Jörg und Marion auch durch das Kirchengericht für nichtig erklären lassen könnte. Ellen hätte das auch wahnsinnig gerne getan, aber die Sache hatte einen Haken. Ellen selber konnte die Ehe ihres neuen Mannes nicht aufheben lassen. Dazu hätten sich schon Jörg und seine Ex hinreißen lassen müssen. Marion allerdings hatte relativ wenig Motivation, Ellen, die ihr den Ehemann ausgespannt hatte, jetzt auch noch einen Gefallen zu tun. Und Jörg hatte eigentlich mal erklärt, er wolle nicht noch mal kirchlich heiraten. Offensichtlich hat Ellen nicht lockergelassen.

Ellen hat ein Schlupfloch gefunden: Sie verzichtet auf den katholischen Traugottesdienst und heiratet kurzerhand protestantisch. Bei der Zeremonie wechseln sich der katholische und der evangelische Geistliche ab, es wird, streng genommen, katholisch nur gesegnet und getauft, jedoch nicht getraut, aber es erkennt ja ohnehin kaum einer der Gäste den Unterschied, und Ellen ist es egal, solange es ein schönes Bild gibt.

Als Ellen vor die Kirche tritt, sieht sie aus wie Angelina Jolie an der Seite von Brad Pitt und ihrer Superfamilie, sie hat den Täufling auf dem Arm, vor ihrem weißen Kleid steht Lukas als schöner Kontrast, gerahmt wird das Ganze von den Blumenmädchen. Perfekter hätte ihr Hochzeitsbild nicht ausfallen können. Die Kirche im Hintergrund, das weiße Kleid, alles wie es die Tradition verlangt, dann aber doch die beiden Kinder, tja, so spießig ist man eben nicht.

Jörg steht neben Ellen und sieht aus wie der Fehler im Bild. Sie hat ihn für den Anlass herausgeputzt, er trägt einen neuen Anzug, der seiner Muschelfigur nicht besonders gut passt, der aber aus der aktuellen Sommerkollektion von Ermenegildo Zegna stammt, und neue Schuhe, die ihm sichtlich noch etwas zu eng sind.

Männer wie Jörg faszinieren mich. Er hat überhaupt keine Ahnung, was er sich da mit Ellen angelacht hat. Ellen bekommt alles, was sie sich in den Kopf setzt. Ich kenne keine Frau, die so unfassbar fokussiert sein kann auf das, was sie will. Wie sie da vor dem Kirchenportal steht, mit einem zarten Lächeln auf den Lippen, da sieht man ihr deutlich an, was sie denkt: Ich habe es geschafft.

Die Geschichte von Jörg und Ellen fing holprig an: Jörg ist Partner in einer Anwaltskanzlei für Baurecht. Als Ellen ihn kennenlernte, war er seit zwei Jahren verheiratet und schien daran auch nichts ändern zu wollen. Aber Ellen ist nicht der Typ Frau, die auf so etwas wie persönliche Präferenzen Rücksicht nimmt. Schon auf der ersten Party ging sie zum Angriff über. Sie himmelte Jörg an, lachte laut über seine Witze, sie animierte ihn, sehr viel zu trinken und zu rauchen und noch mehr von diesen Sachen, von denen seine Frau bereits so langsam genervt war und die sie ihm gerade abzugewöhnen versuchte. Die Ehefrau war ein ähnlicher Typ wie Ellen, sie hatte sich in den ersten Jahren ihrer Beziehung zu Jörg verstellt, um geheiratet zu werden, jetzt war sie gerade mittendrin im Umerziehungsprogramm. Ellen erkannte diesen toten Winkel schon nach kürzester Zeit und nutzte ihn aus.

Urplötzlich trug sie sich mit dem Gedanken, ein Haus zu bauen, obwohl kein Mensch wusste, wo sie das Geld dafür hernehmen wollten. Aber sie musste über Wochen immer wieder mal bei Jörg vorbeischauen und ihn um seinen juristischen Rat fragen. Außerdem meldete sie Lukas, ihren Sohn, bei demselben Tennisverein an, in dem Jörg spielte. Aus der Beratung wurden regelmäßige Mittagspausen, und innerhalb von vier Monaten war Ellen schwanger und die Ehefrau ausgezogen.

Damit ging es los. Ellen begann ihren Mutterschutz im fünften Monat. Die Zeit nutzte sie, um mit Hilfe von Jörgs Geld sein Haus komplett nach ihren Vorstellungen umzugestalten. Von dem Tag, an dem sich Jörg und Ellen zum ersten Mal trafen, bis zu dem Tag, an dem auch das letzte Fitzelchen in Jörgs Leben von Ellen ausgewählt war, verging kein Jahr. Ellen ist eine kluge Frau: Sie lässt Jörg seine Saufabende mit seinen Freunden und sein Pokerspiel, in alles andere regiert sie rein. Ellen ist jetzt professionelle Gattin. Sie ist so gut darin, als würde sie das Weiße Haus managen.

Von Lukas' Vater fehlt jede Spur. Er gehörte mal zu unserer Clique, ich mochte ihn sehr gern. Jahrelang haben wir Silvester gefeiert und sind in den Urlaub gefahren. Aber Lukas' Vater war beruflich nicht besonders erfolgreich, und die ganzen Mädels, die Ellen im BWL-Studium kennengelernt hatte, heirateten reiche Kerle. Nur Ellen blieb in zwei Zimmern mit einem kleinen Kind hocken. Es reichte ihr nicht.

Nach der Kirche mache ich mich auf die Suche nach Julia und treffe unterwegs Katinka. «Die hat uns ja ganz schön reingelegt», sagt sie. «Aber sie sah toll aus. Ich freue mich so für sie.» Ich wiederum freue mich, Katinka zu sehen. Sie kann wunderbar boshaft sein.

«Was für ein süßes Kleid», sagt Katinka auch gleich, «schade, dass du es nicht mehr geschafft hast, es zu bügeln.» Katinka ist die Meisterin des vergifteten Kompliments, wenn es einen nicht selber trifft, kann das sehr lustig sein. Auf der Silvesterparty bei Julia hatte sie mein Outfit mit den Worten gelobt: «Mann, Schwarz steht dir so gut, du siehst da richtig schlank drin aus», auf Julias Hochzeit hatte sie zu dem fuchsiafarbenen Fummel von Maja erklärt: «Ich finde es toll, dass du dich einfach traust zu tragen, was dir gefällt.» Während ich noch überlege, wie man auf Katinkas Bemerkung möglichst lustig und schlagfertig antworten könnte, geht es schon weiter. «Komm, wir holen uns einen Sekt», sagt Katinka, «oder darfst du nicht? Ich dachte mir gleich, da ist doch ein Bäuchlein zu sehen? Gibt es da etwas, was ich wissen sollte?» – «Du würdest es als Letzte erfahren», sage ich und lache laut, um zu übertünchen, dass das jetzt leider weder witzig noch schlagfertig gewesen ist. Okay, Katinka ist auf Krawall gebürstet. Um mich hier zu amüsieren, werde ich sie abhängen müssen, das ist klar. Trotzdem folge ich ihr erst mal zum Alkohol, ich sehe keine wirkliche Alternative dazu.

Das Gute an Partys mit Müttern ist zugleich das Schlechte. Weil sie fast nichts trinken, ist immer genug zu trinken da, egal wie geizig der Gastgeber ist. Im Innenhof des Schlösschens ist die Sektbar neben einem kleinen Springbrunnen aufgebaut. Die Zwillinge von Gesine müssen sich also nicht entscheiden, ob sie lieber in den Springbrunnen fallen oder die Sektbar umtreten sollen, denn beides ist so nah beieinander, dass Leonie und Max sich mit ein bisschen Geschick sowohl ertränken als auch sämtliche Gläser zersplittern könnten. Gesine wird sie auf jeden Fall nicht daran hindern.

«Ich versteh das nicht», sagt Katinka. «Wie kann eine Mutter zulassen, dass ihre Kinder sich so benehmen?» In diesem Moment wird Laurenz, Katinkas Sohn, von seinem Vater vorbeigeschoben, und ich kann mir ein Bild davon machen, wie sich Katinka angemessenes Kinderverhalten bei einer Taufe vorstellt. Laurenz trägt eine kleine Kinderfliege und eine dunkle Weste und sitzt ganz aufrecht und fest angeschnallt mit breiten, schwarzen Gurten in seinem Designer-Hochsicherheits-Buggy. «Na, was steht an?», begrüßt mich Richard. Aber bevor ich mir etwas überlegen kann, sagt er schon: «Ich geh mal eben eine rauchen», und parkt Laurenz vor Katinkas Handtasche. Es ist eine todsichere Methode, das Kind loszuwerden, denn Katinka hasst es, wenn ihr Mann vor Laurenz raucht. Eltern sollten ein Vorbild sein. «Nun zu dir», sagt Katinka, «wir haben uns ja ewig nicht gesehen! Gibt es etwas Neues?»

Mit «Neues» meint Katinka natürlich: Heiraten oder Kinderkriegen oder am besten beides. Katinka hat immer schon ganz genaue Vorstellungen von den Normen für ein geglücktes Leben gehabt. Allerdings hatte mich das früher nicht groß gestört. Jetzt aber, wo Julia schwanger ist und mich bald auf der Seite der Kinderlosen alleine zurücklässt, stört mich die Frage.

«Ach», sage ich und überlege, ob nicht jetzt ein guter Zeitpunkt für Gesines Zwillinge gekommen ist, in den Brunnen zu fallen und mich zu erlösen. Katinka sieht meinen Blick und lässt sich ablenken. «Unmöglich», sagt sie. Dann beobachten wir, wie Max versucht, die Brunnenwand zu erklimmen. Bevor wir eingreifen können, ist schon eine andere Mutter zur Stelle.

Ich hole uns einen Sekt, und wir stoßen auf die Liebe an. Gesine kommt dazu. «Also, was läuft denn jetzt mit diesem, äh, wie hieß er noch gleich? Zieht ihr zusammen?», fragt Katinka. Gesine schaut mich mit großen Augen an: «Oh, gibt es etwas Neues?» Aber da erzählt mir Katinka schon, dass außer mir nur eine einzige andere Frau auf dem Fest ist, die keine Kinder hat. «Ist das nicht lustig?» Ich bin etwas überrascht: Hat Sarah inzwischen ein Kind bekommen? Wie kann das sein? Ist die nicht erst seit ein paar Monaten mit Kai zusammen? Hat sie jetzt in dem halben Jahr ein Kind hingelegt? Aber Katinka kann mich beruhigen. Sarah ist nicht schwanger, auf jeden Fall ist nichts davon bekannt. Aber sie und Kai sind im Urlaub.

Ein besonderes Phänomen bei Menschen ist, dass sie Unterschiede nicht gut ertragen können. Paare neigen dazu, ihre gesamte Umwelt verkuppeln zu wollen. Die Tendenz dazu gibt es bei vielen: Wer sich ein Haus baut, sucht die Nähe zu anderen Hausbauern, wer Hals über Kopf in eine Lebenskrise stürzt, verdächtigt die Glücklichen, ihrer tatsächlichen Situation nur nicht ins Auge schauen zu wollen. Wer kein Kind hat, bevorzugt, dass auch die anderen Leute damit warten.

Mütter aber sind die größten Gleichmacher. Sobald das erste Kind unterwegs ist, ist man überzeugt davon, dass das auch für alle anderen der beste Weg ist. Eine angenommene Schwarmintelligenz der Schwangeren. Vielleicht will man auch deswegen, dass alle mitmachen, weil eine Familie zu sein eine der größten und anstrengendsten Herausforderungen des Lebens ist. Da ist es schön, wenn möglichst viele andere Menschen einen ähnlichen Weg einschlagen. Es ist eine gute Bestätigung: Wenn es alle machen, dann kann es so falsch nicht sein.

Auf der anderen Seite fühle ich mich natürlich zunehmend unsicher mit dem Leben, das ich lebe. Hier auf der Taufe zum Beispiel bin ich der totale Außenseiter. Alleine schon, dass mir von der anderen Nicht-Mutter bereits durch Dritte berichtet wurde, so als seien wir beide die großen Exoten und müssten uns unbedingt kennenlernen, trägt zu meiner Missstimmung bei. Oder bin ich nur hysterisch? Wo ist denn bloß Julia? Ich brauche Personenschutz.

Es könnte mir eigentlich egal sein, was die anderen machen. Aber das ist es nicht. Es ist nicht so sehr, dass ich unbedingt ein Kind haben will. Doch die Einzige ohne Kind zu sein, daran muss man sich auch gewöhnen. Wenn man schon raussticht, dann doch mit etwas, um das einen alle beneiden, oder? Während ich noch überlege, ob ich mich nun rechtfertigen muss, dass es nichts Neues gibt in meinem Leben, zumindest nicht das Neue, was Katinka und Gesine meinen, unterbricht uns die Frau vom Kinderprogramm. Darauf kann man bei Partys mit Müttern wirklich zählen: Es hat noch nie ein Thema gegeben, was tatsächlich ausdiskutiert worden wäre. Auch bei den unangenehmen kann man sicher sein: Gleich fällt ein Kind vom Baum oder kippt ein Glas um oder schreit einfach nur so, und alle müssen herbeilaufen.

Die Frau vom Kinderprogramm hat einen Edding in der einen Hand und einen Bogen mit weißen Klebeschildchen in der anderen und verlangt, dass wir ihr unsere Kinder ausliefern. «Ich bin der Laurenz», sagt Katinka mit verstellt hoher Kinderstimme und zeigt auf ihren Sohn. Die Frau scheint nicht verwirrt darüber, dass Katinka sich in einer Personalunion mit ihrem Kind präsentiert. «Mag der Laurenz mit uns spielen?», erkundigt sich die Frau vom Kinderprogramm. «Wir haben ganz tolle Überraschungen vorbereitet.» Sie beugt sich zu Laurenz runter. «Kennst du schon den Kasperle?» Laurenz verzieht das Gesicht. Bevor er anfangen kann zu heulen, redet die Frau vom Kinderprogramm lieber wieder schnell mit Katinka. «Also der Laurenz», sagt sie und schreibt LAURENZ auf ein Klebeschild. «Und wo ist deine kleine Maus?», will sie dann von mir wissen. «Ich ... äh, ich habe keine Kinder», sage ich. «Oh», meint die Kinderfrau bedauernd, «tut mir leid.» Mir fällt spontan nicht ein, wie ich darauf reagieren könnte. «Schon okay», sage ich. Und dann zieht die Kinderprogrammfrau mit Katinka und Laurenz ab, um weitere Mitspieler einzufangen. Ich hole mir noch einen Sekt und schicke Julia eine SMS: «Wo zur Hölle bist du?»

Als ich versuche, in der Masse von Föhnfrisuren bekannte Gesichter zu entdecken, findet mich Petra. «Hey», sagt sie, «wir haben uns ja ewig nicht gesehen, was gibt es Neues?» – «Sekt», sage ich und kippe schnell den Rest in meinem Glas runter. «Komm, wir holen uns noch einen.»

«Menno», sagt das übelgelaunte Kind, das an Petras Rockzipfel hängt. «Ich will auch.» – «Nein, Schatz», sagt Petra und übt ein verständnisvoll-mütterliches Lächeln, «wir haben darüber gesprochen, ich möchte nicht, dass du ins Wasser fällst.» Offensichtlich haben Gesines frei turnende Kinder bei den anderen Kindern Begehrlichkeiten geweckt. «Kennst du die Mutter?», fragt Petra. «Ich verstehe sie nicht.» – «So geht es nicht nur dir», tröste ich sie und denke an Katinka. Plötzlich spüre ich etwas an meinem Schenkel. Ein kleiner Speckarm hat sich darum geschlängelt, ein etwa zweijähriges Mädchen macht kurz Rast. Vermutlich eine Verwechslung. «Und das ist deine?», fragt Petra und beugt sich runter. «Gott, ist die goldig.» – «Nein», sage ich und versuche, den klammernden Speckarm möglichst zart zu lösen. «Ich habe keine Kinder.» Wie aufs Stichwort kommt die Einsammlerin vom Kinderprogramm wieder vorbei. «Ist das ...», sagt sie zu mir, und dann unterbricht sie sich. «Ach, entschuldige, hast du ja schon gesagt.» Petras Kind hat sich inzwischen auf den Boden geworfen. «Aber das ist sicher ...», sagt die Einsammlerin. «Ich bin der Emil», sagt Petra, was die Frau direkt auf einem Schildchen notiert. «Du, Emil», sagt die Kinderfrau zu Petra, «gleich fängt das Kasperltheater an, magst du mitkommen?» Petra-Emil mag, und die drei rauschen ab. Eine Kellnerin bietet mir noch einen Sekt an. Ich nehme ihn dankend vom Tablett.

Das Kinderprogramm hat inzwischen den halben Hof leergefegt. Es sind nicht nur alle Kinder weg, sondern auch fast alle Mütter. Um genau zu sein: Es sind eigentlich nur noch Männer und ich übrig. Inmitten der schwarzen Anzüge ist es relativ leicht, Julias geblümtes Kleid zu entdecken. «Endlich, bitte, bitte hau nicht wieder ab. Ich steh das hier nicht ohne dich durch.» – «Das war ja eine irre Aktion, uns gar nichts zu sagen von der Hochzeit», sagt Julia. «Ich muss jetzt dringend meine Rede umschreiben, die passt gar nicht mehr.» – «O nein, lass mich hier nicht allein.» Ich kriege Panik. Ich hatte mich so auf den Tag mit Julia gefreut, und nun will sie mich den Haien vorwerfen. «Süße, ich bin ja gleich wieder da», sagt Julia. Und dann ist sie auch schon weg.

An der Sektbar treffe ich Thomas. «Na, was gibt es Neues bei dir?», fragt er. Was ist denn nur mit den Leuten los? Ich fliehe zur Toilette.

Ist das jetzt mein fünfter Sekt? Langsam wird mir warm. Im Spiegel stelle ich fest: Ich bin knallrot im Gesicht. Und wenn schon, Daniel kommt ja eh nicht mehr, und anderes Material ist nicht in Sicht.

Auf dem Weg zurück stoße ich mit Ulla zusammen. Ich habe eindeutig zu viel getrunken. «Ellen sieht toll aus», beginnt Ulla auffallend eifrig das Gespräch. Anders als bei mir gibt es bei Ulla tatsächlich etwas Neues, aber eine Sache, über die sie nicht reden will. Ich hatte bereits von Ellen gehört, dass Ullas Mann eine Affäre mit einer jüngeren Kollegin angefangen hätte. Ulla ist etwas passiert, wovor die meisten der professionellen Gattinnen eine panische Angst haben. Früher hätte eine Neue keine Chance gehabt, und alleine schon Chef und Kollegen gegenüber hätte man immer seine Familie bewahrt. Aber das Modell Seehofer kommt aus der Mode. Die schöne alte Kulturtechnik der Langzeit-Affäre gibt es kaum noch. An ihre Stelle ist die Patchwork-Familie getreten. Kaum taucht etwas Neues auf, wird mit dem oder der auch sofort eine neue Familie gegründet und die alte zum Irrtum erklärt. Modell Christian Wulff, als er noch Ministerpräsident war.

Ungefähr genauso hat es auch Ellen gemacht hat. Von der alten Beziehung hat innerhalb kürzester Zeit niemand mehr gesprochen. Und die Umstände, unter denen sich Ellen und Jörg kennenlernten, wurden im Freundeskreis allgemein als irre romantisch verbreitet. Mittlerweile wird das Ganze so verklärt, als hätten einst die Eltern die beiden in der Wiege einander versprochen.

Bei Ulla ist es noch nicht klar, wie es weitergehen wird. Tobias ist erst mal zur Probe ausgezogen, er müsse darüber nachdenken, wer er eigentlich sei, heißt es. «Ich kann ihm sagen, was er ist», hat Julia gesagt. «Ein Arschloch nämlich.» Aber Ulla hat noch nicht aufgeben wollen, und deswegen spricht sie nicht gern über die Sache. Karens Mann ist schließlich auch wiedergekommen, und jetzt kriegen sie das vierte Kind. «Du», sagt Ulla, «ich schau mal eben nach Katharina und Max, die sind beim Kinderprogramm.» Und dann verlässt die letzte Frau den Innenhof. Ob ich noch einen Sekt vertragen würde?

Es sieht schlecht aus für meinen Unterhaltungsplan für diesen Tag. Nicht dass ich nicht auch mit Männern sprechen könnte. Aber die Männer hier sind im Großen und Ganzen eher langweilig. Die paar, mit denen man Spaß haben könnte, haben garantiert eine Ehefrau, die sofort vorbeikommt, um eine Szene zu machen. Ich habe aber schon zu viel getrunken, um eine Szene ertragen zu können. Überhaupt sind die meisten der anwesenden Männer entweder Geschäftspartner von Jörg oder Väter aus der Kita von Carl, und keiner von ihnen scheint besonders kontaktfreudig.

Ich frage mich, ob ich nicht auch einfach zum Kinderprogramm gehen sollte. Schatzsuche ist doch ein schönes Spiel, und ich hätte einen klaren Vorteil gegenüber den anderen, weil ich kein Kind an der Backe habe. Stattdessen informiert mich Oliver, ein Ex von Ellen, dass er jetzt mit Immobilien handelt. Er hätte gesehen, dass ich manchmal über Architektur schreiben würde, ob ich nicht mal was über seine Firma machen wolle? Nein?

Ellen erscheint im Innenhof, ich hatte sie noch gar nicht begrüßen können. Jetzt hat sie schon wieder keine Zeit. «Kommt, Jungs, das Essen wird kalt», ruft sie, und ich und die Jungs um die vierzig folgen ihr in den Festsaal, wo die Frauen und ein paar der Kinder schon warten. Das Essen verbringen wir damit, dass die Frauen, die ihre Kinder beim Kinderprogramm gelassen haben, sich lauthals darüber beschweren, dass die anderen Mütter ihre Kinder mit zum Essen gebracht haben und man sich jetzt nicht unterhalten könne bei all dem Kindergebrüll. Es gibt drei Gänge und deshalb genügend Zeit, dass jeder mal drankommt mit dem Beschweren, denn die Betreuerfrauen schleppen regelmäßig heulende Karlchen oder Kajas in den Saal auf der Suche nach deren Müttern, die dann bereitwillig mit den Kindern wieder rausgehen. Beim Hauptgang sind bereits fast alle Mütter und eine ganze Reihe

Väter wieder beim Kinderprogramm, sodass im Festsaal große Löcher sind und man sich über die Tafeln zurufen muss oder sein Essen eben im Schweigen genießt. Wer in einem Umfeld mit vielen jungen Familien lebt, muss sich nicht wundern, wenn die einfachsten Höflichkeitsregeln nicht mehr eingehalten werden. Als alle noch jünger waren und auf der Suche nach dem, wer sie sein wollten und mit wem, da waren die Gespräche bei Hochzeiten angeregt und flirtig. Jeder wollte im besten Licht dastehen, zeigen, wer er ist und was aus ihm werden könnte.

Mit den Kindern werden die Menschen gesättigt. So viele Fragen, die sie sich früher gestellt haben, sind geklärt. Was soll man da noch groß reden? Wozu freundlich sein? Die Freunde von Ellen und Jörg stammen aus der Generation der Optimierer. Säßen hier für sie interessante Geschäftspartner oder Co-Kita-Mütter, würden sie sich angeregt unterhalten. Aber ich bin Journalistin und kinderlos. Und wo nichts zu holen ist, da wollen die Optimierer auch nicht investieren.

Ich habe am Tisch mit Julia gesessen, aber die war nur kurz zur Vorspeise erschienen und musste dann an der Rede weiterarbeiten. So langsam bin ich wirklich genervt von ihr. Ich bin von Sekt auf Rotwein umgestiegen und somit kurz vor dem Moment, wo man seiner besten Freundin mal ein paar Wahrheiten auf den Tisch knallt. Warum geht sie mir aus dem Weg? Findet sie es schön, dass wir uns immer mehr entfremden?

Aber sie ist ja nicht da. Stattdessen unterhalten sich am Ende des Tisches zwei übriggebliebene Mütter mit Babys auf dem Arm über die Vorteile der zweisprachigen Erziehung und ihre Herausforderungen. Ellen hat mich neben die einzige andere Monade gesetzt. Wir haben schon mal nebeneinandergesessen. In der siebten Klasse. Carsten und ich haben uns damals nicht ausstehen können. Daran hat sich lange nichts geändert. Heute aber ist er mir fast sympathisch, immerhin fragt er mich nicht, was es Neues gibt. Auf seiner rechten Seite sitzt die andere Kinderlose. Vermutlich, damit sich Carsten eine von uns aussuchen kann. Wir unterhalten uns eine Weile zu dritt über ihren Job, sie ist Anwältin und beschäftigt sich hauptsächlich mit Asylbewerbern, aber dann findet doch Carsten größeres Interesse an ihr, und ich bin raus aus dem Gespräch.

Später hält der Bräutigam eine kleine Rede, zu der ihn Ellen aufgefordert hatte und die im Wesentlichen aus einer sehr geglätteten Version ihres Kennenlernens besteht. Dann kommt Julia mit einer sehr hübschen Ansprache übers Kinderkriegen und übers Heiraten, bei der sie sich mehrmals über den runden Bauch streicht. Die Pointe der Rede ist, dass Ellen auch wieder schwanger ist, was wie die Offenbarung eines großen Geheimnisses bejubelt wird, obwohl es längst alle wissen. Ich hatte gehofft, dass ich mich jetzt endlich mit Julia unterhalten können würde, aber die ist nach ihrer Rede so erschöpft, dass sie ein «Schwangerschaftsschläfchen» halten muss.

Der Kaffee wird im Hof serviert. Das Kinderprogramm ist ebenfalls im Innenhof, weswegen auch alle Mütter dort sind. Allerdings ist nicht besonders viel los beim aktuellen Programmpunkt, denn fast jede Mutter, die ein tragbares Kind hat, hält dieses auf dem Arm und somit ab vom Kinderprogramm. Die Mütter tun das mit einer gespielten Nachlässigkeit, so wie sie noch vor ein paar Jahren eine teure, neue Handtasche gehalten hätten, aber ihre Intention ist relativ klar: Schaut her, *das* gibt es bei mir Neues.

Ellen hat sich etwas abseits hingesetzt, neben ihr sitzt Julia. Gott sei Dank. Aber als ich zu ihnen komme, verstummt das Gespräch. Ich habe nur noch Julias letztes Wort gehört: HCG-Wert. Es passiert mir öfter, dass Mütter-Gespräche beendet werden, wenn ich dazukomme. Richtigerweise nehmen die Mütter an, dass ich nicht die engagierteste Gesprächspartnerin zum Thema Zellteilung bin. Über etwas anderes wollen sie aber gerade nicht reden. Also reden wir ein bisschen über nix, bis ich beschließe, mich zu der Whiskey-Zigarren-Runde zu gesellen, die der Bräutigam begonnen hat. Eine Frau hat eine Wette mit Jörg abgeschlossen darüber, ob er alle Vornamen seines Sohns aufsagen kann. Jörg sagt: «Carl Josef Finn Ferdinand Heinrich». Die Frau lacht laut auf. «Carl Josef Finn Luis Ferdinand», triumphiert sie. Kinder sind eben eine Sache für Profis, und Profis sind nur Mütter.

Ich setze mich mit meinem Whiskey-Glas an einen der leeren Tische und beobachte die Gesellschaft. Drinnen wird inzwischen zum Tanz aufgespielt. Alles drängt rein, um gerührt zu beobachten, wie die Pranke des Bräutigams auf der zarten Taille der Braut landet. Jörgs Walzer ist ein steifhüftiges Rumgeschwanke, Ellen und er schieben durch den Raum wie ein großes übergewichtiges Kind auf einem sehr kleinen Schaukelpferd. Der Fotograf drückt mit zunehmender Verzweiflung auf seinen Auslöser. Aber irgendeines dieser Bilder wird schon etwas werden. Von den 6000 Schüssen des Tages werden mindestens 100 passable übrig bleiben. Ellen wird sie in ein edel gestaltetes Fotoalbum kleben. Die schönsten kommen in einen großen Rahmen ins Wohnzimmer und erinnern künftige Besuchergenerationen daran, wie schön diese Hochzeit doch war. Der Mittelpunkt wird natürlich Ellens Angelina-Jolie-Auftritt vor der Kirche sein.

Meine Freundinnen und ich haben früher immer geglaubt, wir könnten alles haben. Einen aufregenden Job, einen großartigen Mann und eine wunderbare Familie. Irgendwann unterwegs schmälerten sich unsere Erwartungen, und wir wünschten uns nur noch einen Job, einen Partner und eine Familie. Und sogar noch bevor meine Freundinnen die Erfahrungen machten, dass man Familie und Beruf nur schwer vereinbaren kann, stellten wir fest, wie schwer es ist, einen Partner und einen Job miteinander zu vereinbaren. Oder einen beruflichen Aufstieg mit unserem Geschlecht.

Ellen hat sich von so etwas nie anfechten lassen. Sie hatte keinerlei schulische Ambitionen, die sie dann konsequenterweise auch im Studium nicht entwickelte. Sie hat etwas studiert, weil es sich gut anhörte. Sie hatte ohnehin nicht vor, daraus einen Beruf zu machen. Ihr großer Ehrgeiz richtete sich immer schon auf ihr Aussehen, auf ihre Wohnungseinrichtung und aufs Kochen. Julia und ich hatten das schlicht für Hobbys gehalten. Erst als sie Jörg kennenlernte, fiel uns auf, dass Ellen im Grunde immer schon darauf hingearbeitet hat, eine perfekte Gattin zu sein. Allerdings war das bei ihr gar keine untergeordnete oder gar unterwürfige Rolle. Im Gegenteil. Sie ist die Chefin ihres Privatunternehmens. Jörg ist stiller Teilhaber, Ehemann und Vater. Man könnte glauben, ich sei fies, wenn ich das so feststelle, aber so meine ich es nicht. Ellen hat das gefunden, was sie glücklich macht. Und sie liebt Jörg. Nur, weil jemand ein konservatives Rollenmodell lebt, heißt es nicht, dass es ihn nicht erfüllt.

Ich habe lange Zeit gedacht, dass Ellen etwas falsch macht. Dass es ihr einmal leidtun wird, keinen Beruf zu haben, der sie in Atem hält, und keinen Ehrgeiz, der über eine sehr traditionelle Frauenrolle hinausgeht. Aber vielleicht war das falsch. Vielleicht ist die Zeit für «wir können alles haben» vorbei, und vielleicht sind die professionellen Gattinnen ja viel glücklicher als die, die ständig darum kämpfen müssen, alles miteinander kombinieren zu können. Ich kämpfe ja jetzt schon, dabei habe ich noch nicht mal Kinder, die betreut werden müssten. Könnte ich die Veranstaltung trotz meines aktuellen Alkoholpegels nüchtern betrachten, würde ich sagen: Die Einzige, die absolut keinen Spaß hat, bin ich. Wer also macht hier etwas falsch?

Mir ist übel. Ich habe mich vor die Schlossanlage ins Gras gesetzt, um mich ein bisschen zu lüften. Ein kleines Mädchen kommt vorbei, ich bin mit seinem Vater in eine Klasse gegangen. «Was machst du da?», fragt sie. «Ich langweile mich», antworte ich wahrheitsgemäß. «Ach so», sagt sie, «dann kannst du ja auch mit mir spielen.» Es will also doch einer der Hochzeitsgäste etwas mit mir zu tun haben. Den Rest des Abends verbringe ich also damit, angetrunken im Gras hockend für die Barbie des Mädchens einen schicken Bungalow aus Gras und Stocken zu basteln. Immer noch besser als das, was ich vorher getan habe.

Gegen Viertel nach zehn verlassen auch die letzten Mütter die Tauf-Hochzeit und bringen die Kinder ins Bett, die Unterbringung ist in einem anliegenden Gebäude, die meisten der Väter gehen gleich mit. Um halb zwölf ist der offizielle Part vorbei, so etwas gibt es auch. Nur der Bräutigam geht noch mit ein paar seiner Jungs, mit Petra und seiner Ex in eine Kneipe. Dort bleiben sie bis fünf und haben mächtig Spaß. Ich bin am nächsten Tag sehr neidisch.

7. Apple-Eltern gegen Google-Eltern

ERZIEHUNGSIDEOLOGIEN IM TEST

Ich komme nicht mehr an meine beste Freundin ran. Wenn ich anrufe, sagt Julia: Ich ruf dich zurück. Oder: Ich melde mich später. Manchmal reagiert sie auch gar nicht. SMS werden noch seltener beantwortet. Für Treffen ist sie zu müde oder hat schlicht keine Lust. Sie hat auch keine besonders originellen Ausreden parat. Es nervt sie, dass sie keinen Alkohol trinken kann, deswegen will sie nicht in eine Bar. «Gehen wir doch ins Theater?» – «Da sind die Stühle so unbequem, außerdem, was ist, wenn ich aufs Klo muss? Ich muss alle halbe Stunde.» – «Dann vielleicht Kino?» – «Ich ertrage die Klimaanlage da nicht.»

Ich kann nicht akzeptieren, dass Julia Schluss gemacht hat. Wenn sie mir wenigstens ins Gesicht sagen würde: Pass auf, es war eine tolle Zeit. Wir hatten viel Spaß, aber ich muss jetzt erst mal rausfinden, was ich will und wer ich bin. Es hat nichts mit dir zu tun. Ich brauche Abstand. Was weiß ich. Aber sie stellt auf Durchzug.

Ich kann mich auch bei niemandem beschweren über meine unzuverlässige Freundin. Ich habe mich in letzter Zeit immer mehr mit Sarah angefreundet, auch deswegen, weil sie eine der wenigen Frauen ist, mit denen man sich abends spontan auf ein Glas Riesling treffen kann. Aber Sarah zeigt kein Verständnis für mein Gejammere, sie findet es übertrieben. Alle anderen Freundinnen haben Kinder und sind auf Julias Seite. Meine Mutter leider auch. Ich müsse das verstehen. Die Schwangerschaft sei eine sehr intensive Phase. «Sie muss alle möglichen Sachen vorbereiten», sagt Ellen. «Alleine der richtige Kinderwagen ist eine Riesenentscheidung, und die besten haben ewig lange Lieferzeiten.» – «Sie ist jetzt mit den Gedanken ganz woanders», sagt Maja. Und: «Mein Gott, es geht nicht um dich, das hat nichts mit dir zu tun. Du musst einfach mal akzeptieren, dass sich alles verändert, wenn man Mutter wird.» Aber ich kann es nicht ganz glauben. Ich habe doch immer alles mit Julia gemeinsam gemacht, wir haben über alles gesprochen. Ich glaube, ich war sogar in die Hochzeitsvorbereitungen mehr involviert, als Marc es war. Warum bin ich jetzt draußen? Ich will ihr so gerne eine SMS schicken oder eine Mail oder einen Brief und sie fragen, was eigentlich los ist. Aber Ellen und Maja verbieten es mir strikt. «Lass sie in Ruhe», sagt Maja, «sie weiß ja, dass du da bist für sie. Aber nerv sie jetzt nicht. Und vor allem: Rede ihr bloß nicht ein, dass sie sich schuldig fühlen muss, weil sie dich vernachlässigt. Es geht sicher gerade total viel in ihr vor, ich war damals in den ersten Monaten total neben der Spur.» Seit wann sind eigentlich Ellen und Maja Experten in Sachen Julia? Sie ist doch *meine* beste Freundin.

Wegen ihrer saublöden Biologie, mit der sie ihre saublöden Schwangerschaften erlebt haben, teilen Ellen und Maja etwas mit Julia, das ich nicht selber erlebt habe, bei dem aber das eigene Erleben über alles andere gestellt wird. Immer wieder wird mir von anderen Müttern erklärt, dass ich nicht beurteilen kann, wie sich Julia fühlt. Sogar Kolleginnen auf der Arbeit, Frauen, die Julia gar nicht kennen, glauben, sie in dieser Sache besser zu verstehen, und geben mir Ratschläge. Eines Abends, da habe ich Daniel unter sehr viel Alkoholeinfluss stundenlang mein Leid geklagt, fange ich an zu weinen am Küchentisch. «Sie fehlt mir so», schluchze ich. Daniel umarmt mich, küsst mich auf die Stirn und sagt: «Schatz, du bist verrückt.» Wir gehen dann noch runter zu unserem Franzosen, und der Abend wird ganz wunderbar. Wenn die beste Freundin ausfällt, wird der Partner wichtiger. In dieser Zeit fange ich an, Daniel Dinge zu erzählen, die ich sonst Julia erzählt hätte. Irgendwie bringt ihre Abwesenheit uns näher zusammen.

Trotzdem habe ich Angst davor, die letzte kinderlose Frau der Welt zu sein. Ich fange an, die Freundinnen aus meinem erweiterten Freundeskreis genauer zu beobachten. Auf Partys starre ich ihnen auf den Bauch. Ich stelle Fangfragen nach Saunabesuchen, Saufabenden oder geplanten Urlaubsreisen mit langer Flugzeit. Beruhigen kann ich mich erst, wenn ich sehe, wie die Frauen aus ihrem Weinglas trinken. Lange Zeit dachte ich, dasselbe gelte auch für Bier. Aber dann klärt mich Sarah auf: «Gerade Bier ist verräterisch. Man bestellt sich am Tresen eine Flasche alkoholfreies Bier und füllt es dann in ein normales Glas. Fertig ist die perfekte Tarnung.» Aha, ich bin also nicht die Einzige, die panisches Schwangerschafts-Watching betreibt.

Das Schwangerschafts-Watching ist ein absurder Sport. Es wird von allen Frauen zwischen dreißig und fünfundvierzig Jahren betrieben. Es könnte sein, dass es etwas mit weiblichem Gebärneid zu tun hat, ein Krankheitsbild, das Freud leider übersehen hat bei seiner Analyse der weiblichen Psyche. Das Schwangerschafts-Watching spielen Mütter und Nichtmütter übrigens gemeinsam. Sobald eine Frau bei einer Abendveranstaltung ein Glas Wasser trinkt, macht sie sich verdächtig. Von da an wird sie engmaschig überwacht. Raucht sie später noch eine Zigarette? Wird sie beim Wasser bleiben? Wie viel Kaffee konsumiert sie?

Es kann anderen Frauen eigentlich total egal sein, ob eine Kollegin oder eine entfernte Freundin schwanger ist. Ist es aber nicht. Auf der anderen Seite versuchen die Frühschwangeren natürlich alles, um die Schwangerschaft zu vertuschen. Mal, weil sie ihren Arbeitgeber noch nicht eingeweiht haben, aber meistens, weil die Gefahr einer Fehlgeburt doch sehr hoch ist, und das wäre dann eine Geschichte, die man mit Sicherheit nicht allen mitteilen will.

Ich habe schon die absurdesten Geschichten gehört von Frauen, die ihre ersten drei Monate geheim halten wollten. Kopfweh, medikamentöse Behandlung von Zahnschmerzen, manche faselten etwas von einer Diät, andere behaupteten, sich gestern Abend erst tierisch einen hinter die Binde gekippt zu haben und es jetzt mal langsam angehen zu wollen. Ich wünschte, ich würde ihnen nicht vermitteln, dass sie sich rechtfertigen müssen. Aber es scheint ein Naturgesetz zu sein. Außerdem trage ich durch meine Überwachung ja auch dazu bei, dass sie sich verstecken.

Es ist nicht so, dass ich meinen Freundinnen das Glück nicht gönnen würde. Aber ich will einfach nicht, dass sich mein ganzes Leben so radikal ändert, und ich will mir vor allem nicht lauter neue Freunde suchen müssen.

Eine Kollegin, der ich in der Mittagspause mein Herz ausschütte, erzählt mir, dass sie damals genau dasselbe mit ihrer Freundin erlebt hat wie ich mit Julia. Ich solle Geduld haben. Sobald die Kinder eingeschult sind und die Freundin wieder arbeitet, gäbe es eine Chance, dass wir wieder zueinanderfinden. Das sei bei ihr damals auch so gewesen. Aber sie beruhigt mich nicht. Im Gegenteil. Sechs Jahre! Das ist doch eine Ewigkeit.

Eines Tages, bei der Arbeit, fällt mir eine interessante Analogie auf: Meine Branche, die Medien, wird gerade von zwei Seiten bedrängt. Google auf der einen Seite, Apple auf der anderen.

Der Konzern Apple arbeitet mit strengster Geheimhaltung. Hinter verschlossenen Türen wird so lange an Produkten getüftelt, bis sie eines Tages in vollendeter Perfektion der staunenden Weltöffentlichkeit gezeigt werden können. Die hat da bereits nächtelang vor einem Apple-Laden angestanden, um als Erste einen Blick auf das Wunder zu werfen. So wie die Heiligen Drei Könige auf das Jesuskind.

Google hingegen lässt die Welt an jeder seiner Anstrengungen teilhaben. Jeder auch noch so kleine Schritt, jede Idee, jede Aktion auf dem Weg der Entwicklung wird in die Öffentlichkeit hinausgeblasen, damit die nur ja mitbekommt, wie sehr man sich hier ins Zeug legt und dass man keine Mühen scheut und die Vision wie den Stern über Bethlehem im Blick behält.

Ich werde auch gerade von dem Verhalten von zwei Seiten bedrängt, Maja auf der einen, Julia auf der anderen. Maja lässt mich an jedem Mikro-Schritt teilhaben. Jeder Husten, jeder abgerissene Fingernagel, jeder Zahn – alles wird fein säuberlich von ihr fotografiert, kommentiert und mir als Nachricht zugestellt. Über jeden Witz von Lucy kann Maja tagelang lachen, meistens erzählt sie die Witze selbst noch mal und bittet dann Lucy, auch ihre Version darzubieten. Die beiden sind eine richtige Vaudeville-Show. Außerdem bestätigen sich Mutter und Tochter ständig. «Toll, Lucy», sagt Maja bei jedem Furz. «Toll, Mama», sagt Lucy ebenso zu ihrer Mutter, wenn die zum Beispiel einhändig aufs Rad gestiegen ist. Lucy hat schon mit zwei angefangen, ihre Mutter zu loben. Andererseits diskutiert Maja gerne jede Entscheidung und jeden Moment in Lucys Leben mit mir. Wenn ich bei ihnen übernachte, dann werde ich sogar in die Frage, was Lucy anziehen wird, mit einbezogen. Maja ist eine Google-Mutter.

Julia hingegen schließt mich aus. Sie lässt mich nicht teilhaben an dem, was bei ihr passiert. Bis zur Verkündigung der Schwangerschaft ist sie die Google-Strategie gefahren, jetzt ist sie auf Apple umgeschwenkt. Sie wird mir ihr Kind erst zeigen, wenn es perfekt ist.

Aber da hat sie nicht mit mir gerechnet. In Zeiten der totalen Digitalisierung ist das Privatleben vorbei. Julia will mich nicht an ihrer Schwangerschaft teilhaben lassen? Sie wird schon sehen, wie gut ihr das gelingt.

Im Netz tummeln sich die Anbieter, die Schwangere durch die Zeit, in der das Kind in ihnen wächst, begleiten. Die erste App, die ich mir runterlade, ist ein bisschen aufdringlich. Sie verlangt sofort eine ganze Reihe Daten von mir, unter anderem meine E-Mail-Adresse. Das ist mir doch ein bisschen zu heikel. Was ist, wenn Kollegen den Newsletter für die 32. Schwangerschaftswoche im Posteingang entdecken?

Ich suche mir eine etwas diskretere Variante und finde zweitausend Apps. Ich wähle eine, die mir am besten gefällt, und verfolge jetzt täglich die Entwicklung eines durchschnittlichen Babys. Die Macher sind sehr kreativ. An jedem Tag fällt ihnen ein neues Obst oder eine neue Frucht ein, mit der sie das wachsende Kind vergleichen: Staunend lerne ich, dass Julias Baby von einer Erdbeere zu einer Avocado heranreift.

Ich versuche, Julia mit meinem neugewonnenen Wissen über ihren Zustand zurückzugewinnen. Ich schicke ihr SMS über Schluckauf und Baby-Bewegungen, über Organentwicklung und Muttergefühle, ich frage immer wieder nach, wie es ihr geht und was sie macht, aber Julia geht auf meine Versuche, co-schwanger zu sein, nicht ein. Wahrscheinlich gehe ich ihr auf die Nerven.

Bei mir im Büro gibt es einen werdenden Vater. Eines Tages, in der 22. Woche, im Aufzug, stelle ich fest, dass wir bei derselben App nachchecken, wie der Fruchtstand ist. Sein Blick fällt erst auf mein Handy, dann sofort auf meinen offensichtlich mangofreien Bauch. «Meine Freundin ist schwanger», erkläre ich mit sehr rotem Gesicht. «Oh, Glückwunsch», sagt er, «ich wusste gar nicht, dass du ...» – «Äh», stottere ich. «Bin ich gar nicht, es ist nur ... Ich möchte nur auch gerne daran teilhaben. Weil ...» – «Nee, klar», sagt er und grinst.

Ein paar Tage später interviewe ich eine Schauspielerin, die gerade einen Schwangerschafts-Ratgeber geschrieben hat. Es ist eher ein Bildband. Auf Fotos sieht man ein Model, dessen zarte Rundungen immer praller werden. Daneben gibt es kleine Texte über das Wunder des wachsenden Kindes.

Die Schwangere kuschelt sich in Decken und trinkt irre lecker aussehende frische Säfte. Sie bereitet leckere Müslis mit exotischen Früchten vor. Dazu gibt es Rezepte für Fischgerichte mit Omega-drei-Säure und anderen Dingen, die für das Kind wichtig sind. Die schöne Schwangere in dem Buch hat natürlich aber auch ein Leben jenseits der Küche. Sie besucht Yoga-Kurse, die sie ganz ausgeglichen machen. Sie unternimmt lange Spaziergänge mit ihren Freundinnen an der frischen Luft. Sie cremt sich mit allen möglichen sehr wohlriechend aussehenden Ölen ein und testet Pflegeprodukte für ihre Haut. So eine wunderschöne, strahlende, natürliche Frau habe ich lange nicht gesehen. Ich wünschte fast, ich wäre selber schwanger, dann sähe ich vielleicht auch so toll aus und nicht immer so gestresst und müde, wie ich bin. Ich verstehe einfach nicht, warum Julia mich aus diesen totalen Wohlfühlmonaten in ihrem Leben ausschließen will. Das wirkt doch alles wahnsinnig schön. Will man das nicht mit seiner besten Freundin erleben? Gemeinsam Gemüsesäfte pressen und Dehnübungen an den Dünen machen? Was ist eigentlich Julias Problem?

Ich beballere sie also weiter mit Tipps und Erkenntnissen aus meinen analogen und digitalen Ratgebern. Hast du schon das Zitrone-Rosmarin-Körperöl ausprobiert? Isst du auch genügend Fisch? Weißt du, wie schwer dein Kind heute ist? Als Julias Baby auf die Größe einen Kohlkopfs herangewachsen ist, reicht es ihr. Auf meine SMS hin antwortete sie etwas spitz per SMS: «Sag mal, stalkst du mich?»

Jesus, ich glaube, sie hat recht. Ich bin im Tief des Trennungstals angekommen. Ich renne Julia hinterher, ich ignoriere alle ihre Signale. Sie will Abstand, ich klammere. Ich bin ein Mann geworden, der nicht kapiert, dass es aus ist. Die übelste Sorte.

Sofort rufe ich Julia an, um alles zu erklären. Aber bei Julia geht nur der Anrufbeantworter dran: «Hallo, hier sind Julia, Marc und Arbeitstitel ‹Otto›. Wir sind zurzeit nicht zu erreichen, melden uns aber gerne zurück. Danke und tschüs.» Ich bin so überrascht, dass ich aus Versehen auflege.

Der gemeinsam besprochene Anrufbeantworter! Ich hatte ihn komplett vergessen. Mittlerweile kommuniziert man ja ohnehin fast nur noch über Handys. Aber ja, in den späten

Neunzigern gab es mal diesen Tick junger Familien, dass alle gemeinsam auf das Band plärren mussten. Das war ungefähr dieselbe Zeit, in der die aus Salzteig oder Fimo hergestellten Türschilder mit allen Namen der ganzen Familie populär wurden. Man musste immer minutenlang warten, bis Greta und Frieda und Niko und Bello, der Hund, sich zu erkennen gegeben hatten, und erst dann belohnte einen der Piepton. Macht man das jetzt wieder? Und müssen sich jetzt schon Embryos zu erkennen geben? Immerhin verrät mir der hilflose «Arbeitstitel ‹Otto›», dass Julia Redebedarf in Sachen Namenssuche haben könnte. Das ist meine Chance.

Der Schriftsteller Jochen Schmidt hat eine große Wahrheit über die Suche nach dem richtigen Namen für seinen Sohn ausgesprochen. Er habe sehr lange nachgedacht und verschiedene Namen erwogen, erklärte er, schließlich aber sei er zu dem Schluss gekommen, dass er nur einen Namen wirklich schön finde: Jochen.

Ich bin komplett auf seiner Seite. Nicht dass ich Jochen einen besonders gelungenen Namen finde. Aber Judith, ja, das ist tatsächlich der schönste Name der Welt. Ich habe im Netz den Vornamen-Karrierecheck gemacht. Judith hat extremes sportliches Potenzial. Sie wird sich in zwanzig Jahren fürs Wimbledon-Finale qualifizieren.

Der Name eines Kindes verrät alles über seine Herkunft und entscheidet seine Zukunft. Deswegen ist es den Eltern auch so wichtig, hier die richtige Wahl zu treffen. Wenn Mara-Sophie mit «ph» aus dem Kindergarten nach Hause kommt und verlangt, am Nachmittag mit Kevin spielen zu dürfen, dann greifen die besorgten Eltern zum Telefon und melden ihr Kind mit sofortiger Wirkung aus der Einrichtung ab. Die kleinen Kevins von heute sind die großen Verlierer von morgen. Darüber ist der geneigte Zeitungsleser längst informiert. Jungen mit exotischen Vornamen werden häufiger straffällig, wollen gleich mehrere Studien herausgefunden haben. Kurze Vornamen versprechen hingegen eine lange Karriere. Erziehung ist nichts, Benennung ist alles.

Weil Eltern wollen, dass ihre Kinder immer ein bisschen aus der Masse herausstechen, also im positiven Sinne natürlich, geben sie ihren Kindern auch gerne die beliebtesten Namen, die sie aber mit einem kleinen Dreh versehen. Das Beste für mein Kind, aber eben ganz individuell. Die Kinder heißen also nicht Konrad, sondern Konradin, nicht Finn, sondern Fin-Luca, nicht Lea, sondern Leandra, nicht Mara, sondern Jara.

Die perfekte Namensgebung ist eines meiner absoluten Lieblingsthemen. Es gibt kein einziges Thema, mit dem man so schnell an die Substanz seiner Gesprächspartner kommt. Diskussionen über den richtigen Namen werden sehr schnell außerordentlich emotional. Man kann mit seinem Wissen prahlen und gleichzeitig viele kleine persönliche Anekdoten unterbringen. «Ich kannte mal einen Arne, der …» oder «Nennt ihn auf keinen Fall Leander, der stirbt laut Musaios Epos einen gewaltvollen Tod!»

Wer zunehmend von werdenden Eltern umzingelt ist, wird feststellen, dass die Diskussion um den schönsten Vornamen eines der wenigen Themen ist, bei denen man als Kinderlose noch mitreden darf. Allerdings ist es auch eines der Themen, die einem innerhalb kürzester Zeit alle Freundschaften nehmen können.

Ich stelle also eine Liste mit den schönsten Kindernamen zusammen, jeweils fünf für Mädchen und fünf für Jungen, wobei ich Modenamen wie Ben, Mia, Luis, Max und Sophie weglasse. Dann schreibe ich noch eine Negativliste mit Namen, die sie vermeiden sollte. Tristan zum Beispiel, so heißen doch nur Kastraten.

Dann rufe ich Julia wieder an. Diesmal auf dem Handy. «Pass auf», sage ich, «soll ich dir mal sagen, welche Namen ich überlegt habe?» Aber Julia ist ganz und gar nicht angetan von der Idee. «Süße», sagt sie «ich sehe ja, was du versuchst, aber kannst du es nicht einfach lassen? Müssen wir dauernd über meine Schwangerschaft reden?»

Das ist erstaunlich. Ich habe nicht damit gerechnet, dass meine Versuche, Teil ihrer Schwangerschaft zu sein, genau der Grund gewesen sind, weswegen sich Julia zurückgezogen hat. Oder zumindest mit ein Grund. Es wäre mir im Traum nicht eingefallen. Ich hatte gedacht, sie wäre dankbar, aber offensichtlich hat es sie nur genervt.

Wie sich rausstellt, sind Schwangerschaften nur in den Büchern und den Apps, die ich konsultiert hatte, ein pastellfarbenes Glück mit kleinen Kringeln. Und schwangere Frauen verbringen auch nicht den ganzen Tag damit, ihre wundervolle Haut einzucremen oder aus dem Fenster in die Zukunft zu blicken. Und ganz entspannt sind sie erst recht nicht.

«Die ersten Monate habe ich entweder gekotzt oder geschlafen», sagt Julia. An manchen Tagen war sie so müde, dass sie sich in ihrem winzigen Büro unter dem Schreibtisch zusammengerollt hat für einen kleinen Power-Nap, weil ihr einfach die Augen zufielen. Ihre Beine wurden schwer und ihre Brustwarzen fast schwarz, sie hatte Hormonschübe und Panikattacken und zwischendurch einfach nur sehr, sehr viel Sorgen, dass sie das alles nicht schaffen würde. Ich höre ihr zu und schäme mich. Warum war ich nicht für meine Freundin da?

«Ich hätte», fange ich an. «Du hättest nicht», sagt Julia. «Alle anderen haben ja schon. Sie haben mich die ganze Zeit belagert mit ihren Geschichten von Wasser in den Beinen und Höllenqualen bei der Geburt. Bei einem einzigen Menschen hätte ich gedacht, dass ich Ruhe davor habe. Und dann fängst ausgerechnet du mit dieser schwachsinnigen App von den Erdbeer-Föten an.»

Jetzt schäme ich mich noch mehr. Eine Freundin zu sein, das bedeutet manchmal auch, dass man das Offensichtliche nicht anspricht. Wenn man einen besonders blöden Pickel im Gesicht hat, braucht man ja manchmal auch eine Freundin, die einfach so tut, als wäre er nicht da. Wenn man eine besonders unangenehme Schwangerschaft hat, dann braucht man eben auch eine Freundin, die einen an etwas anderes denken lässt. So eine Freundin hätte ich sein können. Das habe ich leider verpasst. Aber ich hätte auch nicht gewusst, wie.

8. Das hochbegabte Kind

WIE LEONIE EIN ERSATZ FÜR GESINES BERUF WIRD

Das Handy klingelt. Auf dem Display erscheint das Foto, das Gesine bei Facebook benutzt: eine Aufnahme von Max und Leonie am Strand. Ich lasse es klingeln. Ich habe keine Lust, mit der Mutter von Max und Leonie zu sprechen. Sie soll mich anrufen, wenn sie wieder Gesine ist. Wenn sie ihr eigenes Foto benutzt oder sonst irgendein Symbolbild, dann gehe ich gerne dran, beschließe ich.

Fast alle meine Freunde mit Kindern zeigen sich in den sozialen Netzwerken mit einer Aufnahme ihrer Kinder. Manchmal sind sie selbst noch mit drauf zu sehen, dann haben sie die Kleine auf dem Arm oder auf den Schultern, immer häufiger aber zeigen die Bilder sogar nur die Kinder. Das ist allein deswegen schon so seltsam, weil Eltern sonst hysterisch genau drauf achten, dass keine Fotos ihrer Kinder im Umlauf sind. Jeder, der schon mal versucht hat, auf einem Spielplatz Fotos zu machen, weiß, wovon ich rede. Gegen das, was Eltern dann veranstalten, wenn auch nur der Verdacht aufkommt, ihr Kind sei auf einem fremden Bild irgendwie im Hintergrund zu erkennen, sind die Novemberdemonstrationen gar nichts.

Es gibt eine simple Erklärung: Niemand mag sich gerne auf Fotos, und Kinder sind nun mal tatsächlich fast immer süß.

Aber ich glaube, es steckt noch mehr dahinter. Die zeitgenössischen Eltern verschwinden ja gerne mal komplett hinter den Bedürfnissen ihrer Kinder. Bei den sozialen Netzwerken statt des eigenen Gesichts das des Nachwuchses einzustellen, heißt nichts anderes als: Das Kind bin ich. Es ist insofern eine angemessene Illustration der Umstände, wenn Gesine ein Bild der lieben Kleinen am Strand zeigt. Die Umstände allerdings sind schon ein Grund zur Unruhe. Was bedeutet es, wenn sich eine Frau über vierzig mit Personalverantwortung für circa dreißig Menschen in der Welt der sozialen Netzwerke durch ihre Kinder ersetzt?

Eine amerikanische Soziologin hat das Phänomen mal als die Selbst-Entsexualisierung der Mutter gedeutet. So wahnsinnig sexuell kann ich das Bild, das Gesine vor der Geburt der Zwillinge nutzte, aber auch nicht finden. Außerdem zeigt das Bild der Kinder doch gerade, dass man fruchtbar ist, auch wenn diese speziellen Kinder tatsächlich nicht durch Sex im eigentlichen Sinne entstanden sind. Ich glaube vielmehr, die Bilder sind ein Ausdruck von Stolz. Sie sollen auch nach außen die Verbundenheit mit den Kindern demonstrieren. Was sie aber auch zeigen, ist, wie sehr man sich heute mit seinen Kindern identifiziert. So sehr, dass sie stellvertretend für das eigene Bild stehen können.

Gesine hat ohnehin neuerdings die Tendenz, sich mit ihren Kindern zu verwechseln. Wenn man sie fragt, wie es ihr geht, dann sagt sie: «Oh, gut, Max macht sich super bei der Eingewöhnung in der neuen Kita.» – «Ja, aber dir, wie geht es dir?» – «Okay, ehrlich gesagt, ist es gerade etwas schwierig, Leonie nämlich mag es gar nicht in dieser Kita.» Wenn es den Kindern gutgeht, dann geht es auch der Mama gut, und umgekehrt, wenn es ihnen schlechtgeht. Das klingt natürlich bescheuert, hat aber einen sehr simplen Hintergrund. Wenn Max eine schwierige Phase hat, dann nervt er natürlich Gesine wahnsinnig, schläft nachts nicht und lässt sie auch nicht schlafen. Gesine antwortet also eigentlich nur verkürzt. Das ist dem Schlafentzug geschuldet.

Auf dem Display erscheint jetzt eine SMS von Gesine. «Scheißzeit. Ich würde irre gerne mit dir reden.» Oh, ich würde zu gerne erfahren, um was es geht, andererseits bin ich immer noch sauer über den Abend in Hamburg und rühre mich nicht. «Wann kann ich dich anrufen?», übermittelt das Display. Es scheint tatsächlich etwas passiert zu sein. Leider bin ich doch neugierig geworden. Ich warte ab, was als Nächstes passiert. Ob Rosario die Erniedrigungen nicht mehr ertragen hat und abgehauen ist? Oder haben sie Max und Leonie, die Personifizierung des maximalen Terrors, aus der Kita geschmissen?

Ich hatte zuletzt vor ein paar Wochen mit Gesine telefoniert. Damals hatte sie angerufen, weil sie einen Termin in Berlin hatte und Zeit, mich zu treffen. «Ich komme um zehn vor acht an, und der Termin ist erst um halb zehn am Ku'damm. Ich habe also bis Viertel vor neun Zeit. Wenn du zum Bahnhof kommst, könnten wir einen Kaffee trinken.» Ein sehr verlockendes Angebot. Wir hatten noch kurz am Telefon geredet, und ich hatte Gesine erzählt, dass ich gerade um meine ewig ausstehende Gehaltserhöhung gebracht worden sei, und Gesine sagte: «Bei mir ist auch etwas Schlimmes passiert.» Zuerst hielt ich mich für total unsensibel, dass ich nicht sofort gefragt hatte, wie es ihr geht. Nicht dass den Kindern etwas zugestoßen ist. Aber Gesine sagte: «Der neue Dienstwagen, den ich mir ausgesucht habe, wird erst in zwei Wochen geliefert. Es gibt da einen Engpass in der Produktion. Ich bin total am Ende, was soll ich denn jetzt machen?» – «Und wenn dein Hausmädchen die Kinder mit dem Bus zur Kita bringt?», schlug ich vor. «Wie soll das denn gehen? Du hast vielleicht Ideen.» Am Ende aber ging alles gut aus. An den Tagen, an denen Cem sein Auto brauchte, hat Gesine die Kinder mit dem Taxi in die Kita gebracht.

Was für eine Katastrophe mag also diesmal passiert sein? Auf dem Display erscheint jetzt erneut die Strandszene. Na gut, sie hat gewonnen. «Hey, Gesine, was ist los?», sage ich so ungenervt wie möglich.

Aber es ist tatsächlich etwas passiert. Gesine hat ihren Job verloren. Ihr Chef hatte sie in sein Büro bestellt und ihr eine Abfindung angeboten. «Gehen Sie nach Hause zu Ihren Kindern», hatte er gesagt. «Es war ein Fehler, eine so junge Mutter einzustellen.» – «Ich bin 43 Jahre alt», hatte Gesine gesagt, «und ich mache meinen Job sehr gut.» Aber es hat ihr nichts genutzt. Ab jetzt kümmert sich ihr Anwalt um die Sache, und Gesine ist erst mal freigestellt und darf nicht arbeiten. «Wie soll das werden? Ich dreh durch mit den Kindern allein zu Hause, du hast ja keine Ahnung, wie anstrengend die sind», sagt Gesine am Telefon. «Wenn Besuch da ist, dann sind sie ja immer so superlieb.» – «Ach», sage ich und verkneife mir jede weitere Bemerkung über das Sozialverhalten von Max und Leonie. «Das schaffst du.» Aber ich glaube selbst nicht dran.

Die Kinder sind also in der Kita, und Gesine ist nicht im Büro. So etwas ist seit Jahren nicht mehr vorgekommen. Auf einmal hat sie Zeit. Sie hat Zeit, wieder eine Freundin zu sein. Eine Freundin, die ihrer Freundin erzählt, was sie bewegt. Zu erzählen, wie es ihr eigentlich ergangen ist mit den Kindern und dem Job. «Das Problem», sagt Gesine, «ist nicht, Kinder und Karriere unter einen Hut zu bekommen. Zumindest dann nicht, wenn man genug Geld verdient.» Sie habe ihren Job gerne gemacht, und wenn sie Zeit mit den Kindern verbrachte, dann hat sie sich auch darauf freuen können. Sie hat die anderen Mütter beobachtet, die die Elternzeit voll ausgeschöpft haben und noch darüber hinaus bei ihren Kindern zu Hause blieben, und war froh, es anders gemacht zu haben.

Karriere und Kinder hat sie geschafft, aber was sie nicht ertragen hat, sind die anderen Mütter. Zum Beispiel die in der Kita: Als Gesine mal das Geld für den Englisch-Kurs nicht rechtzeitig überwiesen hatte, schüttelten die anderen Mütter die Köpfe und sagten: «Na ja, du hast einfach zu viel zu tun, du lebst ja zwei Leben gleichzeitig, das kann ja keiner schaffen.» Als die gesamte Kita Läuse hatte und der berechtigte Verdacht bestand, dass Leonie sie angeschleppt hatte, sagten die anderen Mütter: «Also, mir wäre das sofort aufgefallen, ich verbringe aber auch eben sehr viel Zeit mit meinen Kindern.» Und als Max einen anderen Jungen von der Rutsche stieß, sagten die anderen Mütter: «Das würde ja ein normales Kind nie machen, daran zeigt sich, dass sich Max vernachlässigt fühlt.» Max wird mir auf einmal sehr sympathisch. Das ist sicher auch nicht lustig für ihn, mit den Kindern solcher Idioten zu spielen.

«Als arbeitende Mutter», sagt Gesine, «wird man regelrecht gemobbt.» Egal wo sie hingehe, immer würde sie gefragt: «Zwei Kinder und dann Vollzeit? Wie machen Sie das nur?» Sie stehe neben ihrem Kollegen, der drei Kinder hat, und ihrem Vorgesetzten, der vier hat, bei einem Arbeits-Event, und alle fragen immer nur sie: «Wie kriegen Sie das nur unter einen Hut.» – «Sie schaffen es ja auch», hat Gesine bei so einer Gelegenheit mal zu einem fragenden Mann gesagt. Der Spruch aber kam nicht gut an. Bei den anderen Frauen nicht und bei den Männern schon gar nicht. Eine arbeitende Mutter mit Karriere darf man auf keinen Fall in keiner Sekunde vergessen lassen, dass sie eine Ausnahme ist. Nicht dass noch andere Frauen auf die Idee kommen und den Männern Konkurrenz machen. Ihre neuen Kollegen haben zu Anfang auch gerne gefragt: «Entschuldigen Sie, aber wie lange können Sie denn heute dableiben?» Sie haben Gesine einfach so behandelt, als würde sie, als Mutter, ganz selbstverständlich nicht ihren Teil der Arbeit übernehmen, sondern ginge früher heim.

Dasselbe im Privatleben: Wenn ein anderes Kind auf einem Kindergeburtstag einen Wutanfall hat, dann gilt das als normaler Moment. Wenn Leonie ausflippt, dann schauen alle ganz vorwurfsvoll Gesine an. Sie sparen auch nicht an penetranten Fragen. «Sag mal, wie viele Stunden arbeitest du in der Woche? Dann siehst du die Kinder ja tagelang nicht, das könnte ich nicht.» Cem fragt so etwas niemand. Manche Fragen erübrigen sich auch schon aus rein biologischen Gründen: «Nadine sagt, du hättest nur drei Monate ausgesetzt, aber das stimmt doch nicht, oder?» – «Und wie lange hast du dann gestillt? Na, hoffentlich machst du dir später keine Vorwürfe.» Andere könnten durchaus auch an Väter gestellt werden: «Und wer liest den Kindern abends vor? Glaubt ihr, man kann die verlorene Zeit wieder aufholen? Was ist mit euren Werten, wer vermittelt die den Kindern?»

Ich kann mir sehr gut vorstellen, was die anderen Mütter so sagen. Als ich Maja erzählte, dass Gesine wieder Vollzeit arbeitet, hatte die geantwortet: «Ich verstehe nicht, warum sie dann überhaupt Kinder bekommen hat.»

Ich hatte immer gedacht, dass man sich nur als kinderlose Frau von den Müttern ausgestoßen fühlen kann. Aber als ich Gesine so zuhöre, merke ich, dass man auch als Mutter große Probleme bekommen kann, wenn man sich nicht an die allgemeingültigen Regeln für die Mutterschaft hält, und die wiederum sind nur schwer rauszukriegen, weil es sie eigentlich gar nicht gibt und jeder es anders macht. Natürlich frage ich mich auch, warum Gesine an dem Abend in Hamburg nicht darüber gesprochen hat. Wahrscheinlich war sie da einfach viel zu müde. Auch vom Mobbing.

«Letztendlich», sagt Gesine, «sind die anderen Väter und Mütter genauso überfordert und unsicher wie ich und Cem. Im Grunde wurschteln wir uns alle nur so durch in der Hoffnung, dass schon alles gutgeht. Was längst nicht immer der Fall ist. Nicht jeder aber kann das zugeben, und deswegen gibt es eben diese Mütterkriege. Würden mehr Väter zu Hause bleiben bei den Kindern, dann wären es übrigens Elternkriege, mit Müttern an sich hat das nur sehr wenig zu tun.»

Gesine redet und redet. Sie redet sich drei Jahre von der Seele. Ich bin total glücklich, auch wenn es etwas unfair von mir ist, denn der Anlass, weswegen Gesine wieder mit mir redet, sind ja Probleme. Aber trotzdem bin ich froh, dass sie sich endlich wieder öffnet, mit mir spricht, wirklich meinen Rat hören will. Das ist seit der Geburt nicht mehr vorgekommen. Am Ende des fast zweistündigen Gesprächs sagt Gesine: «Bitte, komm uns besuchen, es wäre so schön, dich wiederzusehen.» Und diesmal sage ich ganz ohne Hintergedanken: «Sehr gerne.»

Wenn man Freunde besucht, die keine Kinder haben, begrüßen die einen in der Regel an der Tür. Nur selten, wenn schon andere Gäste da sind, die unterhalten werden wollen, oder wenn Essen auf dem Herd kocht, dann ist die Tür einfach offen, und man läuft alleine rein. Wenn man Freunde mit Kindern besucht, stehen die nie im Flur, wenn man die

Treppe hochkommt. Dann muss man erst durch verschiedene Räume laufen und herausfinden, wo genau sie gerade mit ihren Kindern spielen.

Als ich aber bei meinem nächsten Termin in Hamburg bei Gesine vorbeischaue, erwartet die mich auf der Schwelle. Ich bin sehr überrascht. Gut, sie ist jetzt seit drei Monaten komplett zu Hause mit den Kindern, und Cem war in der Zeit dreimal auf längeren Dienstreisen. Vielleicht sehnt sich Gesine sehr nach Gesellschaft. «Hey», sage ich. Aber statt zu antworten, bedeutet sie mir, leise zu sein, und dann zieht sie mich schnell am Kinderzimmer vorbei ins Wohnzimmer. «Setz dich erst mal hin, ich habe tolle Neuigkeiten», flüstert sie. Noch im Mantel sinke ich in die Sofalandschaft. «Warum flüstern wir?», flüstere ich zurück. «Ich will nicht, dass uns Leonie hört», flüstert Gesine. «Es soll eine Überraschung für sie werden.» Dann setzt sie ihr glücklichstes Gesine-Gesicht auf und sagt: «Leonie wird nächste Woche getestet.» Ich schaue sie fragend an. «Na, getestet», wiederholt Gesine. Dazu macht sie Bewegungen, als würde sie einen Ballon fangen wollen, der direkt über ihrem Kopf schwebt. Ich verstehe sie nicht. Worauf soll das arme Kind getestet werden? Leonie hat einen sehr großen Kopf, das stimmt, aber ist das im Rahmen der neuen Elternhysterie schon krankhaft? Wird sie auf Wasserkopf getestet? Das sollte man eine Mutter besser nicht fragen. Gesine fuchtelt weiter herum, und ich rate vorsichtig: «Haare? Sie wird auf ihre Haare getestet?» – «So ein Quatsch», sagt Gesine und spricht jetzt endlich wieder laut. «Leonie wird auf Hochbegabung getestet! Die Kita-Leiterin hält sie für hochbegabt!»

Ab einem IQ von 130 gilt man als hochbegabt, das trifft auf zwei Prozent der Deutschen zu. Interessanterweise sind genau diese zwei Prozent auf meinen Freundeskreis verteilt. Also jetzt auch Gesine. Gerade noch hatte sie mir vorgejammert, dass die anderen Mütter so einen Konkurrenztanz aufführen, jetzt scheint sie auf einmal in der ersten Reihe ihre Pirouetten zu drehen. Ich überlege mir, ob ich zu ihr sagen soll, was ich denke. Nämlich: «Leonie ist nicht hochbegabt, Leonie ist verhaltensauffällig, verwöhnt und verzogen.» Aber dann wäre mein Besuch in Hamburg in genau diesem Moment vorbei, und Gesine würde ich aus meinem Handy löschen können. Samt Foto ihrer Kinder. Es gibt gewisse Wahrheiten, die man Freundinnen einfach nicht sagt. Auch dazu sind Freundschaften da. Außerdem ist es ja nicht die ganze Wahrheit. Leonie ist ja auch sehr süß. Sie ist eben süß verzogen.

In dieser Sekunde marschiert der Gegenstand unserer Besprechung im Wohnzimmer ein. «Leonie! Da ist sie ja!», schreit Gesine und springt auf, um sie zu begrüßen. Sie benimmt sich, als sei sie eine Moderatorin und könne mir, dem gespannten Publikum, nun endlich den internationalen Top-Act des Abends präsentieren. Ich habe sie noch nie so erlebt. Die Zeit zu Hause wirkt bei ihr offensichtlich wie Speed.

«Schau, Leonie, du kennst ja sicher die Tante Judith noch», verkündet die stolze Mama ihrem Kind. Zu mir sagt sie: «Du, sie hat ein irre gutes Gesichtergedächtnis. Das ist fast schon beängstigend.» Leonie streckt ihre Kinderplauze vor und schaut mich kritisch an. Wenn sie wirklich so ein Wahnsinnsgedächtnis hat, denkt sie vermutlich gerade: Das ist die Alte, der Max immer vors Schienbein tritt. Vielleicht sollte ich es auch mal versuchen? Instinktiv verschränke ich meine Beine und rutsche auf Abwehrhaltung, soweit das Sofa es erlaubt.

«Zeig der Tante Judith mal die Katze, die du heute Morgen gemalt hast», fordert Gesine sie auf. Aber Leonie hat keine Lust, sie möchte mich lieber skeptisch anschauen. Also schleppt Gesine die Beute kurzerhand selber herbei. «Schau mal», sagt sie und hält mir ein Bild hin von einer etwas krakeligen Katze mit nur drei Beinen und einem sehr großen Kopf, aus dem Antennen wachsen. Es sieht aus, als hätte ein kleines Kind eine Katze gemalt, und wenn ich das richtig verstehe, dann ist auch genau das geschehen. Aber Gesine sieht mehr in dem Werk. «Irre, oder?», fordert sie meine Begeisterung ein. «Sie ist keine vier Jahre alt, aber mit so einem Bild könnte sie glatt den Aufnahmetest für die Grundschule bestehen.» Gesine nickt Leonie aufmunternd zu. «Damit könnten wir dich morgen einschulen!», sagt sie noch mal, obwohl das Kind bei dieser außergewöhnlichen Begabung längst verstanden haben muss, worum es geht. «Da muss man jetzt Katzen malen?», frage ich. «Bei uns galt: Wer mit dem rechten Arm um den Kopf herum bis zum linken Ohr greifen kann, ist reif für die Schule.» Ich sage das, obwohl ich weiß, dass es nicht stimmt. Ich musste damals bei einem halben Dutzend fast identischer Eulen rauskriegen, welche nicht in die Reihe passt (nur eine schaute nach links), und Urin abgeben. Das mit den Eulen war kein Problem, aber dass man von mir verlangte, in einen Becher zu pinkeln, habe ich als unzumutbare Erniedrigung zurückgewiesen. Frau Wiegand, unsere Haushälterin, brachte mich schließlich mit einem Trick dazu, es doch zu tun. Ihr verdanke ich, dass der Grundstein für eine große Karriere gelegt wurde. Ich weiß, wie wichtig so ein Einschulungstest für den Rest des Lebens ist, denn die Entdeckung der links schielenden Eule ist für mich bis heute das Urbild für das Gefühl, das sich in einem breitmacht, wenn man auf die eigene Leistung stolz ist. Ich sage das mit der Katze nur, um Gesine zu ärgern.

Ich habe noch den Mantel an und bin schon wieder mittendrin in ihrem Leben. Setz dich, wie geht es dir, willst du was trinken – hat man nicht früher Freunde so begrüßt? Was ist aus diesen schönen simplen Umgangsformen geworden? Nein, sofort wird man aufgefordert, der Familie zu applaudieren. Ich glaube, wenn ich mit Leonie alleine wäre, hätten wir mehr Spaß.

Gesine ist weit davon entfernt, mit dem Katzen-Thema abzuschließen. Mit ihrer neuen Moderatorinnenstimme verkündet sie jetzt die Hitliste: «Die Katze hat Wimpern, schau mal hier, und sie hat Beine.» – «Drei Beine», sage ich. Gesine schaut mich an, als sei ich besonders begriffsstutzig. «Mit sechs Jahren lernen die meisten erst, die Form der Katze zu erkennen. Mit sechs. Leonie ist noch keine vier!» Gesines Stimme überschlägt sich: «Mit drei Jahren begreift sie die Gestalt des Tieres. Samt Schnurrbarthaaren.» – «Mein Gott», denke ich, «geh bitte wieder arbeiten.» Sagen tue ich: «Ah, daher die Antennen!»

Gesine runzelt die Stirn. Bevor die Stimmung eskaliert, ziehe ich meinen Mantel aus, um zu signalisieren, dass ich in friedlichen Absichten und ohne Waffen komme. Dann nehme ich Gesine das Bild aus der Hand. «Das ist wirklich eine super Katze», sage ich zu Leonie und versuche, möglichst nicht in die höheren Stimmlagen zu verfallen, die Erwachsene gerne anwenden, wenn sie mit Kindern reden. «Magst du denn Katzen gerne?» Ich benehme mich gerade wie eine Tante. Andererseits bin ich ja auch eine Tante. Wie gesagt, ich bin nicht so gut im Umgang mit Kindern.

Aber Leonie ist großzügig. Sie ignoriert meine blöde Erwachsenen-Frage in der Erwachsener-zu-Kind-Stimme und stapft zur Stereo-Anlage. «Ah», schreit die Moderatorin des Nachmittags, «die Leonie möchte dir was vortanzen. Magst du denn der Tante Judith auch dein neues Tütü zeigen?»

Wenn man Freunde hat, die Kinder haben, lebt man in einem ständigen Prozess der Abwägung. Ich würde gerne zu Gesine sagen: «Pass auf, das ist eine ganz normale Katze, Leonie ist zwar ein ganz besonderes Kind, aber Tütüs für Dreijährige sind trotzdem Schwachsinn.» Würde sie wegen eines Kollegen oder einer neuen Liebe oder vielleicht auch nur eines sehr schönen Kleides derartig abgehen, könnte ich über sie lachen und sie vermutlich auch über sich selbst. Aber bei Kindern ist das anders. Da wird auf einmal sehr vieles sehr ernst. Was früher ein Witz war, wird heute schnell als Kränkung angesehen. Aber ist die Frage nach Leonies Fähigkeiten bezüglich der Katzenform es wirklich wert, meine Freundin zu beleidigen? Die Alternativen, die ich habe, sehen nicht viel besser aus: Ich kann Begeisterung heucheln, was den Frieden wahrt, aber gleichzeitig bedeutet, dass ich meine Freundin anlüge, oder ich kann sowohl die Katze als auch das Kind aus unserer Freundschaft ausblenden. Was aber wird dann sein? Leonie und Max sind ein großer und wichtiger Teil von Gesines Leben, jetzt, wo sie den Job verloren hat, sogar noch mehr. Wenn ich Gesines Umgang mit ihnen ausblende, bin ich nur noch eine 10-Prozent-Freundin. Eine Spaß- und Wochenend-Freundin. Das, was man früher ein Bratkartoffel-Verhältnis nannte, übertragen auf die Frauen-Freundschaft. Dieselben Fragen stelle ich mir ja schon bei Maja und jetzt auch noch bei Julia. Und eigentlich ist Gesine wirklich eine tolle Frau.

Gesine hat aus einem undurchsichtigen Chaos im Kinderzimmer mittlerweile ein absurd pinkes Tütü hervorgezaubert, das sie jetzt Leonie überstülpt. Zu den Klängen von «Peter und der Wolf» beginnt Leonie, fröhlich durchs Zimmer zu stapfen. «Leonie hat Ballett-Unterricht?», staune ich. «Nein, dafür ist ihr Körper noch nicht bereit. Sie macht Pre-Ballett», korrigiert Gesine, «das bietet das English-Activity-Center an.» – «Sie macht Ballett auf Englisch?», frage ich noch erstaunter. «Wie ich schon sagte: Sie macht Pre-Ballett. Und ja: auf Englisch. Warum nicht? Was spricht dagegen, wenn man ein außergewöhnlich waches Kind fördert?» Gesine ist langsam genervt von meiner Begriffsstutzigkeit. Und ich von ihrem Getue. Nur Leonie stampft selig lächelnd weiter.

Was immer sie da macht, es sieht sehr drollig aus: An der Stelle, an der der Wolf die Ente schluckt, fängt Leonie mit seltsamen Verrenkungen an, die durch ihren ganzen kleinen Kinderkörper gehen. Es sieht nach einer Shakira-Imitation aus. Ich würde jetzt sehr gerne lachen. Ach, sie ist schon ein herrliches Kind.

Gesine ist durch die Tanzeinlage der Tochter wieder ein bisschen versöhnter mit der Welt im Allgemeinen und mit meiner Ignoranz im Besonderen. «Was glaubst du, wäre aus uns geworden, wenn unsere Eltern uns auch mehr gefördert hätten? Ich habe meine Talente erst viel später entfaltet. Vielleicht hätte ich mir einiges erspart in der Pubertät, wenn ich da schon ein paar kreative Ausdrucksformen gehabt hätte», flüstert sie mir ins Ohr. «Andererseits wissen wir auch, was auf uns zukommen wird. Cem und ich. Wir fänden es natürlich für unsere Maus schöner, wenn sie ganz normal aufwachsen könnte. Aber sie ist ja leider hochbegabt. Das wird auch für sie eine Herausforderung. Das arme Kind.»

Mit schlechtem Gewissen denke ich an die Ballett-Stunden, um die ich meine Eltern jahrelang angebettelt hatte, und die kurze Karriere von insgesamt vier Stunden, die dann folgte, als ich endlich durfte. Es stellte sich schnell als sehr langweilig raus. Meine ganze Kindheit hatte ich davon geträumt, eine große Tänzerin zu werden. Ich hatte nur absolut keine Lust, dafür tatsächlich etwas zu tun.

Nach dem Tanz applaudieren wir beide völlig übertrieben, Leonie gibt noch eine kleine Hops-Zugabe und setzt sich dann wie jeder gute Weltstar bei Wetten, dass..? zu uns aufs Sofa. «Leonie spielt auch wahnsinnig phantasievoll», sagt Gesine, «sie macht Zeitenwechsel und kann die Perspektive verändern.» Ich bin nicht ganz sicher, was sie meint, und noch weniger sicher, ob ich das so genau wissen will. Aber Gesine will jetzt über die Hochbegabung von Leonie reden, und da sie Leonie nicht zu viel versprechen will, wird die jetzt im Kinderzimmer vor einem kindgerechten Film auf dem iPad geparkt.

«Findest du nicht, dass sie ganz erstaunlich ist? Ich habe schon überlegt, ob ich sie bei einem Hochbegabten-Verein anmelden soll», sagt Gesine, als sie wieder ins Wohnzimmer kommt. Jetzt kann sie auch wieder mit normaler Stimme reden. «Ich glaube, sie wird in der Kita einfach nicht genug gefördert.» Mit dem Hochbegabten-Verein, dessen Webseite sie vorsorglich schon mal überflogen hat, sind sie letztens gemeinsam zur Berlinale gefahren und haben sich «Einstein und Einstein» angesehen, das ist ein chinesischer Film über ein kleines Mädchen, das sich für Astrophysik begeistert. «Mandarin mit englischen Untertiteln», sagt Gesine. «Das ist doch total super.» – «Das ist doch total bescheuert», sage ich. «Leonie ist drei Jahre alt.» – «Wird vier in zwei Monaten», sagt Gesine. «Außerdem wollte ich damit nur sagen, dass da etwas passiert, nicht wie in dieser kommunistischen Kita, wo die Kinder einfach alle gleichgemacht werden.» Die kommunistische Kita ist, nebenbei gesagt, eine Elterninitiative mit Klientel aus dem Kreativbereich, der Cem und Gesine damals beigetreten sind, als sie nach Hamburg gezogen waren. Alle anderen Kita-Eltern sind Schriftsteller, Drehbuchautoren, Maler, Musiker oder wenigstens aus der Start-up-Branche, zwei Mütter stammen aus den USA, eine aus Kanada, ein Vater aus Australien. Ein Elternpaar ist schwul. Dass mit Cem endlich auch ein Deutsch-Türke gewonnen wurde, hat die anderen Eltern der Krabbelkünstler sehr beglückt. Jetzt waren sie noch internationaler und: tolerant.

Wie sich rausstellt, hat es aber in den letzten Wochen Probleme gegeben. Rosario ist wieder in Spanien, und Max und Leonie werden von ihrer Mama von der Kita abgeholt, die sich zum ersten Mal intensiv mit der Karriere des Nachwuchses beschäftigen kann. Jetzt, wo Gesine mehr Zeit hat, fängt sie an, die Grundsätze der Kita stärker zu hinterfragen und leider auch, ganz eigene Ideologien zu erdenken. Schon in der ersten Woche hatte ein kleines Mädchen zu ihr gesagt: «Bist du die Mama von Max? Der tritt immer.» Cem und Leonie wurden dann bald zum Eltern-Gespräch eingeladen. Leonie hätte kaum Freunde, würde viel stören und könne sich kaum auf die Spiele konzentrieren, hatte die Kita-Erzieherin gesagt. Etwas bedrückt waren Gesine und Cem nach Hause gegangen. Aber als sie abends im Internet die Probleme ihres Kindes ergoogeln wollten, da kamen sie schon beim ersten Ergebnis auf die Seite der deutschen Gesellschaft für das hochbegabte Kind. Was Leonie hatte, war also kein Mangel, sondern ein Geschenk. «Du kannst dir nicht vorstellen, wie erleichtert wir waren», sagt Gesine. «Aber es kommen schwere Zeiten auf uns zu: Ein Genie weckt Neid im Umfeld.

Wenn sie nicht die richtigen Lehrer hat, von Anfang an, dann kann sich so eine Begabung schnell umkehren in Frustration.» – «Das ist, was du meintest, als du gesagt hast, die Kita-Leiterin hält Leonie für hochbegabt?», frage ich. «Die doch nicht», sagt Gesine, «die hat gesagt, dass sie den Elite-Gedanken von sich weist und dass jedes Kind was ganz Besonderes ist. Die hat doch keine Ahnung. Aber ich habe mich jetzt sehr intensiv mit Leonie beschäftigt. Und ich bin mir sicher, sie ist ihrer Zeit weit voraus.»

Ich allerdings habe eine Ahnung. Ich habe längst Erfahrung mit hochbegabten Kindern. Sie entstammen im Regelfall Familien, in denen ein Elternteil einen sehr anspruchsvollen Job nicht ganz freiwillig gegen eine mehrjährige Elternzeit eingetauscht hat. Dieser Elternteil hat viel aufgegeben, um dem Kind die beste aller Kindheiten zu ermöglichen. Um das zu kompensieren, was die Eltern verloren oder zeitweise auf Eis gelegt haben, muss im Gegenzug das Kind wiederum das beste aller möglichen Kinder sein. Die Soziologie sagt, der Trend zum hochbegabten Kind entstamme einer narzisstischen Identifikation mit dem Kind. Das erscheint mir nur logisch: Die Eltern haben sich in ihrer beruflichen Karriere daran gewöhnt, dass alle ihre Bemühungen mit Erfolg gekrönt sein müssen. Oder dass man es zumindest nach außen hin so darstellen muss, um seinen Status zu halten. Jetzt sind die Kinder zum Ersatz für ihren Beruf geworden. Es ist nur konsequent, dass sie auch hier überdurchschnittliche Erfolge erwarten.

Andere Eltern haben vielleicht selber das Gefühl gehabt, in ihrer Kindheit nicht genug gefördert worden zu sein. Sie wünschen sich Erfolge für die Kinder, die sie selber nicht gehabt haben. Das ist ein Wunsch, der sich mit jeder Elterngeneration wiederholt. In einem Zeitungsartikel über das Phänomen habe ich gelesen, der Wunsch nach einem hochbegabten Kind sei Ausdruck der Angst der Mittelschicht vor dem Abstieg. Meine Generation ist mit dem Bewusstsein groß geworden, dass wir die Aufstiegsgeschichte unserer Eltern nicht wiederholen können. Die Boutiquen, Blumenläden und Möbelläden, die mein Viertel prägen, sind mit elterlichem Geld aus Stuttgart oder Düsseldorf finanziert, die Eigentumswohnungen, in denen meine Nachbarn wohnen, sind im Voraus geschenktes Erbe. All das werden die wenigsten, die hier leben und arbeiten, für ihre Kinder tun können.

Aber das allein reicht nicht zur Erklärung des Phänomens. Von meinem Großvater ist der Spruch überliefert: «Die meisten Hochbegabten sterben im ersten Schuljahr.» Er meinte damit, dass Eltern, solange sie keinen Vergleich haben, ihr Kind notwendigerweise für ein kleines Genie halten. Es ist bestimmt erstaunlich, dabei zu sein, wenn ein Mensch, der gestern noch ein hilfloser kleiner Wurm war, auf einmal Sätze sagt wie: «Kann man auch auf der Sonne ein Haus bauen, wenn man Bausteine erfinden würde, die die Hitze aushalten?» Sobald man das Kind aber mit anderen Kindern zusammenbringt, stellt man fest, dass auch die zu intellektuellen Höchstleistungen fähig sind. Den Satz über Hochbegabte sagte mein Großvater, den ich nie kennengelernt habe, 1968. Der Trend zum hochbegabten Kind ist also nicht neu und wahrscheinlich auch überhaupt kein Trend. Vermutlich geht es allen Eltern so, die Zeit mit ihren Kindern verbringen. Seit Anbeginn der Welt. Sobald Adam und Eva die Sache mit Kain und Abel überwunden hatten. Oder war Kain auch hochbegabt und bekam einfach zu wenig Aufmerksamkeit?

Der andere Aspekt beim Thema Hochbegabung ist natürlich, dass der Trend zur Massenhochbegabung beim Rest der Welt Spott hervorruft. Da bin ich gar keine Ausnahme. Dabei könnte es mir ja egal sein, ob das Kind meiner Freundin nun besonders schlau oder nur mittelmäßig begabt ist. Trotzdem scheine ich es Gesine nicht zu gönnen.

Bedauerlicherweise fängt der Termin, weswegen ich überhaupt in Hamburg bin, erst in einer Stunde an. Es hätte keinen großen Sinn gemacht, Gesine jetzt zu ärgern. Also sage ich einen Satz, von dem ich vor ein paar Monaten nicht einmal geträumt hätte, ihn gerne zu sagen: «Wo ist denn eigentlich Max? Den hätte ich ja auch gerne mal wiedergesehen.»

9. Väter

EINE FUSSNOTE

Es gibt Leute, die haben Glück oder haben vielleicht einfach nur ihren Partner klug gewählt. So wie Gesine. Cem hat sich ein Kind gewünscht, bevor sie es tat. Deswegen hat er von Anfang an alles mitgetragen. Sechs Monate war sie mit den Kindern zu Hause, dann haben die beiden drei Monate in einem kleinen Ferienhaus irgendwo, wo es warm ist, verbracht. Anschließend war Cem zehn Monate in Elternzeit.

Diese mehrmonatigen Auslandsaufenthalte, die man sich mit dem Elterngeld finanziert, sind eine großartige Erfindung für Freunde von jungen Familien. Seit ich sie zu schätzen gelernt habe, bin ich noch mehr dafür, dass Väter Elternzeit nehmen. In einem Jahr habe ich alleine dreimal Urlaub machen können, weil ich großzügige Freunde besuchte, die in Südfrankreich, Sardinien und Sizilien kleine Schätze mit Gästezimmern und Meeresrauschen gemietet hatten.

Bevor Gesine und Cem Kinder bekamen, haben sie beschlossen, dass sie beide die gleiche Arbeitsbelastung und Kinderzeit nehmen würden. Dann, als Gesine ihren Job verlor, hat sie einfach beschlossen, sich mehr Max und Leonie zu widmen. Ganz fair ist das nicht. Sie hat die Kinder zu ihrer Sache erklärt. Man darf hoffen, dass sie Cem nicht das Vatersein nimmt.

Wenn Julia sich beschwert, dass Marc ständig hinter seinem Laptop verschwindet und Computerspiele daddelt, dann erklärt ihr Marc, dass nichts anderes als die Emanzipation die Männer so weit gebracht habe. Die Frauen hätten von den Männern zu viel gefordert. Sie hätten Brotverdiener gewollt, die trotzdem um halb zwei das Kind aus der Kita holen. Liebevolle Väter, die viel Zeit mit der Familie verbringen, aber dennoch steile Karrieren machen und im Job knallhart durchgreifen. Frauenversteher, die eine Granate im Bett sind. Das aber, sagt Marc, schließt sich aus. Die heutigen Männer seien so überfordert von den Ansprüchen der Frauen, dass sie sich in die Kindheit zurückziehen. Der Preis der Emanzipation ist die Infantilisierung. Sagt Marc.

Es gibt Väter, die echte Väter sind. So wie mein Vater. So wie Florian, der sich sofort in seinen Sohn verliebt hat, als der noch eine Kidney-Bohne im Ultraschall war, und der dann auch zehn Monate Elternzeit übernommen hat. Oder Hendrik, der Luna alleine großzieht, seit das Kind vier ist, weil die Mutter dabei ist, sich in einem Yoga-Retreat in Indien selber zu finden, was ihr niemand wünschen kann, denn den Erzählungen nach scheint sie eine grauenhafte Frau zu sein.

Was für eine Mutter man wird, hat gar nicht so viel mit dem Kind zu tun, das man bekommt, sondern viel mehr mit dem Vater des Kindes. Das ist in gewisser Weise nur konsequent, schließlich hängt ja auch vom Vater ab, ob man überhaupt Mutter wird.

Die Beziehungen, die wir heute führen, sind so gleichberechtigt, wie wir sie uns selber wünschen, solange sie nur zwei Menschen betreffen. Zu zweit ist es egal, wenn einer mehr verdient oder der andere mehr Freiraum braucht, wenn einer gerne ausgeht und der andere gern zu Hause bleibt.

Ist man glücklich, dann bleibt man zusammen, ist man unglücklich, dann trennt man sich. Sobald aber nur die Idee eines Kindes bei einem dazukommt, beginnt die Abhängigkeit desjenigen, der sich das Kind wünscht, von dem, der noch warten kann. Die ideelle Liebe wird materiell. Aus Ungleichheiten werden Ungerechtigkeiten, die sich verschärfen, wenn das erwünschte Kind einmal auf der Welt ist. Wer weniger verdient, wird argumentieren müssen, warum er weiterarbeiten will, zumal wenn er derjenige ist, der sich das Kind gewünscht hat. Wer aber mehr Zeit mit dem Kind verbringt, wird automatisch auch dafür verantwortlich. Unsere Elterngeneration hat sich mal gestritten um die Gleichberechtigung. Damals ging es um Ideologien, darum, dass auch Männer Windeln wechseln können und Kinderwagen schieben und Geschichten vorlesen und dass auch Frauen Vorstandsvorsitzende werden können. Heute sind die ideologischen Fragen längst geklärt. Alle können alles machen. Theoretisch zumindest. Jetzt entscheiden die materiellen Umstände. Und da zeigt es sich, dass wie durch ein Wunder die Frauen eben in der Regel weniger verdienen als die Männer, weil es ja in der Regel andere Männer sind, die ihre Gehälter bestimmen, und die wiederum gerne die Verhältnisse so beibehalten würden, wie sie sind, und die Frauen allein durch die Biologie bedingt sich früher Gedanken um Nachwuchs machen müssen, und schon sitzen sie in der Falle.

Ein Kind verändert einen Menschen, es verändert die Beziehung der Eltern zueinander, aber auch, wie sie diese Beziehung darstellen. Ich bin mit Vätern befreundet, die sich bei jedem Treffen bitterlich über ihre Frau beschweren. Dass die den Haushalt nur noch mit Mikro-Management führt, dass sie sich ständig überwacht fühlen, nur noch eingespannt für die Kinderbetreuung. Dass die gesamte finanzielle Verantwortung auf ihnen laste. Man erfährt meist mehr, als man will. Zum Beispiel auch, dass ihre Frau jegliches sexuelles Interesse verloren habe und nur noch für das Kind lebe. Die Kinder schlafen natürlich im Elternbett, und manche Väter haben das Gefühl, ihre Frauen verwendeten den Nachwuchs als Schutzschild gegen ihre erotischen Annäherungen.

Solche Elternabende sind sehr anstrengend. Ich verstehe, dass sich die Väter ausweinen wollen, in der Tat klingt es bei vielen so, als kämen sie abends heim in eine Festung, die den ganzen Tag über von ihrer Frau und den Kinder vollgebastelt worden ist. Ständig finden sich neue Kinderbilder an der Wand und Kastanienmännchen im Regal und selbstbemalte Windlichter auf dem Tisch. «Die Wohnung ist eine Bastelbastion», hat ein Vater mir mal vorgeklagt. «Manchmal komme ich nach Hause und erkenne mein eigenes Wohnzimmer nicht wieder.» Aber unternehmen wollen sie nichts dagegen. Es reicht, den Freundinnen einen vorzujammern.

Mütter hingegen spielen untereinander gerne das Spiel: Wer hat den größten Trottel zu Hause? Sie sitzen zusammen und wetteifern mit ihren Geschichten, wie ihr Freund oder Ehemann wieder nicht die Kinderschuhe fand oder den Weg zum Kindergarten oder dass er nicht weiß, dass Chiara Nudeln hasst. Ah, da müsstest du mal meinen sehen! Der hat letztens Lea-Sophie um halb drei von der Kita abholen wollen, obwohl sie da doch auf Kita-Fahrt war! Das ist doch nix gegen meinen, der hat, ihr glaubt es nicht, Vollmilch gekauft, als ich ihm gesagt habe, kauf doch bitte noch eine Packung Folgemilch! Wenn man dann sagt: «Wie kannst du nur mit so einem Vollidioten zusammen sein?», dann sind sie beleidigt. Sie sind natürlich die Einzigen, die sich über ihren Mann lustig machen dürfen.

Als ich aufgewachsen bin, da bekamen Scheidungskinder ihre Väter selten zu Gesicht. Zu hart lastete das Scheitern ihrer Beziehung auf den Eltern, sie konnten sich nicht ohne Groll und Streit begegnen, worunter die Kinder sehr gelitten haben. Die allermeisten Kinder blieben bei ihren Müttern, ihre Väter sahen sie nur an einem Tag an jedem zweiten Wochenende. Mal lag das an der Unzuverlässigkeit der Väter, mal bauten die Mütter einen Schutzwall um die Kinder. Nicht immer aus guten Gründen. Dieser Fall ist eher eine Seltenheit geworden, auch wenn er wohl nie ganz verschwinden wird.

Heute gibt es alle möglichen Modelle. Manche Kinder leben drei Tage bei ihrem Vater und vier bei der Mutter, sie haben Kinderzimmer in beiden Wohnungen, doppeltes Schwimm- und Turnzeug sowie die Abenteuerinsel beim Vater und die Puppenschule bei der Mutter. Ein paar Eltern leben weiterhin in einem Haus, manche ganz in der Nähe voneinander.

Niemandem ist vorzuschreiben, was die beste Lösung für ihn ist. Und sicher ist es nicht immer das Beste für Kinder, wenn Eltern zusammenbleiben, die sich streiten und hassen.

Aus der Perspektive einer kinderlosen Freundin aber kann ich sagen, dass sich viele Väter erst nach der Trennung so richtig engagiert haben für ihre Kinder. Vorher haben sie sich drauf verlassen, dass ihre Frau am Wochenende das Familienprogramm organisiert. Nun aber, wenn sie 48 Stunden am Stück für ihre Kinder verantwortlich sind, müssen sie sich einfach mehr mit ihnen beschäftigen. Und dann fällt vielen auf, dass es gar nicht so verkehrt ist, mit ihren Kindern zu spielen und ihnen Brote zu schmieren und ihnen abends übers Haar zu streicheln.

Alleinerziehende Mütter gibt es natürlich immer noch, nicht alle schaffen das Getrennt-gemeinsam-Erziehen, vor allem, wenn die Kinder klein sind, ist es eher eine Utopie. Als Freundinnen sind alleinerziehende Mütter deutlich zuverlässiger. Man kann mit ihnen ausgehen, man kann mit ihnen am Wochenende verreisen, es gibt ja einen Vater, der das Kind gerne nimmt und zu dem es auch gehört. Alleinerziehende Mütter sind in gewisser Weise sogar gezwungen, mal etwas ohne ihre Kinder zu unternehmen, damit der Vater auch eine Beziehung zu ihm aufbauen kann.

Manche Mütter arbeiten hart daran, dass die Väter eine Fußnote im Leben der Kinder werden. Sie drängen sie aus den Entscheidungen raus und beanspruchen die Kinder allein für sich. Manche Väter benehmen sich wie Fußnoten. Das ist beides gleich bescheuert. Die Gesellschaft kann man längst nicht mehr dafür verantwortlich machen. Das kann heute jeder selber besser gestalten.

10. Noah hat sechs Namen

UND ICH VERLIEBE MICH EIN BISSCHEN

Am 5. Dezember wird Noah Ludwig Levi Carl Benjamin Rio Mertens geboren. Noah, weil Julia den Klang mochte, Ludwig, weil Marc Fan des FC Bayern ist, Levi, weil das gerade in der Luft liegt, Carl, weil sein Urgroßvater so hieß, Benjamin, weil sein Patenonkel so heißt, und Rio, weil Julia und Marc zu «Junimond» zum ersten Mal miteinander getanzt haben. Und weil Rio cool ist. Noah Ludwig Levi Carl Benjamin Rio Mertens hat durch seine Namen einen perfekten Start ins Leben. Es ist alles mit dabei, was die zeitgenössische Elterngeneration prägt: Traditionsbewusstsein, familiäre Verbundenheit, ein Gefühl für Ästhetik, Individualismus und Pop, und ein bisschen bescheuert ist es außerdem. Was will man mehr.

«Wird geboren» klingt im Übrigen sehr viel passiver, als die Aktion eigentlich vonstattenging. Julia hatte mir noch einen Tag vor dem Beginn der Geburt erklärt, sich mit allen Mitteln gegen das Aufschlitzen wehren zu wollen, denn damit wollten die Ärzte ja nur abkassieren. Im Geburtsvorbereitungskurs habe ihr eine andere werdende Mutter einleuchtend dargelegt, dass man sein Kind nur wirklich lieben könne, wenn es einen ordnungsgemäßen Durchmarsch durch den Geburtskanal hingelegt hätte. Außerdem würden Kaiserschnitt-Kinder ihr Leben lang Lungenprobleme haben.

Und sie hingen dann motorisch hinterher. Als ich fragte, ob bei einer Steißlage die Gefahr nicht groß sei, dass das Kind bei der Geburt stirbt, weil es keine Luft bekommt, und ob man eine lebenslange motorische Schwäche nicht dem Tod vorziehen solle, schaute mich Julia nur mit diesem «Du hast ja keine Kinder»-Blick an, den inzwischen alle meine Freundinnen perfekt beherrschen. Ich habe früher gedacht, Geburtsvorbereitungskurse dienten dazu, den Frauen die Panik zu nehmen und ihnen Atemtechniken beizubringen, die die Geburt erleichterten. Heute bin ich überzeugt davon, dass genau das Gegenteil das erklärte Ziel ist. Der Geburtsvorbereitungskurs dient dazu, möglichst viele Ammenmärchen unters Volk zu bringen und die Schwangeren in Angst und Schrecken zu versetzen.

Die bestens über die Machenschaften der modernen Medizin aufgeklärte Julia hatte sich also zweiundzwanzig Stunden Wehen abgerungen und zuletzt dann nur aufgrund extremer Erschöpfung in einen Kaiserschnitt eingewilligt. Ich vermute, der Arzt wird körperliche Gewalt angewandt haben.

Ich schicke Blumen und Glückwünsche ins Krankenhaus und bitte vorsichtshalber erst mal schriftlich darum, Noah Ludwig Levi Carl Benjamin Rio Mertens bewundern zu dürfen. Das ist bei weitem keine Selbstverständlichkeit, auch bei der besten Freundin nicht. Man muss da mit allergrößter Vorsicht vorgehen, niemand kann voraussagen, wie eine Frau sich nach der Geburt fühlt. Manche normalerweise sehr sensiblen Freundinnen freuten sich schon über Besuch, wenn sie gerade erst aus dem Kreißsaal zurück waren; andere, eigentlich sehr toughe Frauen, haute das Erlebnis derart um, dass sie erst mal ein paar Monate untertauchten mit dem neugeborenen Kind. Julia ruft mich glücklicherweise selbst an, schon am zweiten Tag. «Okay, wer auch immer dir erzählt, der schönste Moment in deinem Leben sei die Geburt deines Kindes, der lügt», sagt sie. Allein schon von «Moment» zu reden, sei eine Lüge. Sie klingt ganz anders als in all diesen schwierigen Monaten der Schwangerschaft. Irgendwie erleichtert. «Komm uns besuchen», sagt sie, «ich freu mich auf dich.» Ich freu mich auch auf sie. Auf beide.

Die Kinderstation im Krankenhaus ist komplett kunterbunt. Es wird einem fast schwindelig, wenn man reinkommt. Natürlich wurde ganz Berlin nach dem perfekten Kreißsaal durchsucht. Zwischendurch hatte Julia kurzfristig überlegt, das Kind in einem Geburtshaus zu bekommen oder gleich zu Hause. Aber Noah war offensichtlich ein Anhänger der Schulmedizin, und bei der Aussicht, bei Kerzenlicht von einer hockenden Mutter in eine mit Tüchern gestaltete Mitte hineingeboren zu werden, rettete er sich rechtzeitig in eine Steißlage, die nach einem professionellen Krankenhaus verlangte.

Julias Zimmer macht den Eindruck einer Spielzeugabteilung. Überall türmen sich Bärchen und Puppen und Bälle und Bücher. Julia thront mittendrin in einem spärlich beblümten Krankenhaus-Nachthemd und wirkt sehr mitgenommen. «Toll schaust du aus», lüge ich spontan und ein bisschen zu laut. Ich muss mich offensichtlich noch in die neue Situation reinfinden. «Ich sehe aus wie nach einem Frontalaufprall mit Majas Familienkutsche», sagt Julia. Sie ist näher an der Wahrheit dran.

Neben Julia in einer kleinen Plastikwanne liegt das Kind und schläft. Aha, da ist also mein Konkurrent. Julia winkt mich heran, ich nähere mich vorsichtig. Noah Ludwig Levi Carl Benjamin Rio Mertens ist ein außergewöhnlich kleines

Baby. Mit diesem riesigen Bauch und den kleinen Ärmchen hat er fast mehr Ähnlichkeit mit einem Käfer als mit einem Kind. Mit einem sehr süßen Käfer allerdings. Es ist ein billiger Trick. Er funktioniert. Es gibt für mich leider nichts Niedlicheres auf der Welt als Neugeborene. Ich betrachte ihn und seufze ein bisschen. Ich glaube, ich bin jetzt schon verliebt.

Ich habe mir diesen Moment oft vorgestellt. Als mein Neffe geboren wurde, bin ich sofort in die Klinik gefahren. Ich hatte ihn auf dem Arm, da war er kaum fünf Stunden auf der Welt. Ich habe ihm ganz zart übers Köpfchen gestreichelt und mit seinen Händchen gespielt, und ich habe gewusst, dass er mein Patensohn wird und ich seine Patentante und dass wir unser ganzes Leben lang eine besondere Beziehung zueinander haben werden.

Und Noah? Er ist das Baby meiner besten Freundin. Der Mittelpunkt ihrer Welt, zumindest für die nächsten Jahre. Jetzt, in diesem Moment, habe ich keine Angst mehr vor ihm. Wir werden uns schon anfreunden.

Noah atmet ruhig und tief, der ganze Körper scheint mitzuatmen, und doch sieht er sehr friedlich aus. Auf seinem Kopf sind kleine schwarze Kringellocken angedeutet, dieselben, die Marc auch hat. Er hat die kleinste Hand der Welt, seine Fingernägelchen sind ganz rosa. Ich könnte ihn stundenlang anschauen.

Ein bisschen Unruhe aber bleibt. Jetzt, wo Noah da ist, könnte Julia sich noch mehr von mir entfernen. Kann ich für ihn so etwas wie eine coole Tante sein? Oder bin ich einfach nur die nervige, kinderlose Freundin seiner Mutter?

«Du triffst uns in einem guten Moment», sagt Julia. «Vorher sah das Idyll hier sehr anders aus.» Wie sich – nicht ganz überraschend – herausgestellt hat, ist die Sache mit dem Stillen doch nicht ganz so natürlich wie gedacht. «Es ist die absolute Hölle», sagt Julia, «so etwas Schmerzhaftes habe ich noch nie gemacht. Wer denkt sich denn so etwas aus?» Aha, das Erlebnis der Geburt hat den esoterischen Geburtshaus-Zeiten ein Ende bereitet.

Die Stationsvorsteherin ist Mitglied der Still-Mafia, was man schon an den Plakaten, die überall im Flur hängen, sieht. Aber da sie glücklicherweise im Urlaub weilt, hat Julia einer etwas menschlicheren Schwester ein Fläschchen abringen können. Allerdings wird es gehandelt, als habe man ihr Opium gegeben. «Ich muss hier raus, bevor die Oberschwester wiederkommt, sonst hält die mich hier so lange fest, bis ich das Kind ohnehin abstillen müsste», sagt Julia.

In dem Moment wacht Noah auf. Er öffnet seinen kleinen Puttenmund und kräht los. Schon beim ersten Schrei wird er knallrot im Gesicht. Er sieht wirklich goldig aus. Julia allerdings sieht das gerade ganz anders: «Bitte, Schatz, bitte nicht schon wieder Hunger», sagt sie und klingelt fast automatisch nach der Schwester in der Hoffnung, dass der Schwarzmarkt noch etwas hergibt.

Unser Treffen im Krankenhaus ist ein Moment des Glücks. Ich versuche, den nicht zu gefährden. Die ersten Wochen halte ich mich einfach sehr zurück. Allerdings öffnet sich eine andere Tür: Marc. Dieses kleine süße Wesen drängt sich nämlich nicht nur mit aller Macht zwischen Julia und mich, sondern natürlich auch in die Beziehung seiner Eltern.

An einem verregneten Sonntagnachmittag, den wir zu viert auf dem Sofa verbringen, werde ich sehr ungewollt Zeuge davon, was ein Kind für die Liebe so bedeuten kann. Julia hat sich in einer Joggingcombo mit Noah in die eine

Ecke gekuschelt und sieht nicht so aus, als würde sie diese Position für irgendwas in der Welt aufgeben. Sie hält ihr Kind im Arm und lächelt es selig an. Marc und ich sitzen daneben und betreiben etwas mühsam Konversation. «Wie läuft der Auftrag?» – «Super.» – «Das ist toll.»

Ich frage mich gerade, ob ich hier eigentlich störe, ob es höflicher wäre, zu gehen. Da sagt Marc zu Julia: «Gib ihn mir mal.» Julia schaut den Vater ihres Kindes an, als sähe sie ihn zum ersten Mal. «Was hast du gesagt?», fragt sie. «Ich will ihn mal halten», sagt Marc. Ich finde ihn gerade sehr mutig. Julia hat nicht den Eindruck gemacht, als würde sie die Frage nicht verstehen. Sie sah eher so aus, als könne sie nicht verstehen, wie jemand so eine Frage stellen kann. Marc aber ist tapfer. Er beugt sich vor und streckt die Arme nach seinem Sohn aus. «Ach, nö, er hat es hier gerade so gemütlich», sagt sie. «Was soll das denn jetzt?», fragt Marc. «Wieso willst du mir mein Kind nicht geben.» – «Unser Kind», sagt Julia. «Gut, also unser Kind, gib mir bitte mal unser Kind.»

Julia schaut Marc mit Verachtung an und wirft dann einen schnellen Seitenblick auf mich. Es ist offensichtlich: Sie will das Kind jetzt nicht rausrücken.

Widerwillig bewegt sie sich aus ihrer Kuschelposition heraus und hält Marc das kleine Bündel hin. Marc nimmt seinen Sohn und streckt ihn in die Luft. «Komm, bitte, Marc», sagt Julia. «Du musst jetzt nicht toben, er hat gerade erst gegessen.» Es sah ehrlich gesagt gar nicht nach Toben aus, aber ich glaube, darum geht es hier auch gerade nicht. Marc stößt hörbar Luft aus und setzt sich hin.

«Marc macht ständig Blödsinn mit ihm», sagt Julia zu mir, so als sei ihr Göttergatte gar nicht an ihrer Seite. Es ist ein bisschen so wie früher, als Julia und ich noch klein waren und ihre Mutter sich manchmal bei mir über Julia beschwerte. Machst du deinen Eltern auch so viel Sorgen? Bist du zu Hause auch so frech zu deiner Mama? Diese Fragen haben mich immer sehr angestrengt, ich hatte das Gefühl, Julias Mutter wollte mich auf die falsche Seite rüberziehen. Jetzt ist Julia wie ihre Mutter.

Ich weiß nicht genau, was ich sagen soll, aber das ist auch gar nicht nötig, denn Julia hat etwas Neues auszusetzen an Marc. «Sag mal, kannst du bitte seinen Kopf stabilisieren? Er kann den noch nicht selber halten, das weißt du doch.» Marc setzt sich brav hin und legt das Kind auf seine Oberschenkel. Aber Julia ist noch nicht fertig mit dem Mikro-Management. Sie wühlt jetzt eine Kinderdecke aus den Tiefen des Sofas hervor und stopft sie um das Kind herum. Ihre ganze Körperhaltung ist ein einziger Vorwurf. Als sie wieder sitzt, wirft Marc ihr einen Blick zu, der in mir sofort Fluchtreflexe auslöst. «Ich glaube, ich muss dann auch bald mal gehen», sage ich. «Was?», sagt Julia. «Wir haben es doch gerade so gemütlich.»

Noah hat seine Eltern ein paar Wochen zu früh überrascht. Marc hatte gerade einen großen Auftrag an Land gezogen, und die eigentlich geplante Elternzeit fiel dann irgendwie doch aus. Weil Julia die erste Zeit alleine mit dem Kind verbracht hat, kennt sie sich natürlich einfach besser mit seinen Bedürfnissen aus. Marc ist wieder in seinem Praktikanten-Status angelangt.

Auf dem Nachhauseweg rufe ich meine Mutter an und berichte ihr von Julias merkwürdigem Verhalten. Meine Mutter rät mir, mich rauszuhalten. Man mache da mehr kaputt als nötig, es sei sicher alles nur eine Phase. Also halte ich still.

Es wird an ein paar weiteren Nachmittagen zu viert ganz

ähnlich aussehen. Die beiden streiten um das Kind wie um ein Spielzeug. Julia herrscht über Noah und überlässt ihn ihrem Mann nur im äußersten Notfall, und selbst dann übt sie totale Überwachung aus. Wenn Marc mal alleine mit dem Kind auf der Straße ist, ruft sie ihn alle fünf Minuten an, um zu erfahren, ob Noah auch seine Mütze trägt. Oder um zu sagen, dass Marc etwas Lebensentscheidendes wie einen Ersatzschnuller zu Hause vergessen habe. Sie ist noch sehr unsicher und ängstlich mit dem Kind, ich kann sie gut verstehen, aber ich beobachte auch mit Sorge, wohin sie ihre Ehe treibt.

Bei meinem nächsten Abend bei meinen Eltern auf der Terrasse bespreche ich die Problematik noch mal eindringlicher. Soll ich Julia etwas raten? Ich finde ja, dass es auch Marcs Kind ist. Muss sie ihm nicht etwas Raum geben? Warum vertraut sie ihm nicht? Und, was noch viel wichtiger ist: Geht es mich überhaupt etwas an? «Lass sie einfach», sagt mein Vater. Julia und Marc sind jetzt eine Familie, sagt meine Mutter. Und ob es mir passe oder nicht, bin ich nicht Teil davon.

Also halte ich die Klappe. Es fällt mir auch nicht besonders schwer, Distanz zu halten, denn Julia sagt jedes zweite Treffen ohnehin kurzfristig ab, weil Noah jetzt doch zu müde ist, weil es draußen zu heiß ist oder zu kalt, weil es zu früh ist oder zu spät. Manchmal taucht sie auch ganz ohne Erklärung gar nicht auf. Einmal schläft sie am Tisch ein. Es ist wieder so, wie es zu Beginn der Schwangerschaft war. Nur dass jetzt Noah dabei ist.

Und noch etwas anderes passiert: Ellen wird in dieser Zeit immer wichtiger für sie. Ellen kennt sich eben aus mit Kindern, sie hat geheimnisvolle Utensilien wie Abpumpgeräte und sterilisiertes Wasser und andere Dinge, die Julia braucht und die Ellen ihr dann schnell vorbeibringen kann. Ich werde immer eifersüchtiger auf Ellen, weil die Julia dauernd sehen darf und ich nicht. An den seltenen Malen, wo wir uns treffen, sind Ellen und ihre Kinder dabei. So langsam fühle ich mich wieder, als wäre ich elf Jahre alt. In der fünften Klasse hatte Julia auf einmal beschlossen, dass jetzt Alexandra Bergner ihre beste Freundin sei und ich nur ihre zweitbeste. Ich raste wochenlang vor Eifersucht. Ein ganzes Tagebuch füllte ich mit meiner Schmach.

Jetzt bin ich wieder genauso hilflos. Ich sehe, wie schwer Julia die Eingewöhnungsphase fällt. Ich würde so gerne etwas tun, aber ich weiß einfach nicht, was das sein könnte. Nicht gegen Ellen sticheln könnte ein Anfang sein, aber auch ein großes Opfer.

Ich versuche, nicht so kritisch mit Julia zu sein. Auch das gelingt mäßig. Wir haben uns beide immer wahnsinnig darüber aufgeregt, wenn die Mütter aus unserem Freundeskreis während des Essens am Windelpo ihrer Kinder gerochen haben, um den Shitpegel zu kontrollieren. Als bei einem gemeinsamen Abendessen Julia nach ihrem Kind greift, es in die Höhe hält und an seinem Hintern riecht, versuche ich, mir nichts anmerken zu lassen. Aber es ist ihr dennoch nicht entgangen, was ich denke. «Ich weiß ja, aber was soll ich tun?», sagt sie. «Ist schon okay», sage ich. Aber eigentlich finde ich es nicht okay, und noch weniger okay finde ich es, dass es mich stört.

Als Noah ein paar Monate alt ist, ändert sich die Situation. Julia ruft mich völlig aufgelöst an. «Du musst sofort kommen, ich schaffe das hier nicht.» Noah ist gerade etwas erkältet und schläft nicht gut oder eher gar nicht, weswegen Julia sehr erledigt und Noah sehr unleidig ist. Julia muss in einer Stunde beim Zahnarzt sein, aber wenn sie jetzt noch mit dem schreienden Noah einmal durch die Stadt laufen und dann in einem übervollen Wartezimmer sein muss, dann, schwört Julia, würde sie ihn zu ihrer Mutter bringen und erst abholen, wenn er achtzehn ist und das Abitur bestanden hat. «Ich brauche dich», sagt Julia. «Ich fahre sofort los», sagt Super-Woman.

Das ist meine Chance. Ich bin wahnsinnig stolz, dass ich schon so früh mit so einer wichtigen Aufgabe betreut werde. Noah ist noch keine fünf Monate alt, und schon werden wir eine ganze Stunde allein miteinander verbringen. Vielleicht sogar zwei, Julia ist Kassenpatientin. Plötzlich finde ich es doch ganz gut, dass ich schon so viele Freundinnen mit Kindern habe. Da konnte ich für meine beste Freundin üben. Ich habe Lucy gewickelt und Max gefüttert, ich bin mit Leonie gerutscht, und ich habe Lukas in den Schlaf gewiegt. Ich bin jetzt die, der man sein Neugeborenes anvertraut, wenn man nicht mehr weiterweiß.

In der Bahn treffe ich zufällig eine Kollegin, vor der ich mit meiner Mission angebe. Das Kind sei stark verschnupft und meine Freundin total erschöpft, und natürlich würde ich da sofort einspringen, erkläre ich. Der Dramatik wegen übertreibe ich natürlich leicht. Die Kollegin hat drei Kinder, sicher hätte sie auch sehr gerne so eine zuverlässige und flexible Freundin wie mich gehabt, denke ich. Aber die Kollegin lacht seltsam spöttisch. «Schnupfen? Ha! Das gab es bei mir nicht. Hier», stolz klopft sie sich auf ihre Brüste, von denen mir zum ersten Mal auffällt, wie enorm die sind. «Stillschutz!», sagt sie. «Versiegelt! Deine Freundin ist selber schuld, wenn ihr Kind krank ist, dagegen muss man anstillen!» Dabei habe ich überhaupt nicht erwähnt, ob meine Freundin stillt oder nicht. Aber für die Kollegin ist die Sache klar: Wenn das Kind krank ist, hat die Mutter versagt.

Julia bleibt anderthalb Stunden beim Zahnarzt. Obwohl ich schon sehr viel Zeit mit sehr kleinen Kindern verbracht habe, bin ich am Anfang doch leicht panisch. Was ist, wenn Noah ausgerechnet jetzt verstirbt? Ich halte ihn die ganze Zeit auf dem Arm, ich wage nicht, das Kind abzusetzen, um seine Laune nicht zu gefährden. Beim allerersten Zeichen von Unmut koche ich einen Baby-Fencheltee. Bis das Baby-Wasser heiß geworden ist, ist Noah in lautes, herzzerreißendes Brüllen ausgebrochen. Sein Kopf ist rot, Tränen laufen die Wangen herab. Verzweifelt bemühe ich mich jetzt um Abkühlen des Tees. Kaltes Wasserbad, kurz in den Kühlschrank, dann wieder raus und rumschwenken und natürlich alle fünf Sekunden Temperatur testen und das alles mit einem Kind auf dem Arm, dem man noch das Köpfchen halten muss. Nach einer halben Stunde sind Noah und ich klitschnass geschwitzt. Irgendwie gelingt es mir aber, ihm dieses Saugteil in den Mund zu stopfen. Während er gierig an der Flasche saugt, mache ich mir Sorgen, dass der Tee vielleicht doch noch zu heiß sein könnte. Kann es sein, dass er zwar im Mund nichts spürt aber der Tee dann im Magen doch Verbrennungen auslöst? Oder ist er vielleicht jetzt zu kalt? Kriegen Säuglinge Durchfall von zu kaltem Tee? Wie erkläre ich das alles Julia? Glücklicherweise überlebt Noah seinen ersten Nachmittag mit mir dann doch ohne bleibende Schäden. Ich bin ihm unendlich dankbar.

Von da an springe ich öfter mal ein für kleine Momente, manchmal wickele ich Noah auch, und wenn ich ihm das Fläschchen geben durfte, dann würde ich das hier sicher nicht aufschreiben, denn kein Mensch auf der Welt ist so grausam, seine beste Freundin an die Still-Mafia zu verraten. Julia hat natürlich durchgestillt. Vermutlich stillt sie gerade in dem Moment, in dem Sie diese Zeilen lesen. Dass sie mich einbezieht, macht es für mich leichter, eine beste Freundin zu haben, an der jetzt permanent ein Kind hängt.

An einem Abend, da ist Marc auf Dienstreise, bittet mich Julia, zu ihr zu kommen, weil sie sonst das Kind in der Babyklappe abgeben wird. Als ich komme, steht eine völlig erschöpfte Julia an der Tür mit dem kleinen Dauerbrüller auf dem Arm. «Ich kann nicht mehr», sagt sie. «Ich will einfach nur noch schlafen.» Ich bin selig, dass ich helfen kann. Eine Stunde lang kann sie duschen, während ich Noah durchs Wohnzimmer schaukele. Interessanterweise wird er in dieser einen Stunde mindestens fünf Kilo schwerer. Als Julia frisch und gelöst und glücklich aus der Dusche kommt, hat Noah leider seit fünf Minuten durchgebrüllt. Ich koche uns etwas, aber das Kind will nicht aufhören zu schreien, es ist nicht dran zu denken, Noah abzulegen. Julia muss stehen und auf und ab wippen, das ist das Einzige, das hilft. Am Ende stelle ich mich auch hin mit dem Teller in der Hand und füttere sie einfach. In der Nacht bleibe ich bei ihr. Ich höre ihr zu, wie sie mit der schlechtesten Singstimme der Welt dem Kind etwas von Elefanten in einem Wald vorsingt, und bin ein bisschen gerührt. Als Noah endlich schläft, kuschelt sich Julia zu mir aufs Sofa.

Es stellt sich raus, dass es gut war, sie nicht auf Geglucke anzusprechen, denn jetzt scheint sie bereit, freiwillig darüber zu reden. «Ich weiß, ich übertreibe mit dem Rumschleppen und Knuddeln und Auf-dem-Arm-Halten, und ich übertreibe auch mit der Bewachung von Marc», fängt sie an. Ich halte still, schaue sie einfach nur an. «Ich habe einfach Angst.» Okay, ich sollte jetzt aufpassen. Julia ist eigentlich nie ängstlich. «Wovor hast du denn Angst?», frage ich ganz behutsam.

«Was ist, wenn Noah mich nun gar nicht mag?» Ich bin zuerst total irritiert. Wie kann irgendjemand Julia nicht mögen? Vor allem dieses kleine Wesen, das sie so unfassbar liebt? «Was ist, wenn er lieber eine andere Mutter hätte? Eine jüngere? Oder eine, die nicht so unruhig ist?»

Ich habe das schon oft beobachtet. Unserer Generation fehlt an manchen Stellen das Vertrauen, das sie an anderen im Überfluss haben. Habe ich den richtigen Job, ist das der richtige Partner? Wir hinterfragen alles, manchmal ist das gut, manchmal ist es zu viel. Nicht immer ist es leicht, beides zu unterscheiden. Natürlich fragt man sich auch ständig, ob man alles richtig macht mit dem Kind. Nicht umsonst traue ich mir selber ja auch noch kein eigenes Kind zu. Oder will ich mich einem eigenen Kind aufdrängen? Aus Angst, etwas falsch zu machen. Da kann sich Julia eben auch fragen, ob das Kind sie wohl mögen wird. «Er wird dich lieben, ganz bestimmt», sage ich.

Als ich am nächsten Tag von der Arbeit komme, mache ich Schweinelendchen mit Pflaumen, weil Daniel die besonders gerne mag, und ich ziehe das Kleid an, das er am liebsten an mir sieht. Ich gehe sogar so weit, seine Lieblingsmusik aufzulegen (erwähnte ich bereits den abartigen Musikgeschmack meines Freundes?). «Was wird das?», fragt Daniel lachend, als er die Haustür aufmacht und meine Inszenierung sieht. «Machst du mir gleich einen Antrag?» – «Ach, Quatsch», sage ich schnell. «Einfach nur so.»

Aber er hat natürlich recht. Ich habe etwas vor. «Sag mal», beginne ich das Thema nach dem Essen, «könntest du es dir eigentlich vorstellen, Kinder zu haben, also generell?» Wir haben über dieses Thema nie gesprochen. In drei Jahren Beziehung nicht. Wir haben manchmal drum herumgeredet.

Wenn wir am Wochenende Freunde mit Kindern besuchten, haben wir uns abends auf der Besuchercouch leise ins Ohr geflüstert, dass wir so nicht werden würden als Eltern. Wir haben manchmal was zu dritt unternommen, mit Lucy, und einmal hat Daniel gefragt, ob wir das wohl auch so gut hinbekommen würden, wie Maja Lucy gelungen ist. So ein Kind hätte ich auch gerne, habe ich bei der Taufe von Carl gesagt. Wir haben einmal darüber gealbert, wessen Augenfarbe sich wohl bei den Kindern durchsetzen würde. Aber wir haben das Thema immer nur ganz scheu gestreift, wie ein Reh, das man nicht verschrecken will.

Ich weiß, es ist nicht sehr geschickt von mir, die Frage nach dem Kinderwunsch jetzt so zu inszenieren. Aber wer ist in diesem Moment bitte geschickt, den will ich mal sehen. Daniel lacht. Er hat es schon geahnt. «Kinder mit dir?», fragt er und schaut sehr süß. «Zum Beispiel», sage ich und versuche, mit besonders geheimnisvollem Blick aus meinem Weinglas zu trinken, wobei mir leider ein bisschen Wein das Kinn runterläuft. Daniel schüttelt lächelnd den Kopf. «Weißt du, Süße», sagt er und schaut mich an, «denk doch erst mal drüber nach, ob du ein Kind haben willst, weil du es dir wünschst, oder ob du einfach nur auch ein Kind haben willst, weil alle deine Freundinnen Mütter sind.» Ich schweige einen Moment. «Ich glaube, da gibt es einen riesigen Unterschied», sagt Daniel. Vielleicht hat er ja recht.

11. Wer klingelt, verliert

WIE ICH ES SCHAFFE, EINE MUTTER ZU BESUCHEN

Wenn man Freundinnen hat, die Kinder haben, dann muss man sich darauf einstellen, dass sie sehr ungewöhnliche Orte für ein Treffen vorschlagen. Die geographische Karte von Müttern ist eben einfach eine andere.

Als Julia mich das nächste Mal anruft, gehe ich großzügig darüber hinweg, dass sie das ausgerechnet am Sonntagmorgen um neun Uhr tut. Für sie ist das ja bereits so etwas wie Mittag. «Hast du Lust, mich zu sehen? Sollen wir einen Kaffee trinken?», fragt sie mich. «Wahnsinnig gern, wann?» – «Ich gehe gleich mit Noah in den Kindergottesdienst, wollen wir uns einfach danach treffen? Neben der Kirche ist ein sehr nettes Café.»

Wenn ich weiterhin mit Julia befreundet sein will, dann muss ich eine eigene Beziehung zu Noah aufbauen, und damit das gelingt, muss ich ihn sehen. Ich sage also: «Ich komme mit in die Kirche.» Julia ist erst überrascht, sie beteuert, dass ich das nicht tun müsse, aber dann freut sie sich doch.

Der Kindergottesdienst hat um zehn Uhr begonnen, als wir reinkommen, singt die Gemeinde gerade das Kennenlernlied: «Ich bin da, und du bist da dubi dubi dubi dubi, wir sind da.» Die Pastorin singt eifrig mit und deutet mit so viel Emphase auf die «ichs» und die «dus», dass ihr lustig bunter

Patchworkrock ordentlich mitschwingt. Bei der zweiten Runde bereue ich bereits meine Entscheidung. Aber jetzt sind wir ja dubi dubi da. Ich vermeide es, Julia anzuschauen, ich will ihr die Stimmung nicht verderben. Nach der dritten Runde «dubi dubi» hockt sich die Pastorin auf den Boden vor einen Tisch, der mit einem Tuch aus lila Samt bedeckt ist. Um sie rum sind Kissen in einem Kreis verteilt, auf dem aber keines der Kinder sitzen möchte. Es sind nur fünf Kinder da, vier davon können ohnehin noch gar nicht selbständig sitzen. Es ist ein Kleinkindergottesdienst mit überproportional vielen Eltern und sogar einigen Großeltern. Das einzige Kind, das alt genug wäre fürs Kissensitzen, kauert hinter einer Kirchenbank und untersucht ein Verlängerungskabel mit Steckdosen.

Die Pastorin schaut sich tapfer lächelnd um. Eine der Mütter legt ihr Kind auf eines der Kissen, ein anderes fängt an, erste Schritte im Kirchenraum zu wagen, ein Baby fängt an zu weinen.

In einer Woche ist Ostern. Die Pastorin hat sich daher heute schon für die Geschichte über die Nacht vor der Kreuzigung entschieden. Es ist kein leichter Moment im Leben Jesu, und es wird auch kein leichter Moment in der Predigtreihe dieser Pastorin werden. Sie schaut suchend durch den Raum, ob nicht wenigstens eines der Kinder alt genug sein würde, um überhaupt etwas von der Geschichte mitzukriegen. Da naht Rettung: Eine Kleinfamilie marschiert durch den Mittelgang. Sowohl Mutter als auch Vater haben ein Baby auf dem Arm, aber die Mutter hat auch noch ein circa fünfjähriges Mädchen an der Hand. Die Pastorin atmet auf. «Jesus hat also mit seinen Freunden zu Abend gegessen», sagt sie. «Und dann geht er in den Garten, um zu Gott zu beten, und er sagt zu seinen Freunden, kommt doch mit, dann könnt auch ihr beten und bei mir sein.» Aus einer Kiste holt sie ein grünes Tuch und breitet es auf dem Boden aus. «Hier ist der Garten.» Sie holt weitere Tücher und knäult sie auf das Tuch. «Und das sind Bäume und Büsche.» Die Fünfjährige blickt interessiert auf die erwachsene Frau, die da hockt und mit Tüchern spielt. «Jesus ist das Herz ganz schwer an diesem Abend», sagt die Pastorin. Sie holt ein großes Plüschherz aus einer Kiste und streichelt es liebevoll. «Das kennt ihr vielleicht, wenn euch mal das Herz schwer ist.» Die Erwachsenen nicken. Die Pastorin legt das Herz in den Garten und erzählt mit betulicher Stimme weiter von Jesus und dem Garten, in dem er mit seinem Vater über seine Sorgen redet. Es kommt noch ein Engel dazu, der hier als weißes Tülltuch erscheint, das die Pastorin um ein Teelicht wickelt. «Und wisst ihr, was dann passiert?», fragt die Pastorin. Das ist nicht ihr Ernst, denke ich, die Festnahme Jesu ist die Pointe des Kindergottesdiensts? Aber nein, die Pastorin hatte etwas anderes gemeint. «Dann wird das Herz von Jesus ganz leicht», sagt die Pastorin und zieht einen mit Helium gefüllten Herz-Luftballon unter dem lila Samt hervor, den sie jetzt an das Plüschherz bindet. «Er hat immer noch ein schweres Herz, aber es ist ihm auch leichter», sagt die Pastorin, ohne das Doppelherz-Paradox aufzuklären. «Bon», sagt ein Kind auf dem Arm seiner Mutter. «Ja», sagt die Mutter, «ganz richtig, mein Schatz, das hast du ganz super erkannt. Das ist ein Luftballon.»

Wir singen davon, dass wir von einer Welt träumen, in der nicht Geld und Macht und Kriege zählen. Danach sollen wir mit den Händen eine Schale formen, all unsere Sorgen da reinlegen und die Schale mit einer Hand zuhalten, während wir das Vaterunser beten. Beim Amen dann dürfen alle die Sorgen nach oben zu Gott in den Himmel werfen. Ich stehe da wie ein bockiges Kind bei der Schulaufführung. Auf das Niveau habe ich keine Lust. Da wirft mir Julia einen schnellen Blick zu. Mir fällt ein, dass ich ja gar kein Kind bin. Ich muss hier nicht sein, ich bin hier freiwillig. Ich habe kein Recht, den anderen den Tag zu verderben.

Als Schlusslied singen wir «Segne, Vater, tausend Sterne» und spielen mit den Händen Sterne und Welle und Erde, und der Mann am Klavier verspielt sich zum ersten Mal nicht. Das Lied hat unendlich viele Strophen, und vielleicht sind es die Melodie oder die kleinen Kinderhändchen, die sich begeistert in die Luft nach den Sternen strecken, auf jeden Fall werde ich schon nach der dritten Strophe sehr sanft und bin ab der fünften fast zu Tränen gerührt. Ich bin eben auch nur eine Frau.

Ich habe kinderlose Freundinnen, die treffen ihre Freundinnen mit Kindern nur dann, wenn die ihre Kinder nicht mitbringen. Die so gemeinsam verbrachte Zeit ist sicher störungsfreier, aber sie ist auch sehr rar. Viel Zeit ohne Kinder haben die meisten Frauen nämlich nicht. Außerdem kriegt man einen wichtigen Aspekt des Lebens dieser Freundin dann nicht mit. Das wäre so, als würde man eine Freundin grundsätzlich nur ohne ihren Partner treffen. «Das war doch ganz schön», sage ich beim Rausgehen. «Wenn man von der Predigt mal absieht.»

Als meine Eltern Kinder waren, da gab es Marienandachten und Wallfahrten und Rosenkranzbeten, aber auf die Idee, einen Familiengottesdienst abzuhalten, wäre keiner gekommen. Als ich klein war, da gab es bereits Gottesdienste speziell für Kinder, aber die haben mich als Kind immer sehr genervt. Ich habe mich gefragt, was die Erwachsenen denn so Geheimes in ihrem Gottesdienst machen, dass wir da nicht dabei sein dürfen. Eine Veranstaltung speziell für Kinder stand bei mir generell unter dem Verdacht, dass die Großen einen nicht dabeihaben wollten.

Vor allem diese ewige Betonung dessen, dass Jesus gesagt hat: «Lasst die Kinder zu mir kommen», strengte mich an. Unsere Religionslehrerin war grauenhaft penibel, unser Pfarrer war aus damaliger Perspektive zweihundert Jahre alt, und immer, wenn ich zu Jesus kam, waren die beiden schon da. Das machte seine Einladung an mich nicht unbedingt attraktiver. Ich ging lieber mit meiner Großmutter in die Kirche. Da wurde man nicht abgeschoben in den Kindergottesdienst, da durfte man bei den Erwachsenen sein.

Ich muss wieder an Ellen denken. Und an meine Eifersucht. Es ist für Julia einfacher, sich mit anderen Müttern zu treffen, dann muss sie nicht dauernd das Gefühl haben, sich entschuldigen zu müssen, wenn Noah unruhig ist und das Gespräch torpediert. Sie kann dann mit anderen Müttern Sätze sagen, die nur Eltern sagen. So wie: «Lavina hat mein Leben total verändert, ich bin so dankbar, dass ich so viel von ihr lernen kann.» Oder: «Carl ist manchmal mehr als nur mein Kind, er ist wie meine ganze Welt.»

Als Noah sieben Monate alt ist, schlägt Julia zum ersten Mal vor, dass ich abends mal auf einen Wein vorbeikommen kann. Wenn das Kind schon schläft. Wir einigen uns darauf, dass ich mich ab halb neun bereithalte. Julia hat sich folgenden Plan überlegt: Sobald sie Noah ins Bett bringt, schickt sie mir eine SMS. Dann kann ich zu Hause losgehen. Anrufen kann sie mich nicht, denn wenn Julia telefoniert, ist Noah sofort wieder hellwach. Ich brauche ungefähr fünfzehn Minuten zu Fuß zu Julia, rechnen wir noch fünf Minuten extra ein, falls ich noch eine Jacke anziehe oder etwas zu Hause vergessen habe. Zwanzig Minuten nach Eintreffen der SMS müsste ich also vor der Tür stehen. Zu dem Zeitpunkt hat Noah zwei Schlaflieder und zehn Minuten Ruhe plus fünf Minuten Puffer hinter sich und dürfte fest eingeschlafen sein. Laut Plan ist es dann fünf vor neun oder neun Uhr. Zur Sicherheit solle ich beim Eintreffen eine SMS schicken, auf keinen Fall dürfe ich klingeln, denn die Türklingel hat denselben Effekt wie das Telefon. Türklingeln, das weiß jeder, sind eine Technik aus der pränatalen Phase.

Zunächst verläuft tatsächlich alles nach Plan. Julia schickt ihre SMS, ich breche auf, komme an, schicke meine SMS und warte. Es ist fünf vor neun. Um neun Uhr schicke ich eine zweite SMS. Dann surfe ich ein bisschen mit meinem Smartphone, rufe meine Mutter an und checke noch ein paar Mails. Es ist zehn nach neun. Ich schicke noch mal eine SMS. Ich kann leider nicht weitersurfen, weil der Akku jetzt nur noch auf zehn Prozent ist. Daniel ruft an. Ich kann jetzt auf keinen Fall drangehen. Ein Anruf kostet mich mindestens vier Prozent, und dann kann es bei meinem Akku manchmal ganz schnell gehen. Ohne Handy aber ist jede Kommunikation zu Julia abgebrochen. Ich werde panisch. Gott sei Dank erlischt irgendwann das Anrufzeichen, und ich habe noch acht Prozent. Ich schicke noch eine SMS und gleich noch eine an Daniel. Der rät mir, bei den Nachbarn zu klingeln. Die im ersten Stock haben keine Kinder, hat mir Julia mal erzählt. Ich klingele also und erkläre die Situation. Der Nachbar hat Verständnis und lässt mich in den Hausflur. Ich stapfe die vier Treppen zu Julias Haustür hoch. Dann schicke ich eine weitere SMS und gebe meinen neuen Standort durch. Es ist jetzt Viertel vor zehn, der Akku ist leer, das Handy erlischt, das Licht im Hausflur auch. Zwei Minuten lang stehe ich etwas ratlos in der Dunkelheit. Einmal flüstere ich: «Julia?» Aber ich traue mich nicht, es laut genug zu tun. Dann macht Julia die Tür auf. «Was machst du denn hier im Dunkeln?», fragt sie. «Warum hast du denn nicht angerufen?»

Es fällt mir nicht immer leicht, Julia zu besuchen. Mir fehlt die konzentrierte Art, in der wir früher miteinander reden konnten. Jetzt wird Julia ständig abgelenkt, manchmal von Noah, manchmal aber auch nur von ihren eigenen Gedanken, die permanent um das Kind und seine unendlich scheinenden Bedürfnisse kreisen. Manchmal schaut sie mich an, und ich merke, dass sie gar nicht da ist.

Eines Mittags sitzen wir bei ihr auf dem Sofa, und Noah hat sich nach zwei Stunden Dauergeschrei endlich beruhigen lassen. Jetzt liegt er in Julias Armen, und sie blickt mich etwas erschöpft an. «Danke», sagt sie. «Wieso?» – «Es ist schön, dass du das alles mitmachst. Für mich ist das hier auch total neu. Es ist ein Perspektivwechsel. Früher hätte ich da gesessen und mir gegenüber Ellen oder Maja, die ihr Kind geschaukelt und mir nicht zugehört haben, und ich habe mich immer gefragt, ob der ganze Aufwand sein muss. Ich weiß noch genau, wie man sich fühlt, wenn man auf einmal so ausgeblendet wird. Und jetzt sitze ich auf der anderen Seite und bin selber die, die wie eine Irre ihr Kind schuckelt.»

Anfang August feiert Julia ihren ersten Geburtstag als Mutter. Eigentlich feiern wir traditionell gemeinsam rein, nur wir zwei. Wir machen das seit fast zwanzig Jahren. Im letzten Jahr haben wir zum ersten Mal wegen der Schwangerschaft ausgesetzt. Diesmal fällt das Reinfeiern auch aus, weil Julia am Abend vor ihrem Geburtstag noch die Kartoffel-und-Linsen-und-Couscous-Salate herstellen muss, die es seit mindestens zehn Jahren auf jedem ihrer Geburtstage gibt. Allerdings werden die Salate diesmal nicht für eine Party, sondern für ein Picknick gebraucht.

Als ich auf der Wiese eintreffe, haben die ersten Mütter schon Fakten geschaffen. Die zentrale Decke, die mit dem Buffet, liegt kinderfreundlich im Schatten zwischen zwei riesigen Bäumen. Die Sonne, auf die ich mich sehr gefreut hatte, wird zu keiner Stunde des Tages auch nur den Hauch einer Chance haben, da durchzukommen. Sonne ist der Feind von Müttern und Kinderhaut. Die fünf Kinder, die bereits da sind, sind von ihrer Kinder-Sonnencreme geishaweiß im Gesicht und tragen Hüte, als planten sie eine Wüstenexpedition. Allerdings spielen sie überhaupt nicht im Schatten, wie ihre Mütter das vorgesehen hatten, sondern natürlich in der Sonne. Im Schatten ist es auch viel zu kalt. Aber erklär das mal einer dieser Vampir-Mütter.

Viele von den Gästen kenne ich bislang nur aus Erzählungen. Julia hat sich die Monate, in denen sie mit dem Kind alleine zu Hause war, von oben bis unten vollgestopft mit Eltern-Kind-Gruppen. In seiner Pikler-Gruppe lernt Noah ganz natürlich, seine eigenen Fähigkeiten zum Spielen zu entwickeln. Da werden die Babys nicht von Spielzeug bedrängt und in ihrer Ausdrucksform vorgeprägt. Beim Babyschwimmen wird seine motorische und psychische Entwicklung gefördert, genauso wie bei der Krabbelgruppe. Natürlich macht Noah auch PEKiP und pinkelt mit anderen Babys auf Linsen, während ihre Eltern begeistert zuschauen. Eine Musik-Gruppe hat er auch schon. Julia hat, seit Noah auf der Welt ist, mehr Termine, als sie es je in ihrem Job hatte. «Klar», sagt sie, «die erzählen viel überhöhten Mist, die Menschen, die solche Kurse anbieten. Aber alles ist besser, als den ganzen Tag mit einem Säugling alleine zu Hause zu sein.» Julia sagt so etwas aber nur mir. Sie ist ganz froh, noch eine Freundin zu haben, bei der sich nicht alles um ihre Kinder drehen kann, schon aus dem Grund, weil sie keine hat. Manchmal findet sie es einfacher, sich mit Frauen zu treffen, deren Kinder auch nerven. Manchmal findet sie es besser, nur mich zu treffen.

Würde sie einer anderen Mutter sagen, dass sie nicht in Einzelhaft mit dem Kind sein will, dann wäre die Chance groß, dass diese Mutter ihr einen Baby-Coaching-Kurs empfehlen würde, wenn sie so ein großes Problem damit hätte, mit ihrem eigenen Kind zu Hause zu sein. Natürlich könne das auch an der Geburt per Kaiserschnitt liegen.

Bei Julias Geburtstagspicknick ist so ziemlich jedes Modell Mutter vertreten, das der Markt aktuell hergibt. Es gibt die Tupper-Mutter, die in praktischer Outdoorhose angereist ist, in deren Taschen sie lauter nützliche Kleinigkeiten verstaut hat. Extra-Schnuller, Pflaster, Aspirin, sie hat alles dabei. Natürlich vor allem Unmengen an vorgeschnittenen Karotten und langsam braun werdenden Apfelschnitzen in Plastikschalen, die sie so lang reihum allen unter die Nase hält, bis eine andere Mutter sagt: «Ich hätte die ja nicht geschält, du weißt schon, dass unter der Schale die meisten Nährstoffe sitzen?» Daraufhin hält sich die Tupper-Mutter beleidigt zurück und beobachtet tadelnd eine andere Mutter, die – offensichtlich dankbar über die Chance, sich endlich mal wieder schick zu machen – ein sehr enges, kurzes Kleid trägt. Sobald sie eine schickliche Sitzposition für ihr schickes Kleid gefunden hat, veranstaltet ihr Jüngster irgendeinen Blödsinn, und sie muss wieder aufstehen. Nach einer halben Stunde Kampf bindet sie sich kurzerhand einen Pulli um die Hüften. Die schicke Mama kämpft tapfer gegen die allgemeine Tendenz an, sich gehenzulassen, sobald man ein Kind hat. Ich mag sie.

Ein wenig abseits vom Trubel hat sich die Still-Mama hingesetzt. Sie trägt selbst einen Hut, damit ihre Haut nicht mit der Sonne in Kontakt kommt. Der Hut hat die Form einer Erdbeere, oben thront sogar ein kleiner Kranz und ein Stiel, ich fürchte, die Still-Mama hat ihn selbst gefilzt. Ihr Kind trägt übrigens den gleichen Hut. Eine Mutter, die sich im Mein-Kind-und-ich-sind-beste-Freundinnen-Look kleidet. Ein Phänomen, das ich schon öfter beobachtet habe und das mich nachhaltig fasziniert. Es gehört wahrscheinlich zur allgemeinen Entsexualisierung, die Mütter so durchleben.

Die Still-Mama hat ihr Still-Kissen mit dabei und selbstredend ein Still-Shirt an, das einen Brustzugriff erleichtert. Sie macht oft davon Gebrauch. Dazwischen sitzen noch ein paar Jungmütter im Koma.

Über dem Decken-Idyll tönt die Stimme der Mein-Kind-ist-das-Tollste-Mutti: «Könnt ihr euch vorstellen, was Liam gesagt hat, als ich ihn am Freitag vom Hort abgeholt habe?» Wir können es nicht. «Der König von Russland ist ein ganz schlimmer Macho.» Ich bin sprachlos. «Könnt ihr euch das vorstellen? Liam ist gerade sechs geworden», fragt die Mutter noch mal. Ich habe keine Ahnung, was sie will. Kritisiert sie den pädagogischen Kunstgriff, Russland als Monarchie darzustellen, damit das Kind in Analogie zu dem ihm bekannten Märchen versteht, welche Position Putin in dem Land innehat? Bevorzugt diese Mutter eine realistischere Darstellung der Weltpolitik? Richtet sich ihre Kritik gegen den Begriff «Macho», weil das Konzept überholt und hier nicht zutreffend ist? Oder ist sie gar Putin-freundlich und fürchtet in der Grundschullehrerin jetzt eine Vertreterin des verweichlichten Gay-ropas? Oder richtet sich der Angriff gegen die Eltern eines anderen Kindes, von dem die Information weitergetragen wurde? «Unfassbar», sagt die Tupper-Mutter. Ich weiß immer noch nicht, worum es geht. Anscheinend haben Mütter eine Art Geheimsprache. Mir passiert das immer wieder. Mütter sagen: «Wisst ihr, was Antonia heute gemacht hat?», und dann kommt eine wahnsinnig banale Anekdote. Oder: «Ich geb ja sonst nicht so mit meinem Kind an, aber gestern beim Schaukeln, da hat Leor zu einem Mädchen gesagt: Jungs dürfen aber auch schaukeln. Ist das nicht irre süß?» Was zur Hölle soll daran süß sein? Ich schaue rüber zu Julia, um zu überprüfen, ob die inzwischen Müttersprech kann. Aber Julia hat andere Sorgen. Sie hat den Sekt zu Hause stehenlassen. Ach du Scheiße. Das Thema Putin wird nicht weiterverfolgt.

Dafür wanzt sich die Putin-Mutter an mich ran: «Hallo, ich bin die Birgit.» Jemand hat ihr erzählt, dass ich Journalistin bin, und jetzt hat sie eine Textidee für mich. «Schreib doch mal was Kritisches über diese kleinen Kinder-Einkaufswagen. Mittlerweile gibt es keinen Drogeriemarkt ohne die. Und ich lasse mich nicht in die Discounter drängen von der Großkonzernpolitik.» Mir ist nicht sofort klar, was die Story sein könnte. «Na, verstehst du das nicht? Da werden Kleinkinder zu willigen Konsumenten erzogen.» – «Na, aber du musst doch nicht kaufen, was dein Kind in den Wagen legt.» – «Pah, das würde ich auch nie tun.» – «Und ist die Idee bei einem Drogeriemarkt nicht der Konsum?» Die Putin-Mutter ist nicht zufrieden. Im letzten Jahr hat sie mit einer Mutter, die einen Kiez-Blog schreibt, erfolgreich durchgesetzt, dass der Supermarkt eine süßigkeitenfreie Kasse eingerichtet hat, erzählt mir die Mutter stolz. «Damit Kaja nicht mehr nach der Kinderschokolade grabschen kann, während die Eltern in der Schlange stehen.»

Kaja ist die Tochter der Putin-Mutter, ich hatte vorhin schon mitbekommen, wie sie mit einer anderen, irre klugen Äußerung mit ihr angab. Aber mir ist kalt, es gibt keinen Sekt, und die Putin-Mutter nervt mich. Also beschließe ich, sie zu ärgern: «Und dein Sohn findet diese Einkaufswagen gut?» Die Putin-Mutter geht mir auf den Leim. «Nicht mein Sohn, meine Tochter, die ist zweieinhalb. Mein Sohn ist fünf.» – «Ach so», sage ich und freue mich jetzt schon auf das Gesicht, das sie gleich machen wird: «Ich dachte, du hättest vorhin gesagt, dein Kind heißt Kaja, entschuldige.» Die Putin-Mutter ist sofort auf 180. «Heißt sie ja auch», presst sie raus. Sie ist ein leichtes Opfer. «Kaja?», sage ich. «Gibt es das auch als Mädchenname? Interessant.» Die Putin-Mutter ist stinksauer. «Natürlich ist das ein Mädchenname, das ist sogar ausschließlich ein Mädchenname. Welcher Junge heißt denn Kaja.» – Jetzt wäre es natürlich entscheidend zu wissen, ob es sich hier um eine Pro- oder um eine Anti-Putin-Mutter handelt. Je nachdem, wird sie meine nächste Bemerkung ärgern oder freuen. Ich riskiere es: «Ich hatte mal einen Kollegen, der hieß Kaja. Aber der war auch Russe.» Neben mir gibt es einen lauten Knall. Die Putin-Mutter ist gerade in die Luft gegangen.

Wenn man mit leichtem Kater um elf Uhr morgens auf ein Picknick im eiskalten Schatten eingeladen wird, und dann gibt es noch nicht mal Sekt, dann muss man manchmal zu unlauteren Mitteln greifen, um wenigstens ein bisschen Spaß zu haben. Und Mütter-Ärgern ist leider ein ziemlich großer Spaß. Schließlich ärgern die mich ja auch.

Die Still-Mama zum Beispiel. Um meine Russen-Rakete gebührend zu feiern, krabbel ich über die Decken zur Salatbar. Julia macht einen phantastischen Linsensalat. Leider hat die Still-Mama gerade damit begonnen, ihr Kind zu wickeln. Mitten auf der Decke, direkt neben dem Linsensalat. Ein einziger Blick reicht, und meine Lust auf Linsensalat ist verdorben. Das ist sicher die Rache für den Russen. Es steht eins zu eins.

Nach dem Picknick helfe ich Julia, die Sachen einzupacken. Wir fahren zu ihr nach Hause und setzen uns auf den Balkon. «Weißt du was?», sagt Julia. «Die anderen Mütter können einem gewaltig auf die Nerven gehen.»

12. Homestorys

WIE MAN KINDER UND BLUMEN ARRANGIERT

Ein paar Wochen später fahren wir alle drei über ein verlängertes Wochenende an die Ostsee. Noah, Julia und ich. Es ist ein bisschen so wie früher, Julia und ich erleben wieder kleine Abenteuer miteinander. Noah schläft zwischen uns. Er hat sich an mich gewöhnt. Im Hotel sind wir anscheinend so vertraut miteinander, dass ein älteres Paar, welches uns drei Tage lang beobachtet hat und uns vermutlich für Lesben hält, am Sonntagmorgen beim Frühstück aggressiv fragt: «Wer ist denn nun eigentlich die Mutti?»

Daraus resultiert leider auch eine nicht so schöne Sache: Ich werde jetzt auch eifersüchtig auf Marc. Warum darf eigentlich er eine so viel wichtigere Rolle in Julias Leben einnehmen? Meine Mutter sagt: «Mein Kind, du bist infantil.» Und wenn schon. Ich ertappe mich manchmal, wie ich mich mit Marc im Umgang mit Noah vergleiche. Daraus entstehen dann unschöne Bitchigkeiten. «Ach, schau mal», sage ich zu Julia, «der Marc hat gar nicht gewusst, dass Noah auch einen Namenstag hat? Also, ich hab ja dran gedacht.» Oder: «Ach, Marc kommt auch mit spazieren? Ist ja toll, dass der sich neuerdings auch so für sein Kind interessiert.» Wenn Julia mal ganz gerührt davon erzählt, wie Marc letztens ganz verdreckt mit Noah von einem Ausflug an den See wiederkam, dann gibt es mir einen Stich ins Herz. Besonders gerne erinnere ich Marc daran, dass ich Julia schon viel länger kenne und deswegen auch genau weiß, wie das damals war, als wir Kinder waren, und jetzt auch viel besser verstehe, wie Julia ihr Kind erziehen und lieben will. Wenn Marc mich immer weniger gern bei ihnen zu Hause hat, dann hat er dafür leider einen sehr guten Grund.

Mein Verhalten ist natürlich sehr peinlich und extrem kleinlich. Aber ein ganz klein bisschen neide ich es Marc eben, dass er so nah dran sein darf und ich eben, seit Noah da ist, nicht mehr so eine große Rolle im Leben meiner besten Freundin spiele. Ich weiß, dass ich es auch nicht anders machen würde, wenn ich ein Kind hätte. Und doch kann ich nicht so gut damit umgehen.

Julia ist auf jeden Fall eine tolle Mutter. Sie hat die Krisen der ersten Monate gut überstanden und ist jetzt lustig und lieb mit Noah, auch wenn er nervt. Sie ist in den allermeisten Fällen geduldig und verständnisvoll, und vor allem: Sie ist ehrlich, sie flippt einfach manchmal aus. In den ersten Monaten, als das Kind Nacht für Nacht schrie, hat sie mir manchmal erzählt, dass sie am liebsten aus dem Fenster gesprungen wäre. Sie bekommt vom Jugendamt Broschüren geschickt. In der für den dritten Monat steht: «Wenn Sie Ihr Kind über Stunden nicht beruhigen können, dann legen Sie es an einen sicheren Platz, am besten in sein Bettchen, und dann verlassen Sie das Zimmer und machen die Tür hinter sich zu, und dann versuchen Sie erst mal, sich selbst zu beruhigen.» Das sei sehr hilfreich gewesen, sagt Julia.

Einmal, da haben sie und Marc es nicht mehr ausgehalten. Da haben sie sich zu dritt ins Auto gesetzt und sind zur Notaufnahme gefahren, damit die etwas gegen das Gebrüll unternehmen. Kurz vor dem Parkplatz sind sie dann doch wieder zu sich gekommen und heimgefahren. «Du kannst mir glauben, dass man an den Rand des Wahnsinns und drüber getrieben wird», sagt Julia.

Ein paar Wochen später habe ich ein Triple-Date mit Julia und Kind und Ellen und Kindern. Eigentlich wollten wir uns bei Julia treffen, aber Ellen schafft es mal wieder, die Veranstaltung in ihr Eigenheim umzuleiten. Sie habe gestern so viel gekocht, und Jörg sei erst spät von der Arbeit gekommen, dass sie uns heute die Reste warm machen könnte. Es ist für Mütter einfach grundsätzlich entspannter, sich bei jemandem zu Hause treffen zu können, wo sie nicht jede Sekunde darauf achten müssen, welches Unheil ihr Kind jetzt wieder anrichtet. Auch wenn es einem nicht immer so vorkommt: Auch Mütter verbringen ihren Nachmittag gerne ohne folgende Satzklassiker: «Schatz, bitte nimmt das nicht in den Mund.» – «Ganz lieb eia machen bei dem Hund.» Oder: «Liebling, nein, bitte nicht mit der Marmeladenhand auf die weiße Hose von dieser Frau fassen.»

Zur Begrüßung bei Ellen steht Levin, Ellens Jüngster, breitbeinig in der Tür. Er gluckst erfreut und rennt dann schnell ins Haus, auf der Suche nach seiner Mutter. Levin ist ein relativ dickes, aber sehr fröhliches Kind. Ich mag ihn.

Auf Levins Spuren finde ich Ellen im Bad beim Sortieren der Badezusätze. Eine Tätigkeit, die offensichtlich so drängend ist, dass man sie bei Ankunft von Freundinnen auf keinen Fall unterbrechen kann. Ellen haucht mir ein «Hallo, Süße, schöne Schuhe» entgegen, bleibt aber am Badewannenrand sitzen. Sie trägt eine weite, beige Strickjacke, darunter ein weißes, flauschiges, langarmiges Shirt und eine Hose in einem etwas dunkleren Beige – ein perfektes Ensemble aus der Serie «Die zeitgenössische Hausfrau», praktisch und doch modisch. Das gesamte Bad ist in diesen Farben gehalten. Nur die Verschlüsse der Parfumfläschchen sind golden. Es ist alles bereit fürs Modeshooting.

An Ellens Knie hängt Levin. Er trägt ein Hemd und einen Pullunder, man könnte meinen, gleich holt ihn Rob Lowe in einer roten Corvette ab, weil das Semester in ihrem Neu-England-College wieder losgeht. Ich wundere mich, dass neben Ellen an den Kacheln nicht die Hersteller eingeblendet sind. Was macht sie, wenn sie mal ein blaues Kleid trägt? Wahrscheinlich finde ich die Antwort im Kinderbad.

«Julia kommt später?», frage ich etwas beunruhigt. Auf keinen Fall will ich mir einen ganzen Nachmittag lang die Homestory der Profigattin und Supermama alleine anschauen. Ich kenne Ellen, sie kann stundenlang so weitermachen. Gleich wird sie die Bettwäsche im Kinderbett wechseln, so kann sie mir noch ganz beiläufig das neue, von ihr im Stil der Berliner Boheme-Kids gestaltete Kinderzimmer zeigen. Ach, hattest du das noch gar nicht gesehen? Ich werde danebenstehen und darf alles bewundern und Ellen von Raum zu Raum, von Terrasse über Balkon folgen, wo sie immer weitere Hausfrauentätigkeiten in ständig wechselnden Interieurs ausführt, wobei sie aussieht wie Kate Winslet in «Revolutionary Road».

Es ist eine relativ blöde Frage, ob Julia später kommt, denn Julia kommt immer später. Das hat sie auch schon ohne Kind geschafft, aber jetzt hat sie eben eine bessere Ausrede. Ellen arrangiert ein Ensemble von unterschiedlich großen Flakons auf einem kleinen Holzbrett und ist völlig in Gedanken versunken. «Julia», sage ich noch mal. «Julia kommt später?» – «Nicht dass ich wüsste», sagt Ellen. «Wie viel Uhr haben wir es denn? Seit ich Kinder habe, laufe ich auf Mamizeit, da nehme ich äußere Uhrzeiten gar nicht mehr wahr.»

Während ich noch überlege, ob Ellen diese Bemerkung ironisch gemeint hat und ein Moment der Selbsterkenntnis eingetreten ist, klingelt glücklicherweise Julia. Ich mache die Tür auf, Julia hängt selbstredend noch am Telefon. Ein Kollege hat eine Frage. Julia hat vor drei Wochen wieder angefangen zu arbeiten, und es klappt mäßig.

Kurz bevor Julia in Elternzeit ging, hätte sie eigentlich befördert werden müssen. Sie hat den neuen Job bereits seit einigen Monaten gemacht, aber ihr Gehalt war noch nicht den neuen Anforderungen angepasst worden. Ihr Chef hatte damals ganz gönnerhaft gesagt: «Jetzt kriegen Sie erst mal Ihr Kind. Wir regeln später alles.» Zwei Monate bevor sie wieder in den Job einstieg, hat sie sich einen Termin geben lassen, um zu besprechen, wie denn in Zukunft ihre Tätigkeit aussehen würde. Dreimal hat ihr Chef den Termin verschoben. Am Ende war sie schon wieder im Job, als sie endlich mit ihm reden konnte. Aber den Termin hätte sie sich schenken können. «Jetzt leben Sie sich doch erst mal wieder ein», hat er gesagt. Aber das war gar nicht so leicht.

Es fing damit an, dass Julias alter Schreibtisch, der mit der besten Aussicht, von einer anderen Kollegin in Beschlag genommen worden war. Sie arbeite ja nur Teilzeit, ob sie überhaupt einen festen Schreibtisch brauche, hatten die Kollegen wissen wollen. «Ich arbeite achtzig Prozent!», sagte Julia. «Wie gesagt, Teilzeit», sagten die Kollegen. Aus ihrem Team hatte ein anderer Kollege die fähigsten Mitarbeiter abgeworben, eine eigene Assistentin hatte sie auch nicht mehr. Aber Julia hatte nicht vor, sich den Spaß am Job verderben zu lassen. Marc hatte schon gemault, dass er jetzt sehr viel mehr im

Haushalt mitmachen müsse, aber da Julia immer noch mehr Geld verdient als er, muss er sich da zurückhalten. «Wenn ich aufhöre zu arbeiten, dann können wir uns das Leben, das wir führen, nicht mehr leisten», sagt Julia dann zu ihm. «Wenn du das willst, bitte, für mich ist es kein Problem.» Julia ist eben ein Macho, und Marc hat zwei Autos und zwei Bäder und Urlaubsreisen zu Fernzielen sehr gerne.

Ich bewundere Julia. Manchmal wünsche ich mir, ich hätte etwas Ordentliches studiert. Etwas, was zwar nicht schön, aber praktisch ist und womit man tatsächlich Geld verdient und unabhängig ist, wenn man ein Kind hat. Julia hat das leider schon nach einem Semester verstanden und auf Jura gewechselt.

Wenn ich Julia neuerdings anrufe und sie frage, ob wir uns treffen wollen, dann kann sie sofort ab- oder zusagen. Sie kann sich nämlich einen Babysitter leisten. So wie Gesine. Wenn ich eine meiner anderen Freundinnen frage, ob wir ausgehen wollen, dann müssen die erst ihren Mann fragen, ob der vielleicht beim Kind bleibt oder ob sie sich einen Babysitter nehmen darf.

Natürlich stresst Julia das Arbeiten. Wenn irgendetwas in der Kita schiefläuft und Noah abgeholt werden muss, dann kracht das ganze komplizierte Termingebäude zusammen. Einmal hatten sie in der Kita den Verdacht, Noah habe Röteln. Julia musste daraufhin sogar zum Arzt, um ihn gesundschreiben zu lassen, damit die Kita ihn wieder nimmt. Bis dahin kannte ich nur krankschreiben.

Ein anderes Mal war Julia nach einer durchschrienen Nacht, die von einem Morgen mit Stromausfall gekrönt war, so fertig, dass sie leider mit zwei verschiedenen Schuhen im Büro aufkreuzte. Und das auch noch an einem Tag, an dem ein wichtiges Meeting war. Glücklicherweise hatte eine ihrer Kolleginnen gerade Schuhe vom Internetkaufhaus geliefert bekommen. Die waren Julia zwar eine Nummer zu klein, und sie musste sie unterm Tisch sofort ausziehen, aber sie hat es geschafft.

Heute ist Freitag, und Julia hat eigentlich Kindertag, aber ein paar von den Bitches aus ihrem Büro machen sich natürlich eine Freude daraus, ausgerechnet heute ständig bei ihr anzurufen mit lebensentscheidenden Fragen, so als hätte Julia nicht die ganze Woche am Schreibtisch gegenüber gesessen.

Noah windet sich aus dem Arm seiner Mutter und stürzt gleich auf Levin zu. Levin stürzt auch auf Noah zu, und leider rennen die beiden sich um und fangen beide an zu brüllen. Ellen kommt aus dem Bad, kniet sich hin und umarmt ihr Kind. Julia wird ein bisschen nervös, ihr Telefonat ist noch nicht beendet, und ihr Kind weint. Ellen breitet die Arme ein bisschen weiter aus und sagt zu Noah: «Na, komm mal zu mir, Noah, ich tröste dich, deine Mama muss gerade Karriere machen.» Ellen ist eben auch eine Bitch.

Julia hat Ellen gerade einen Gefallen getan. Ellen liebt es, die bessere Mutter zu sein. Als Julia endlich aufgehört hat zu telefonieren, begrüßt Ellen sie mit einem lustigen: «Wo kommt ihr den her? Habt ihr die Wohnung gestrichen?» In der Tat ist Julias Jeans komplett voller dicker, bunter Farbflecken. Aber Julia hört nicht hin. Die beiden schleppen die Kinder ins Wohnzimmer, wo Ellen ein kleines Papphaus aufgebaut hat, das die Kinder bemalen dürfen. Levin greift auch gleich eifrig zum Stift, aber Noah lüllt erst mal genüsslich einen Karton-Fensterrahmen ein.

Ellen bewegt sich als Erste: «Komm, Levin, zeig mal dem Noah, wie das richtig geht. Der Noah kann das noch nicht so gut, da musst du mal auf ihn achten.» Ellen ist jetzt richtig glücklich. Erst war sie die Trösterin, jetzt ist Levin auch noch Picasso. Der Tag könnte nicht besser laufen für sie.

«Hattest du uns nicht zum Mittagessen eingeladen?», platze ich in die Harmonie. Ich mag es nicht, wenn man Noah für blöd erklärt. Wir dackeln also in die Küche, wo Ellen schon die frischen Zutaten für ihr Familienabendessen als Stillleben drapiert hat. Zum Nachtisch soll es Erdbeeren mit Sahne geben, und um die natürliche Kooperationsbereitschaft der Kinder zu fördern, werden Noah und Levin auch mit Aufgaben betraut. Es ist ganz niedlich, zu sehen, wie die beiden sich bemühen, die grünen Blätter von den Erdbeeren zu pflücken. Noah stellt sich überraschend geschickt an, Levin zermatscht die Früchte aber lieber und schmiert sie dann über seinen Mund und seine Backen. Ellen versucht, ihn unauffällig anzuleiten: «Schau mal, Schatz, aber vielleicht so, Schatz ...» Levin schmiert glücklich weiter Beerenpampe in sein Gesicht. Irgendwann gibt Ellen auf und dreht sich mit einem Pseudolächeln zu Julia um. «Na, das habt ihr sicher heimlich geübt, gib es zu.» Ich bin sicher, Levin wird ab sofort Erdbeerenputzen trainieren, solange der Markt Erdbeeren hergibt. Und wenn es die aus dem spanischen Gewächshaus sind, die Ellen eigentlich aus ideologischen Gründen verachtet.

Ich fange an zu vergessen, warum ich Ellen mal mochte. Als es kriselte zwischen Lukas' Vater und ihr, da war sie viel lustiger und offener, obwohl da gerade ihr erster Lebensentwurf zu scheitern drohte. Wir haben uns unsere Sorgen und Träume erzählt, was geht und was nicht. Seit sie verheiratet ist, gibt es von ihr nur noch die Fassade zu bewundern. Eine schöne Fassade zwar, aber sie reicht eben nicht für eine Freundschaft.

Ellen und Julia haben inzwischen eines von Ellens Lieblingsthemen angestimmt. Es geht ums Breikochen. Julia findet es völlig okay, wenn man mal ein Glas zufüttert, Ellen findet, dass man sein Kind dann auch gleich zu Burger King schleppen kann. Ich habe keine Ahnung, wo die Debatte herkommt, aber ich kann deutlich sehen, wie die Adern an Julias Hals anschwellen. «Na ja», tut Ellen schließlich so, als würde sie einlenken. «Es gibt da sicher verschiedene Wege, deiner muss ja nicht unbedingt falsch sein.» Was bedeutet: Ist er aber leider doch.

Beim Mittagessen hält Ellen dann Monologe über ihre Schwiegermutter, die ihrer Meinung nach total versagt hat bei der Erziehung von Jörg, und natürlich schimpft sie auf Lukas' Vater, ihren Ex.

«Der ist so ein total klassischer Wochenendvater», sagt Ellen, «kommt einfach vorbei, wann er mag, hält sich an keine Verabredung und denkt noch, er könne Ansprüche stellen.» Julia und ich schweigen, wir mögen Lukas' Vater eigentlich, allerdings haben wir ihn schon länger nicht gesehen. Vielleicht ist er ja wirklich mittlerweile unmöglich. «Wisst ihr, letztens hat er mich gefragt, ob er mit Lukas in den Sommerferien wegfahren kann!» Wir warten auf den Skandal, Ellen wartet auf unsere Aufregung. Beides tritt nicht ein. «In den Sommerferien», wiederholt sie. «Da ist doch Lukas mit seiner Familie zusammen!» – «Aber Tim ist sein Vater», versuche ich einzuwenden. «Das ist doch auch Familie.» Ellen wird ungehalten. «Vater? Jörg kümmert sich viel mehr um Lukas.» – «Na, der sieht ihn aber auch jeden Tag», wirft Julia ein. Ellen dämmert es langsam, dass es hier zwei gegen eins steht. Das passt ihr nicht.

Während wir reden, verfolgt Noah eine ganz eigene Agenda. Er sitzt auf Julias Schoß und salzt ihr Mittagessen. Wenn Julia das Salzfass wegstellt, holt er es wieder ran. Wenn sie ihn am Salzen hindern will, fängt er an, knatschig zu werden. Wenn sie das Salzfass außer Reichweite stellt, will er über den Tisch krabbeln. Entweder will Julia es wirklich wissen, oder sie will Ellen wieder etwas versöhnen, oder sie will das Thema wechseln. Auf jeden Fall fragt sie nach einigen Minuten Kampf. «Gib mir doch mal einen mütterlichen Rat, was mache ich mit so einem Kind?» Ellen betrachtet die Situation, als wäre sie ihr jetzt erst aufgefallen, und zuckt dann mit den Schultern. «Du, da kann ich dir wirklich nicht helfen. Meine Kinder machen so was nicht.»

Ellen scheint langsam durchzudrehen mit ihrer perfekten Familie. Nicht nur, dass sie Julia so seltsam angreift, jetzt versucht sie auch noch, Tim aus dem Bild rauszudrängen. Sie hat jetzt ihr Glück komplett, sie braucht keinen zweiten Vater für die Kinder, der sie daran erinnert, dass eben in ihrem Leben doch nicht alles so gelaufen ist, wie sie sich das mal vorgestellt hatte. Ein zweiter Vater passt nicht mehr in ihr Fotoalbum. Tim, der schlau und tiefgründig und witzig war, wird auf einmal ein totaler Depp, der sich eigentlich noch nie für irgendwas interessiert hat und den, laut Ellen, auch nie jemand mochte. Gerade noch habe ihre Mutter ihr gesagt, wie glücklich sie sei, dass Ellen jetzt mit Jörg zusammenlebe.

Ich würde Ellen gerne warnen. Sie soll dem Kind nicht den Vater nehmen und dem Vater nicht das Kind. Sie soll nicht ständig im Wettkampf mit anderen Frauen stehen und Julia nicht so auf den Wecker fallen. Aber warum soll sie das eigentlich nicht tun? Damit es mir bessergeht? Weil ich sie sonst nicht mehr mag?

Ellen ist muttifiziert. Sie ist zur perfekten Oberfläche geworden und mir damit fremd. Habe ich überhaupt das Recht, ihr noch Tipps zu geben? Bin ich dann nicht genauso übergriffig wie sie selbst?

Frauen wie Ellen fechten einen ständigen, leisen Wettkampf mit dem Rest der weiblichen Welt aus. Andere Mütter haben mir gesagt, dass die ersten Jahre alleine mit den Kindern die einsamsten ihres Lebens waren. Vielleicht ist das auch bei Ellen so. Vielleicht ist ihre ganze Fassade nur deshalb so sorgfältig aufgebaut, weil ihre Familienkonstruktion irgendwie zusammengehalten werden muss und weil sie eigentlich einsturzgefährdet ist. Vielleicht ist das aber auch nur mein Neid, der mich so denken lässt, denn ich kann mir ihren Lebensstil definitiv nicht leisten. Und so viel Geschmack habe ich leider auch nicht.

Früher habe ich das an Ellen geschätzt, dieses In-sich-Ruhen. Heute erscheint es mir selbstgefällig. Wenn ich ehrlich bin, treffe ich Ellen nur noch der alten Zeiten wegen. Vielleicht sollte ich das lassen.

13. Wettkampfzone Spielplatz

WIE JULIA IHRE ELTERNPHOBIE ÜBERWINDET

Früher ging Julia grundsätzlich erst ab elf auf Partys, denn dann waren die ganzen Eltern mit Kindern schon weg. Sie verabredete sich mit ihren Mutter-Freundinnen nur in kinderfreien Zonen wie Raucherkneipen oder im Theater. Für ihren Urlaub wählte sie Fernreiseziele. Obwohl man selbst in Myanmar oder Abu Dhabi nicht sicher war vor deutschen Kleinkindern und ihren Mustereltern, wie Julia enttäuscht feststellen musste. «Ich liebe Kinder», sagte sie immer, «aber ich ertrage ihre Eltern nicht.» Auch die Kinderliebe schränkte sie ein wenig ein, als wir von Kindern immer mehr umzingelt wurden. Sie galt jetzt nur noch für spezielle Kinder.

Eigentlich hatte Julia vorgehabt, ihre Elternphobie durch eine gezielte Schocktherapie mit möglichst vielen Kursen nach Noahs Geburt zu bekämpfen. Aber die gesammelten Eltern-Kind-Aktivitäten, in die sie sich in den ersten Monaten von Noahs Leben reingestürzt hatte, haben ihre Abneigung leider noch verstärkt. Das ging schon beim Geburtsvorbereitungskurs los. Eine Stunde lang lagen sie und Marc neben anderen Eltern auf Yogamatten und atmeten ein und aus und wieder ein und wieder aus, während die anderen werdenden Eltern sie mit Fragen bestürmten. In welches Krankenhaus geht ihr? Oh, wirklich, da hatten Freunde von mir ganz schlechte Erfahrungen. Habt ihr schon eine Kita ausgesucht? Nein? Wird es nicht langsam Zeit? Wie lange geht deine Frau denn in Elternzeit? Ihr teilt euch das? Wirklich? Wie mutig, da bin ich mal gespannt. Ein Jahr Eltern- und dann Vollzeit? Na, ob das gutgeht.

Im Rückbildungskurs gab es andere Fragen, aber denselben Typ Eltern. Julia stand ihn dennoch tapfer durch, Maja hatte sich seinerzeit eine chronische Blasenschwäche eingehandelt, weil sie die Rückbildungsgymnastik für Quatsch gehalten hatte. Das Trampolin, das sie Lucy zum fünften Geburtstag geschenkt hatten, ist für sie eine Gefahrenzone.

Einmal hatte Julia ein paar Frauen aus dem Rückbildungskurs zu sich nach Hause eingeladen. Sie hatte Kaffee gekocht und Apfelkuchen gebacken, Sahne geschlagen und Prosecco kalt gestellt. Offensichtlich kein mütterkompatibles Programm. Allein bei der Vorstellung von geschlagenem Fett mit Zucker wurden die Gäste bereits ganz nervös. Nein, jetzt hieß es doch die Schwangerschaftspfunde abbauen. Nur eine der vier aß ein ganzes Stück Kuchen, eine andere zerbröselte eine Kuchenstückhälfte mit der Gabel und knabberte sich durch die Apfelscheiben. Sogar der Kaffee fand kaum Abnehmer. Den Prosecco machte sie erst hinterher auf, als die anderen weg waren und Julia mich zur Bearbeitung ihres potenziell traumatischen Nachmittags eingeladen hatte. «Party mit Muttis, das mache ich nie wieder», erklärte sie mir. Was sie natürlich nicht einhalten konnte, wie man schon am Geburtstagspicknick sah. Aber sie versuchte, sich die Mütter besser auszusuchen.

Nur war Noah jetzt schon über ein Jahr alt. Lange würde Julia nicht mehr vor ihm verheimlichen können, dass es diesen himmlischen Platz für Kinder gab, an dem man rutschen kann und von einem Klettergerüst fallen, wo man anderen Kindern mit der Schaufel eins überziehen und sich alle Taschen mit Sand vollstopfen kann, den dann die erstaunten Eltern tags drauf in ihrem Bett wiederfinden. Auch auf die Gefahr hin, dass seine Mutter da auf andere Eltern trifft.

Eines Tages ist Noahs Wunsch nach der Rutsche so groß, dass er sich nicht mehr bändigen oder mit Fruchteis kaltstellen lässt. Als dieser Tag kommt, bin ich mit Julia im Café Liebling. Wir sitzen in der Sonne, und Noah singt leise vor sich hin. Erst nach einer Weile wird mir klar, was er da singt. Noah wiederholt immer nur ein Wort: «Rutschen, ru-hu-hutschen.» Erst ganz leise, dann immer lauter. Julia versucht, so zu tun, als sei nichts. Ich folge ihrem Vorbild. Als der Blaubeerkuchen serviert wird, sagt Noah auf einmal ganz laut: «Rutschen.» Und dann noch mal, deutlich fordernder: «Rutschen. Rutschen. Rutschen. Rutschen.» Die ersten Nachbartische werden aufmerksam. Ich schaue Julia fragend an. «Ich weiß», sagt sie. «Er kommt damit klar. Wir können da auch echt hingehen, wenn es dunkel ist und die andern weg sind.» Sorgfältigst vermeidet sie das Wort Rutsche. Keiner weiß, was das in dem Kind auslösen würde. «Wir reden doch gerade so nett miteinander», insistiert Julia. Aber an ein Gespräch ist längst nicht mehr zu denken. Als sich Noah schließlich heiser gebrüllt und alle Sachen vom Tisch gefegt hat, auf dem Boden liegt und einziges langes «RUUHUUUHUU» von sich gibt, versuche ich, Julia sanft in die Realität zurückzuholen. «Es hat keinen Sinn, du musst aufgeben. Lass uns den Kaffee einpacken und auf den Spielplatz gehen.» Man kann als beste Freundin der Mutter ruhig auch mal Anwalt des Kindes sein. Julia schaut mich an und seufzt: «Du hast recht, ich muss mich dem stellen.»

Wir entscheiden uns nach reiflicher Überlegung für den Helmholtzplatz. Der Kollwitzplatz-Spielplatz ist nur etwas für Fortgeschrittene. Auf dem Helmholtzplatz gibt es zwar die Penner an den Tischtennis-Platten, aber dafür ein tolles Piratenschiff. Auf dem Spielplatz in der Marienburger Straße ist es ruhiger, aber da haben sie gerade die zweite Schaukel abgebaut. Dies ist eine Expertise, von der ich nie zu hoffen gewagt hatte, sie eines Tages zu besitzen. Aber wenn man allein unter Müttern ist, dann entgeht einem eben kein morsches Schaukelholz.

Für Eltern, die andere Eltern nicht ertragen können, ist der Spielplatz als solcher die reinste Hölle. Spielplätze sind nämlich ein Magnet für die schlimmste Sorte von Eltern: die exhibitionistischen Erzieher. Die, die die ganze Welt an ihrer Erziehung teilhaben lassen müssen. Die meisten exhibitionistischen Erzieher sind Männer. Sie haben irgendwo gehört, dass man sich neuerdings mehr um seine Kinder kümmert und dass es zu einem gelungenen Leben dazugehört, ein toller Papa zu sein. Sie gehen mit ihrem Sohn auf den Spielplatz, nur um den anderen Eltern zu zeigen, wie toll sie mit dem Kind rutschen oder Ball spielen oder sonst irgendwas anstellen. Exhibitionistische Erzieher reden immer ganz laut mit ihren Kindern, damit auch ja niemand verpasst, was sie für tolle Vater-Sohn- oder Vater-Tochter-Gespräche führen können. «Ja, Gerda, was für eine kluge Frage du da gestellt hast, natürlich kann man deinen Schatten nicht mehr sehen, wenn du im Schatten stehst. Kannst du mir auch sagen, warum das so ist?» – «Hm, Leon-Luca, da wollen wir mal sehen, ob du wieder so toll den Ball triffst, gestern waren es ja fünfzehnmal, und dabei bist du erst vier und somit deiner Zeit motorisch weit voraus.» Die exhibitionistischen Erzieher sind glücklicherweise schnell erschöpft. Schon nach zehn Minuten Beschallung sinken sie ermattet auf die nächste Sitzgelegenheit, zücken ihr Smartphone und checken ihre Mails oder was auf Spiegel Online so los ist.

Die Exhi-Eltern machen den Spielplatz zur Wettkampfzone. Die Kinder müssen buddeln wie die Weltmeister, sie werden auf dem Karussell durch die Gegend geschleudert, und ständig werden die Kinder gemessen, dieses Mädchen ist kleiner, das ist größer, jenes schneller.

Eltern verlangen vom Rest der Welt ein Paradox. Zum einen muss man ihnen erklären, ihr Kind sei absolut einzigartig und außergewöhnlich. Dann aber muss es gleichzeitig doch auf jeden Fall die totale Norm sein. Dieselbe Aussage, «Dein Sohn ist aber groß» zum Beispiel, wird von derselben Mutter in ein und demselben Moment als Beleidigung und als Kompliment verstanden.

Auf dem Spielplatz herrscht Darwinismus. Nicht nur unter den Kindern, die sich von den Schaukeln schubsen und die Bagger klauen. Auch unter den Eltern. Das Gespräch mit dem Kind wird gerne mal zur Selbstdarstellung genutzt. «Na, Otto, da hast du aber einen ganz tollen Turm gebaut, soll ich da mal mit dem iPhone ein Foto machen und dem Papa ins Büro schicken, der hat doch heute einen ganz wichtigen Termin?», heißt: «Nein, ich bin nicht alleinerziehend, mein Mann macht gerade eine supersteile Karriere.» – «Oh, schau mal, Katharina, ein Vögelein», bedeutet: «Mein Kind braucht kein künstliches Spielzeug, die Natur fasziniert und beschäftigt es genug.»

Spielplätze sind auch für Eltern ein Lackmus-Test. Wenn man wissen will, welcher Eltern-Typus man ist, dann muss man mit seinen Kindern auf ein Gelände voller gefährlicher

Klettergerüste, hoher Rutschen und umkämpfter Schaukeln gehen. Das ist die Bühne, auf der Eltern vor den anderen Eltern vorsprechen. Säuglinge und Krabbelkinder muss man nicht erziehen, was auch immer sie machen, es wird von anderen Menschen nicht als schlechte Erziehung wahrgenommen und taugt auch nicht als Spiegel für die Eltern. Wenn das Kind aber spielplatzreif ist, dann wird es auch für die Eltern ernst. Die Zeit der Theorie ist vorbei, ab jetzt geht die Menschwerdung in die Praxis. Nun wird sich herausstellen, ob die Eltern in der Lage sind, die Art Eltern zu werden, die sie immer sein wollten. Traue ich meinem Kind zu, alleine zu rutschen? Lasse ich zu, dass es den Konflikt mit einem älteren Mädchen an der Schaukel alleine austrägt? Ab jetzt gibt es Zeugen, die nicht nur Freunde oder Partner aus den Krabbelkursen sind. Der Spielplatz ist das erste Stückchen Realität. Hier wird die Frage geklärt, ob dein Sohn ein Sandfresser oder ein Sandschmeißer ist.

Auf dem Spielplatz am Helmholtzplatz tobt bereits der Kinderwettkampf, als wir eintreffen. In letzter Sekunde war uns noch eingefallen, dass Noah auf gar keinen Fall ohne eigene Förmchen in den Sandkasten kann. Das wäre so, als würde man ohne Geld in die Kneipe gehen und sich dann ein Bier schnorren. Der soziale Tod, noch bevor das Leben richtig begonnen hat.

Wir setzen uns also mit dem Kaffee an den Rand der Sandlandschaft, und Noah mit seinen Förmchen setzen wir vor uns. Der krabbelt auch gleich sehr glücklich los in Richtung Rutsche. Julia hat gerade einen Film gesehen, in dem sich ein Mann in das Betriebssystem seines Computers verliebt, und Julia fragt sich jetzt, ob man sich in etwas verlieben kann, das es nur virtuell gibt. Als Julia gerade anfangen will, Parallelen zwischen Marc und künstlicher Intelligenz zu ziehen und zu erläutern, was sie persönlich bevorzugen würde, sehen wir, dass Noah inzwischen bei einer anderen Mutter angekommen ist. Die Mutter hockt wie wir am Rande des Sandkastens und spricht aufgeregt in ihr Telefon: «Weißt du», sagt sie, «mir geht es manchmal auch nicht gut, aber ich rede eben nicht ständig drüber.» Sie ist so aufgebracht, dass sie nicht auf Noah achtet, der sich langsam an ihre Tasche ranmacht. In seiner Faust ist Sand.

«Ich habe mich immer gefragt, wann eigentlich der Moment eintritt, wo ich zum ersten Mal eingreifen muss, wenn Noah Kontakt zu anderen Menschen aufnimmt», sagt Julia. «Es deutet alles darauf hin, dass dieser Moment jetzt ist.» Aber bevor wir noch irgendetwas tun können, hat Noah die Sandhand schon in die Handtasche gepfeffert und greift nach neuem Material. Die Frau hat nichts bemerkt, sie ist immer noch am Telefon. Noah schmeißt noch zwei Fäuste nach, dann dreht er um und krabbelt zu uns zurück. Julia und ich wissen nicht, was wir tun sollen. Gehen wir rüber und entschuldigen uns bei der Frau? Erklären wir ihr, was passiert ist? Aber die Frau sieht aus wie eine extreme Ziege, sicher flippt sie aus. Wir zögern eine Sekunde. Die Frau redet jetzt noch lauter. «Weißt du, ich bin eben nicht so ichbezogen wie gewisse andere Menschen.» – «Lass uns abhauen, bevor es Ärger gibt», sage ich. Julia schnappt sich Noah, und wir versuchen, so unauffällig wie möglich, den Spielplatz zu verlassen. «He, ihr», ruft uns eine Frauenstimme hinterher, als wir schon am Gittertürchen sind. Wir drehen uns um. Es ist die Sandtaschen-Ziege. «Ach, äh», sagt Julia verlegen. «Ihr habt eure Förmchen vergessen», sagt sie und streckt uns die Förmchen entgegen. «Da steht auch noch der Preis dran», mahnt sie dann. «Wisst ihr, hier am Helmholtzplatz schreiben wir Eltern immer die Namen unserer Kinder auf die Förmchen, sonst gibt es da leicht Streit. Und die Preisschildchen machen wir ab, weil wir wollen, dass die Kiddies auch mal eine Zone haben, in denen der Kapitalismus keine Rolle spielt. Ihr seid immer herzlich willkommen hier am Piratenschiff, aber so ein paar Regeln, die machen das Miteinander schon einfacher.» Erleichtert und ein bisschen beunruhigt zugleich ziehen wir von dannen. Als wir außer Sichtweite sind, muss Julia sich erst mal totlachen: «Gott, ich fass es nicht, was für Typen es gibt.»

Aber wir wollen uns nicht gleich entmutigen lassen. «Auf dem Arkonaplatz ist es lockerer», schlage ich vor. Leider ist es auch da unfassbar voll. Es gibt keine freien Bänke mehr, selbst die Sandkistenränder sind fast komplett mit Erwachsenen belegt. Viele sind, wie ich, einfach nur Freunde der Eltern. Wahrscheinlich werden die Spielplatzbauer der Zukunft darauf eingehen, dass immer mehr Erwachsene und immer weniger Kinder auf einem Spielplatz den Tag miteinander verbringen. Dann wird es wohl auch Klettergerüste für die Erwachsenen geben. Das wäre aktuell auch dringend vonnöten, denn die Rutsche ist gerade fest in der Hand der Väter. Es hat sich eine lange Schlange gebildet, weil kaum ein Kind mehr alleine rutschen will oder darf, das ist nicht ganz klar. Mindestens fünf erwachsene Männer stehen Schlange auf der Treppe, zwei sind oben am Podest.

Eine Mutter, deren Tochter anscheinend schon länger wartet, hat sich auch schon vor der Rutsche aufgebaut: «Hey, Jungs, ihr sagt dann Bescheid, wenn die Kinder wieder spielen dürfen, okay?» Die Väter verstehen die Ironie erst nicht, räumen dann aber unter Protest die Rutsche.

Eine halbe Stunde lang rutscht Noah fröhlich mit ein paar

anderen Kindern im Wechsel die Bahn runter. Er erwartet auch nicht, dass wir unten stehen und Theater machen, wenn er angesaust kommt, und ein Vater, der sich die Rutsche zurückerobert hat, hilft allen kleineren Kindern die Treppe hoch, also haben Julia und ich ein bisschen Zeit für uns. Julias Redebedarf in Sachen Beziehung und künstlicher Intelligenz hat einen aktuellen Grund. Egoistisch, wie ich bin, dachte ich immer, es sei nur die Beziehung zu mir, die sich durch die Elternschaft von Julia verändert hat. Aber natürlich ist auch die Paarbeziehung komplett anders, seit Julia und Marc gemeinsam für einen kleinen Menschen verantwortlich sind. «Manchmal habe ich das Gefühl, dass wir nur noch funktionieren», erzählt Julia. «Natürlich interessiert sich niemand so sehr im Detail für jede Entwicklungsstufe von Noah wie Marc. Aber ich vermisse irgendwie unsere Zweisamkeit. Und was mir noch mehr fehlt: Einfach mal alleine sein. Nur fünf Minuten.»

In dem Moment gibt es neuen Terror an der Rutsche. Ein etwa achtjähriger Junge hat angefangen, die Rutschbahn in die andere Richtung hochzuklettern, und verbarrikadiert sie so für alle anderen. Der hilfsbereite Vater versucht, diplomatisch einzugreifen, scheint aber zu scheitern. Eine Kleinkindergruppe hat sich bereits oben am Podest versammelt und sieht etwas ratlos aus, was sie als Nächstes unternehmen könnten.

«Siehst du», sagt Julia, «und mit solchen scheinbar trivialen Fragen verbringe ich meine Kindertage: Soll ich jetzt eingreifen, damit Noah rutschen kann? Soll ich ihm die Chance geben, sich selbst zu verteidigen? Egal, was ich mache, ich bin permanent dabei, das Kind zu erziehen. Sogar wenn ich nichts mache, beeinflusse ich Noah und seine Entwicklung.»

Den Rutschenkletterer hält leider niemand anderes zurück. «Das ist Ruben», erklärt uns ein Vater, der neben uns sitzt, «dessen Eltern streiten drüben an der Schaukel. Die werden nichts tun.»

Mir wird langsam klar, warum Mütter und Väter einem eigentlich nicht zuhören können, wenn das Kind dabei ist. Was auch immer man ihnen erzählt, was auch immer sie selbst gerade erzählen wollen, bei ihnen läuft nebenher immer die Tonspur mit Informationen darüber, was das Kind gerade macht. Das Kind, für das sie alles sind.

Ich habe meine Mutter mal gefragt, wie sie das eigentlich geschafft haben, über zwei Jahrzehnte rund um die Uhr für uns verantwortlich zu sein und in den ersten Jahren jede Entscheidung für uns zu treffen. Zuerst sagte sie, hätte sie sich das auch nur schlecht zugetraut. Sie hätte Angst gehabt, Fehler zu machen. «Hättet ihr mich gerne manchmal abgegeben?», habe ich gefragt. «Ja», sagte meine Mutter, «aber da war niemand, der dich übernommen hätte.»

Um Ruben, den Spielplatzschreck, zu umgehen und dennoch Julias Beziehungsredebedarf zu stillen, ziehen wir weiter auf den Humanplatz. Der liegt am Rande des Prenzlauer Bergs, jenseits der S-Bahn-Schienen. Hier ist die soziale Mischung noch etwas anders. Man kann sein Kind spielen lassen, ohne dass innerhalb von fünf Minuten ein Vater oder eine Mutter eines anderen Kindes vorbeikommt und einem Sonnencreme anbietet oder einen Hut, weil sie leider nicht anders konnte, als zu bemerken, dass der kleine Noah doch schon sehr gerötet ist. Hier gibt es keine größeren Kinder, die nerven. Und es gibt eine Wasserpumpe.

Noah ist auf jeden Fall sehr schnell nackt und nass und gluckst vor Freude. Wir lassen ihn an der Pumpe spielen, aber

Julia ist jetzt vom Thema Marc abgekommen und erzählt weiter von ihren Unsicherheiten bei der Kindererziehung. Ich ahne langsam, warum ihre Angst vor anderen Eltern nicht abgenommen hat, seit sie zwangsläufig mit immer mehr Eltern zu tun hat. Mit anderen Eltern, die einem weismachen wollten, sie wüssten nun wirklich, wie Kindererziehung geht. Letztendlich sind die ganzen Schrei-Eltern auf dem Spielplatz vielleicht genauso unsicher wie Julia und Marc. Sie schreien nur so laut, um die eigene Angst zu vertreiben und damit keiner merkt, dass sie es vielleicht doch nicht alles so ganz, ganz genau wissen, wie sie immer tun.

In unser Gespräch vertieft, bemerken wir gar nicht, dass Noah sich sehr nah vor der Schaukel aufgebaut hat. Ein Moment der Schockstarre. Da springt von links ein Vater ein und schnappt Noah in letzter Minute weg. Andere Eltern auf dem Spielplatz können auch eine sehr gute Sache sein.

Irgendwie gelingt der erste Spielplatztag sehr gut. Erst als wir Noah anziehen wollen, bricht das Theater wieder los. Auf dem Heimweg stellen wir fest, dass ich ihm aus Versehen einen Body von einem anderen Kind angezogen habe. Und die Förmchen haben wir auch liegengelassen. «Für Anfänger», sagt Julia, «sind wir gar nicht schlecht.»

Ich bringe die beiden nach Hause. Marc hat schon auf sie gewartet. Er ist früher von der Arbeit nach Hause gekommen und hat gekocht. Er hat auch den Tisch gedeckt. Für sich und Julia und Noah. Er wird gleich Noah baden, und dann werden sie essen. Die drei sind jetzt eine Familie. Ihr Idyll gibt mir einen kleinen Stich, ich bin hier überflüssig. Ich freue mich für Julia. Aber ein klein wenig neidisch bin ich doch. Ich wäre gerne geblieben, aber selbst als beste Freundin kann man eben nicht überall dabei sein.

14. Veganer Freitag mit Flirten

WARUM KITA-PARTYS DIE NEUEN CLUBS SIND

Es gibt ein Zauberwort, mit dem man sich die Aufmerksamkeit von Kleinkind-Eltern innerhalb von einer Sekunde sichern kann. Egal, was sie vorher gemacht haben, ob wickeln, stillen, schlafen, wenn du dieses Wort aussprichst, werden die Eltern gebannt an deinen Lippen hängen. Es ist eine gefährliche Macht, die einem mit diesem Zauberwort verliehen wird. Die Eltern werden mehr und mehr von dir wissen wollen, sie werden abhängig, sobald du das Wort aussprichst. Gebrauche es also vorsichtig. Das Wort heißt: Kitaplatz.

Das Erste, was andere Eltern sagten, wenn Julia ihnen von ihrer Schwangerschaft erzählte, war: Habt ihr schon einen Kitaplatz? «Nein», sagte Julia dann, «wir wollten das Kind, solange es noch nicht geboren ist, erst mal selbst betreuen.» Ich habe meine Freundin sehr dafür bewundert, was für eine coole Mutter sie ist. Sie hat sich irre genug machen lassen von dem Geburtsvorbereitungs-Terror, wenigstens bei der Kita wollte sie absolut locker bleiben.

Wie sich allerdings schon kurze Zeit nach Noahs Geburt rausstellte, wurde ihr die anfängliche Coolness zum Verhängnis. Julia hatte vorgehabt, ihr Kind einfach an der nächstgelegenen Kita anzumelden. Aber als sie dort einfach mal so vorbeischneit, lachen die Kita-Betreuerinnen sich fast kaputt. Das Gleiche passiert ihr bei zehn weiteren Kitas. Bei der aktuellen Kitaplatz-Knappheit wäre es eindeutig ratsamer gewesen, das Kind schon bei der Zeugung auf mindestens zehn Wartelisten diverser Kitas zu setzen. Ich persönlich bin bereits seit zwei Jahren im Förderverein meiner Lieblingskita.

Als sie alle normalen Kitas abgeklappert hat, beginnt Julia mit der Suche nach der Special-Interest-Kita. In der Lychener Straße gibt es die bilinguale Kita, deutsch-französisch, die haben auch sogar noch einen Platz. Julia aber hat Französisch in der neunten Klasse abgewählt, und Marc hatte Russisch als erste Fremdsprache. Die beiden überleben das Vorstellungsgespräch nicht. In der Waldorf-Kita, der «Walkiga», auf der Choriner Straße haben sie eine Chance auf die Warteliste, aber der Informationsabend im Familienzentrum Honigpumpe weckt in Julia schreckliche Erinnerungen an die quälende Reform-Pädagogik unserer Schule, und im letzten Moment zieht sie die Anmeldung zurück, auch wenn ich ihr versuche klarzumachen, dass unser ehemaliger Mathe-Lehrer inzwischen sicher nicht in dieser Kita unterrichtet.

Ab da drehen Marc und Julia frei. Ich habe immer gewusst, dass ich von Kitas umzingelt bin, alleine bei mir in der Straße gibt es vier Stück mit jeweils komplett anderem Konzept. Aber seit Noah bekitat werden muss, habe ich das Gefühl, es gibt eigentlich nur noch Kitas im Kiez. Alle leider belegt.

Ich habe Mütter erlebt, die so hohe Ansprüche an sich und ihr Kind haben, dass sie ihr Einjähriges angebrüllt haben, wenn es nicht funktionierte. In dieser hysterischen Phase der Kita-Suche, in der Noah sich ständig messen lassen muss, habe ich Angst, dass Julia auch solche Momente haben könnte. Ich würde gerne etwas sagen, aber ich bin ja so sehr gegen die Übergriffigkeit von Müttern, kann ich da als Nicht-Mutter jetzt einfach selbst übergriffig werden?

Irgendwann ist Julia so verzweifelt, dass sie sogar eine Anmeldung in der Kita der neuen jüdisch-orthodoxen Gemeinde erwägt. «Du bist evangelisch», erinnere ich sie. «Aber denk doch mal an das unglaubliche internationale Netzwerk, das dadurch für ihn entsteht», sagt Julia. Aber es gibt ohnehin keinen freien Platz.

Es ist die Zeit für Straßenschlachten: Die Spielplätze, die bis vor kurzem noch von Julia gemieden wurden, werden nun auf einmal mit Hochfrequenz besucht. Meine beste Freundin recherchiert schon bald an Klettergerüsten und Schaukeln nach einem freien Kitaplatz. Großzügig verteilt sie ihre Telefonnummer: «Also, wenn ihr mal was hört …» Ihre Panik steckt mich an, ich fange selbst schon an, bei den Kollegen und im erweiterten Freundeskreis nach ihren Kita-Gruppen zu fragen.

Eines Abends bei einer Lesung erzählt mein Sitznachbar mir ganz ungefragt von dem revolutionären Konzept der Kita, die seine Tochter besucht. Es ist eine Elterninitiative aus der Nachbarschaft, wie sich rausstellt, und weil sie genderparitätisch sein wollen, haben sie doch tatsächlich noch einen Platz für einen Jungen frei. «Ich sollte allerdings erwähnen», warnt mich der Vater, «dass wir eine vegetarische, lactose- und glutenfreie Bio-Kita sind. Und freitags ist veganer Tag.» Aber der Typ ist sehr nett und lustig und versichert mir auf Nachfrage auch, dass die Kita mandarin- und hochleistungssportfrei sein wird.

Lactosefrei kann man sicher noch akzeptieren. Es ist nicht so, dass sich Julia nicht ohnehin extrem viel Mühe mit der Ernährung von Noah macht. «Ständig muss man sich Gedanken machen, was man kocht», hat sie einmal erklärt. «Ein Kind zu haben, ist so ein bisschen, wie permanent Besuch zu haben, für den man Programm veranstalten muss. Was koche ich, was unternehmen wir? Ich habe seit einem Jahr Besuch!»

Als sie aber von der glutenfreien Kita hört, ist Julia sehr angetan. «Super», sagt sie, als ich ihr am Telefon von den Auflagen erzähle, «wenn die anderen Eltern nett sind, dann her damit.» Allerdings reicht Noahs Männlichkeit alleine nicht aus, Julia und Marc müssen sich natürlich auch hier einem aufwendigen Aufnahmeverfahren unterziehen. Erst müssen sie ein Motivationsschreiben verfassen, in dem sie erklären, warum es gerade diese Kita sein soll. In längeren Einzelgesprächen werden sie danach von den anderen Kita-Eltern gefragt, wie ihre Haltung zu Themen wie Umweltschutz oder öffentlicher Raum ist, ob sie den Kindern vorlesen, und wenn ja, was. Nach drei Wochen des Bangens stellt sich raus: Noah wird aufgenommen.

Die Eltern-Initiative «Krachmacher» stellt sich als eine große Bereicherung für mein Leben raus. Sie besteht aus lauter Eltern, die sich ihr Berufsleben aus Projekten zusammenschrauben. Eine Mutter hat einen Mitmach-Bastelladen, der aber im Prinzip nie geöffnet ist, weil sie dauernd mit ihren Kindern beschäftigt ist, eine andere hat eine Boutique, in der sie ihre eigene Kollektion verkauft. Ein Vater ist Goldschmied, einer baut Dachgeschosse aus, ein anderer ist Autor. Die Kinder sind auch so ein Projekt der Eltern. Eines, von dem sie unbedingt wollen, dass es gelingt. Deswegen haben sie auch Tausende Bücher gelesen, bevor sie ihr pädagogisches Manifest für die Kita entworfen haben. Aber weil die meisten eher Lebenskünstler sind, wird die Hälfte der Regeln gar nicht umgesetzt, und die Kinder können in Frieden spielen.

Das Tollste an diesen Kita-Eltern ist, dass sie alle im Prenzlauer Berg oder über den Prenzlauer Berg arbeiten. Die Regale, die Marc schreinert, stellt er in den ausgebauten Dachgeschossen der anderen Kita-Eltern auf, und darin stehen bald die Bücher von wieder anderen Kita-Eltern. Das ganze System ist komplett selbstreferenziell. Und nicht nur, was die Zeit angeht, die mit den Kindern verbracht wird. Auch das ganz normale Erwachsenenleben oder das, was von ihm übriggeblieben ist, wird durch Kita-Mamas und Kita-Papas bereichert. Eine Mutter trägt beim Yoga ein Top, das die andere Mutter geschneidert hat, die dritte Mutter ist die Yoga-Lehrerin. Ständig veranstaltet jemand Salons oder Lesungen. Immer wenn Julia zu einer dieser Sachen hingeht, nimmt sie mich mit.

Es gibt allerdings auch ein paar irre Momente: Ungeschlagen ist die Maßnahme zur Suchtprävention, die einzige wirklich pädagogische Aktion der Kita. Studien hätten gezeigt, dass Kinder, die auf Spielzeug verzichten könnten, später weniger gefährdet seien, Alkoholiker oder eben spielsüchtig zu werden, hatten die Erzieherinnen den Eltern an einem Elternabend erklärt. Deswegen ist die Pädagogik auf eine neue Idee gekommen: Das Spielzeug wird zwei Monate lang weggeschlossen. Nicht genug aber, dass die Kleinen ohne Bälle und Puppen und Verkleidungskisten wären, nein, es wird ihnen auch noch vorgegaukelt, das Spielzeug fahre in den Urlaub.

Zu dem Zweck wird eigens eine Kinderkonferenz veranstaltet. Die zwei- bis fünfjährigen Kinder dürfen selber Vorschläge einbringen, wo das Spielzeug hinfährt. Ein Junge will die Bälle nach Brasilien schicken, ein anderer das Lego zum FC Bayern. Die Eltern erhalten später die Protokolle von der Konferenz. Nach etwa einer Woche Spielzeugurlaub schicken die Puppen eine Postkarte aus «Bolivien».

Warum erzählen wir Kindern schwachsinnige Geschichten und seltsam verschwurbelte Erklärungen über ganz simple Vorgänge? Puppen gehen nicht mehr kaputt, sie wandern aus. Neue Puppen werden nicht verpackt und verschenkt, sie sitzen vor der Tür und werden als Findelkind aufgenommen. Neugeborene «verschenken» Spielsachen an ihre Geschwister, damit die von der Ankunft der Konkurrenz nicht traumatisiert sind.

Sosehr ich die Verrückten aus Noahs Kita auch schätze, sie fordern einem schon einiges ab. Zum Beispiel, dass man sie nicht auslacht bei dieser Urlaubsreise des Spielzeugs. Julia traut sich auch nicht mehr, mit Noah in den Zoo zu gehen, weil die Idee, dass man sich mit seinen Kindern als Nachmittagsbeschäftigung eingesperrte Tiere anschaut, bei den Eltern allgemein als pervers verschrien ist. Ich bin ehrlich gesagt nicht ganz unglücklich darüber, denn natürlich hatten Maja und Thomas seinerzeit eine Familiendauerkarte. Sie waren ständig im Zoo und bestellten einen auch dauernd dahin zu Verabredungen, und tatsächlich war ja auch Lucy hervorragend beschäftigt, wenn sie auf die Pinguine starren konnte, aber für mich waren es extrem teure Stunden. Eine Eintrittskarte für Zoo und Aquarium kostet für Erwachsene zwanzig Euro. Freundinnen mit Kindern muss man sich auch leisten können.

Andere Aktivitäten als solche mit Kindern sind aber für mich ohnehin rar geworden. Manchmal habe ich das Gefühl, mein ganzer Kiez ist ein einziger großer Spielplatz, die Clubs sind alle rausgeklagt, es gibt nur noch ein paar überteuerte Bars, in denen die letzte Runde aber auch gegen halb zehn angesagt wird. In meinen Lieblingsladen, das «Alea Iacta», in dem jedes Getränk einen Euro kostete und man bis morgens um sieben saufen konnte, ist das «Stadtkind» gezogen. Die Väter schauen hier am Samstag oder am Sonntag, oder wann auch immer ihr schwachsinniger Verein spielt, die Spiele des Stuttgarter Fußballvereins, die Mütter sitzen unter der Woche auf den roten Samtsofas und trinken frischen Ingwertee. Wo der Antiquitätenhändler war, ist eine Kinderboutique, der Buchhändler hat als neuen Schwerpunkt Kinderbücher, und in der verdreckten Bude, in der man Wasserpfeifen kaufen konnte, wenn einem von dem Gestank aus dem Laden nicht schon übel genug war, bietet jetzt ein weiß gekleideter Mensch schwangerschaftsbegleitendes Hormonyoga an. Bäcker gibt es fast keine mehr, wenn man mal von den Browtheken im Bio-Supermarkt absieht.

Die Eisläden sind besonders umkämpftes Gebiet: An heißen Tagen blockieren die Eltern mit ihren Likeabikes, Doppelkinderwagen und Rädern manchmal einfach komplett die Straße, da es ja gegen die Genfer Konventionen verstößt, wenn Kinder nicht sofort ihr Eis schlecken, sobald sie es in der Hand haben. Also stehen sie dann im Rudel zu fünfzig Mann und lecken um die Wette, während weitere dreißig noch in der Schlange stehen.

Es hat sich eine extreme Dorfmutti-Mentalität breitgemacht, da ist es ja total egal, ob jemand noch den Bürgersteig zum Vorwärtskommen verwenden will, wenn Pauline und ihre drei Freundinnen sich gerade mal ausruhen wollen oder etwas auf die Straße malen, oder wenn sich einfach nur drei Mütter einbilden, sie müssten nebeneinander synchron Kinderwagen fahren. Sagt man was, ist man ein Monster.

Einmal habe ich extrem sexy Riemchensandalen an einem

sehr heißen Tag getragen. Auf dem halben Weg nach Hause zog ich einfach die Schuhe aus, weil die Füße so schmerzten. Es muss wohl Nachmittag gewesen sein. Auf jeden Fall kam gerade von dem Kinderspielplatz neben meinem Haus ein Vincent mit seiner Mutter anmarschiert. «Man darf nicht barfuß auf der Straße laufen», schrie er mir entgegen. «Du darfst es nicht», sagte ich, «ich schon.» Vincents Mutter wäre vor Wut fast ausgeflippt. «Hör nicht hin, Vincent», sagte sie zu ihrem Sohn. «Das ist eine böse Frau.»

Während aber auf der einen Seite der Stadt die Eltern im Kinderland eingezogen sind, nutzen auf der anderen Seite der Stadt, am Rande der neuen City-West, die Eltern die Bildungseinrichtung ihrer Kinder für ganz andere Aktivitäten: betreutes Fremdflirten.

Ich habe immer gedacht, eine Grundschule wäre ein Raum, in dem Menschen einem pädagogischen Ansatz folgend kleinen Kindern Lesen und Schreiben und Rechnen beibringen. Als mich aber Maja zum ersten Schulfest von Lucys neuer Schule eingeladen hatte, weil Lucy eine Rolle auf der Bühne hatte, wurde ich eines Besseren belehrt.

Das Ganze beginnt eigentlich sehr harmlos. Ich habe mich kaum auf meine Bierbank in der Aula/Turnhalle gesetzt, da hat Maja auch schon das erste Prosecco-Glas vor mir aufgestellt. «Prost, toll, dass du da bist.» An ihrer Euphorie hätte ich merken können, dass hier irgendetwas schiefläuft.

In Lucys Grundschule gehen Kinder aus der Siedlung. Mit Eltern, die sich ein Eigenheim für mindestens eine halbe Million leisten könnten. Natürlich gehen sie gehobenen Tätigkeiten nach. Lauter Anwälte und Richterinnen, Kunsthändlerinnen und Steuerberater tummeln sich hier auf Bierbänken, an Sekt- und Kuchenständen. Die Kinder haben die Turnhalle bunt geschmückt, alle sind festlich angezogen.

Maja geht sofort zum Angriff über. «Schau mal, da vorne!» Ich schaue. «Nicht so auffällig! Der große Blonde da, mit den Mädchen mit den Zöpfen auf dem Arm, der ist Schauspieler.» Ich habe den Mann noch nie gesehen. «'ne Vorabendserie», sagt Maja, «kennst du sicher.» Der Typ schaut jetzt zu uns rüber, Maja kichert und schaut beschämt weg. Dann dreht sie ihren Kopf kokett zurück, lächelt und winkt ihm schüchtern zu. Ihr Verhalten erinnert mich an die Tanzschulzeit. «Der am Tisch hinter mir», Maja ist noch immer ganz errötet von dem Blick des Schauspielers, «das ist der Vater von Anton – der ist so ein irre erfolgreicher Immobilienanwalt und super smart.» Marc ist inzwischen wieder reingekommen und unterhält sich angeregter, als ich ihn je gesehen habe, mit einer Frau im weißen Blazer, die jedes Mal, wenn sie über einen seiner Witze lacht, sanft seinen Arm anfasst. Julia nimmt überhaupt keine Notiz von dem Paar. «Komm, wir holen uns noch einen Prosecco.» Natürlich duldet Maja nicht, dass ich mich am allgemeinen Flirten nicht beteilige. «Du musst einfach mal die Männer auf dich zukommen lassen», sagt sie nach dem fünften Glas Prosecco. «Maja, ich habe einen Freund», sage ich beleidigt. «Ach, ja», sagt Maja, «und wo ist der?» Ich kann leider nicht kontern. In der Tat beschäftigt mich die Frage ja selbst.

Gegen halb eins hat Maja eine halbe Stunde Schicht an der Bar. Jedes Mal, wenn einer der Väter ein neues Glas bei ihr holt, strahlt sie ihn so an, als wäre sie eine Animierdame. Die Väter flirten begeistert zurück. Schulfeste sind für Eltern das, was Clubs für Kinderlose sind.

Auf der Bühne präsentiert jetzt die Froschgruppe der Kita

als Zwerge verkleidet ihr Lied. Ich glaube, ich bin die Einzige, die zuschaut. Ich ahne, wozu die Darbietung gut ist. Sie soll die Kinder davon abhalten, die Eltern zu stören.

Als Maja von ihren Ausschank-Aufgaben befreit zu mir zurückkommt, ist sie noch beschwingter. «Schau mal, der da, der ist Zahnarzt mit einer eigenen Praxis am Ku'damm.» – «Seit wann interessiert mich so was denn?» – «Okay, dann der große Dunkelhaarige? Der ist Professor. Ich glaube, Wirtschaftsrecht.» – «Okay, der sieht gut aus, aber saßen da nicht gerade noch zwei blonde Mädchen auf seinem Schoß?» – «Ja, das sind die Töchter.» – «Und was bringt dich auf die Idee, dass ich mich für einen Mann mit zwei kleinen Kindern interessieren könnte?» – «Mein Gott, bist du spießig», sagt Maja. «Du sollst ihn ja nicht heiraten.» Manchmal bringen Freundinnen für ihre Nicht-Mutter-Freundinnen ebenso wenig Verständnis auf wie wir für sie.

Maja amüsiert sich auf jeden Fall köstlich. Ich hatte immer den leisen Verdacht, dass Kinder Frauen sehr verändern. Hätte jemand ihr noch vor ein paar Jahren erzählt, dass ihre Idee von Spaß am Wochenende sein würde, in einer überfüllten Turnhalle auf mit Krepppapier verzierten Bierbänken zu sitzen und Zahnärzte als Flirtmaterial anzupreisen, sie hätte ihn vermutlich ausgelacht. Aber jetzt amüsiert sie sich wunderbar. Warum auch nicht.

15. Alle sind krank

WARUM AUF KINDERGEBURTSTAGEN KAUM KINDER SIND

Die Zeitverschiebung ist eine der offensichtlichsten Hürden zwischen Eltern und dem Rest der Welt. Zum Beispiel die Definition von Tag und Nacht. Mütter bringen es fertig, einen um acht Uhr morgens anzurufen, um ein bisschen zu plaudern. Für sie ist acht Uhr das, was für mich elf ist. Wenn man sich mit ihnen auf einen Kaffee treffen will, dann schlagen sie zehn Uhr morgens vor. Welche Berufsgruppe kann sich eigentlich um zehn Uhr morgens mal ein Stündchen freinehmen? Maurer vielleicht. Mit denen sollten sich meine Freundinnen mal treffen. Wenn Mütter sagen: «Lass uns heute Abend mal telefonieren», dann meinen sie immer neun Uhr abends, nachdem sie die Kinder ins Bett gebracht haben. Aber es wird dann nie neun Uhr abends, weil die Kinder auf keinen Fall schlafen, wenn sie sollen. Die Zeit zwischen vier und sechs Uhr, meine Lieblingskaffeezeit, verbringen Mütter damit, ihre Kinder von der Kita abzuholen. Am Wochenende, wenn ich freihabe, haben Mütter erst recht Stress, denn jetzt haben sie die Kinder für 48 Stunden, meist noch plus einen Mann, der bespaßt und bekocht werden will.

Ich bin also nicht überrascht, als mich Maja um halb acht am Samstagmorgen anruft. «Alle sind krank», wirft sie mir entgegen, noch bevor ich «Hallo» ins Telefon nuscheln kann.

«Es ist die Hölle.» Emma hat sich Anfang der Woche in der Kita eine Magen-Darm-Nummer eingefangen. «Es ist kein Noro-Virus», sagt Maja.

Wer Freunde mit einem Kind in der Kita hat, der kriegt ein Miniatur-Medizinstudium als kleines Extra dazu. In den ersten Monaten von Lucys Kita-Zeit fand das bringende oder abholende Elternteil regelmäßig neue Aushänge neben der Garderobe, die darüber aufklärten, welche Krankheiten jetzt gerade wieder im Umlauf waren, wie man sich vor ihnen schützen könnte, was ihre Symptome seien und wie man sie zu bekämpfen habe. Bei jedem Treffen überraschte mich Maja mit neuen erstaunlichen Erkenntnissen über die kleinen Bio-Waffen, die sie da großzog. Lucy ist jetzt in der Schule. Aber die Viren-Versorgung ist deswegen nicht abgebrochen: Jetzt besucht ihre kleine Schwester Emma die Kita.

Lucy hatte also einen leichten grippalen Infekt, musste von der Schule abgeholt werden und verbrachte zwei Tage über variierenden Schüsseln. Am Mittwoch hat sich Thomas angesteckt. Donnerstag und Freitag war allgemeine Krankenstation mit Schwester Maja als Vierundzwanzig-Stunden-Dienst. Am Abend ist Maja mit Fieber ins Bett gesunken. Jetzt sind alle krank. Bis auf Lucy.

«Du kannst wirklich sagen, wenn du nicht willst.» – «Wenn ich was nicht will?» – «Lucy ist auf einem Kindergeburtstag eingeladen, und sie will unbedingt dahin. Das Thema ist ‹Die Eiskönigin›.» – «Das was?» – «Na, das Thema des Kindergeburtstags.»

Ich hatte total vergessen, dass die selige Zeit, zu denen Kindergeburtstag bedeutete, dass man Topfschlagen spielt und sich mit Schaumküssen und Würstchen vollstopft, vorbei ist. Wer seinem Kind heute keinen Themen-Geburtstag ausrichtet, gerät in den Verdacht, es nicht zu lieben. Es gibt Mittelalter-Geburtstage, an denen getöpfert wird, es gibt die Feste der kleinen Forscher, bei denen chemische Experimente ausprobiert werden, es gibt Zauberer-Geburtstage, Feste auf der Bowling-Bahn, es gibt Peter-Pan- und Ice-Age-Partys. Ich darf mich allerdings nicht darüber beschweren, denn ich bin quasi die Speerspitze der Geburtstagsgentrifizierung. Meine Mutter hatte für mich schon in den frühen achtziger Jahren Themen-Geburtstage gefeiert. Ich hatte ein Hexenfest mit einem Walpurgisnachtfeuer, ich hatte einen Zirkus-Geburtstag, und ein Laternenfest mit eigenem Umzug hatte ich auch. Meine Mutter feiert einfach die besten Feste. Immer schon.

An den ersten Themen-Geburtstag, auf den ich Lucy begleitet habe, erinnere ich mir nur sehr schuldbewusst. Das Thema war Dinosaurier, und die begeisterte Mutter der Dreijährigen hatte kleine Plastik-Dinos in Ton-Eiern versteckt, die die Kinder aufschlagen mussten. Leider war der Ton härter geworden als geplant, und es gab einige Pannen. Ein Kind hatte sich gefährlich auf den Daumen geschlagen, also übernahmen bei den meisten anderen die Eltern bzw. ich als Begleitung. Leider schlug ich dem Dino den Kopf ab. Lucy war so freundlich, darüber hinwegzusehen, aber sie sah schon sehr enttäuscht aus. Ich wollte nicht noch mal so versagen.

Weil es aber nicht immer so leicht ist, Lucy eine Freude zu machen, beschließe ich, dass dieser Kindergeburtstag meine Chance sein könnte. «Lucy will da einfach nicht alleine hin, dann wäre sie die Einzige ohne Eltern», sagt Maja. «Bitte, sie macht mir seit heute Morgen sieben Uhr die Hölle heiß.» Ich überschlage kurz meinen Tag. Daniel ist auf der Baustelle. Ich wollte eigentlich einkaufen und aufräumen, aber das kann ich auch an jedem anderen Tag der Woche nicht tun. «Okay», sage ich, «wann soll ich denn da sein?» – «Du bist super», sagt Maja, «hast du ein Kostüm?»

Ich treffe mein Patenkind viel zu selten. Das liegt nicht nur daran, dass ich viel arbeite. Auch Lucy ist rund um die Uhr beschäftigt. Wenn ich mal mit ihr ins Kino will, dann ist es fast unmöglich, einen Termin zu finden, an dem das Kind Zeit hat. Dienstag Schwimmen, Mittwoch Flöten, Donnerstag Tennis. Und Freitag? Ach, da ist sie mit der Schule im Zoo. Ein gemeinsamer Geburtstag ist also eigentlich eine sehr schöne Idee.

Um drei Uhr nachmittags klingeln Lucy und ich in Tüll gehüllt an der Tür einer Townhouse-Siedlung. In Ermangelung einer Eisprinzessinen-Ausstattung habe ich mit Alu-Folie und aus Taschentüchern geformten Blumen improvisiert, die ich behelfsmäßig an einen weißen Kleid-Fehlkauf gepinnt habe. Ich bin ja jederzeit bereit, mich zum Deppen zu machen. Maja hatte selbstredend gleich mehrere Prinzessinnen-Kleider zur Auswahl gehabt und mir großzügig ein paar Feenflügel geliehen. Jetzt steht sie hier und schiebt ihre kleine, klebrige Hand in meine. «Danke, Tante Judith, dass du mitkommst.» Sie ist ein großes Glück, dieses Patenkind.

Das erste Mal, dass wir etwas gemeinsam unternommen hatten, war an ihrem dritten Geburtstag. Thomas hatte an dem Tag so richtig Stress im Büro, und Maja war so hochschwanger, dass sie fast geplatzt wäre. Also habe ich mir etwas überlegt, was ich mit Lucy unternehmen könnte. Ich habe mich tagelang durch Angebote durchgeklickt und mich mit Kollegen besprochen. Sollten wir Porzellanmalen gehen oder vielleicht einen Kindertanz-Nachmittag machen? Würde sie gerne ins Technikmuseum gehen? Masken basteln? Am Ende fiel die Wahl auf ein Kindertheater am Kollwitzplatz. Dort wurde das Märchen von Dornröschen aufgeführt. Ich holte die damals noch sehr kleine Lucy von zu Hause ab. Bis zur Bushaltestelle brauchten wir eine halbe Stunde. Lucy blieb vor jeder einzelnen mickrigen Blume am Wegesrand stehen, sie betrachtete einen Käfer, der über den Boden krabbelte, erschreckte sich vor einem vorbeirasenden Fahrrad und verlangte, einen Hund zu streicheln, den wir unterwegs trafen. Als wir endlich das Theater betraten, war der Raum knallvoll. Wir erkämpften einen Platz ganz hinten, den wir sofort wieder verloren, weil Lucy einfiel, dass sie auf die Toilette musste. Am Ende kriegten wir nur noch einen kleinen Stuhl ganz am Rand, den wir uns teilen mussten. Ich hatte Kakao gekauft, den Lucy aber gar nicht trinken wollte und den ich jetzt auch nirgendwo abstellen konnte. Es war höllisch heiß und tierisch ungemütlich. Aber endlich ging es los: Der Vorhang ging auf, ein Mann mit dunkler Stimme und noch dunklerem Bart in einem riesigen schwarzen Mantel trat heraus und donnerte den Kindern entgegen: «Ich bin der König.» Die erste Reihe fing vor Schrecken sofort an zu heulen. Lucy ergriff meine Hand und sagte: «Bitte, ich möchte gehen.» – «Komm, Lucy, das wird ganz toll», sagte ich, «du wirst sehen.» «Das ist mein Königreich», brüllte der König, und die älteren Kinder mussten sehr lachen, weil er dabei so komisch aussah. Aber Lucys Augen füllten sich mit Tränen. Schweren Herzens brach ich das Experiment nach einer Minute ab. Die tollste Tante der Welt hatte schwer versagt. Den Rest des Nachmittags verbrachten wir auf dem Spielplatz. Das machte ihr eindeutig mehr Spaß als der ganze Erwachsenen-Quatsch, den ich losgetreten hatte.

Aber jetzt war sie älter, jetzt hatte sie keine Angst mehr vor verkleideten Menschen. Wir klingeln also, und Gretas

Papa öffnet uns die Tür, verkleidet als Sven, das Rentier, der Sidekick der Eiskönigin bzw. ihres Verehrers. Das Innere des Townhouse ist komplett auf Königreich Arendelle getrimmt, im Wohnzimmer tobt bereits die erste Schneeballschlacht mit Wattebäuschen. «Wie schön, kommt rein», sagt Gretas Papa, der sicher bei seiner Geburt auch einen eigenen Vornamen bekommen hatte, aber wie alle anderen seine Rechte daran verwirkte, als er Kinder bekam. Elternnamen richten sich heute strikt nach den Kindern. Ein bisschen wie im arabischen Raum. Da heißt man auch so lange der Sohn von dem und dem, bis man ein Kind bekommt, dann ist man der Vater von dem und dem. Ich fürchte nur, die Tradition im Westen hat andere Wurzeln.

«Du bist ja gar nicht Lucys Mama», sagt Gretas Papa zu mir. «Nein, ich bin Lucys Patentante, Lucys Mama ist krank», stelle ich mich vor. «Michael», sagt Gretas Papa und streckt mir die Hand hin. «Judith.» Offensichtlich ist es okay, eigene Vornamen zu benutzen bei Menschen, die keine Kinder haben. Michael freut sich jetzt noch mal mehr, mich zu sehen, er hat nun jemanden, mit dem er über die anderen Eltern und vor allem deren Kinder lästern kann, womit er auch gleich anfängt: «Sag mal, haben die ihre Kinder alle zu Hause an die Steckdose gehängt? Die drehen total durch.»

Ungefähr zehn Eisköniginnen kloppen sich im Wohnzimmer um die Schneeflocken, die Gretas Mama als Preise für kleine Spiele verteilt. Später kann man damit sein kleines Geschenk auslösen, weil natürlich mittlerweile auf jedem Geburtstag auch die Gäste Geschenke bekommen.

Um das Eisköniginnen-Knäuel herum stehen oder sitzen ungefähr 25 Erwachsene. Der Mama-Kind-Geburtstag war wegen verschiedener Diskussionen über Geschlechtergerechtigkeit und «Samstag ist der einzige Tag, den wir als Familie haben» zum Eltern-Kind-Geburtstag erklärt worden. Der große Erwachsenen-Kreis ergibt sich daraus, dass zwei Väter und eine Mutter ihre jeweiligen neuen Partner dabeihaben und Emily ihren Vater und beide Mütter, die in einer lesbischen Beziehung leben. Da einige der Eltern gleich mehrere Kinder im Schlepptau haben, geht die Rechnung zwar nicht ganz auf, aber einige der anderen Erwachsenen sind vermutlich Tanten oder Onkel.

Ich hole mir ein Stück Eistorte. In der Küche tobt eine Diskussion um Kitas und Erziehungsideologien. «Das Kinderparlament war doch total niedlich», verteidigt sich gerade eine Mutter. «Ihr macht euch über eure Kinder lustig und merkt es noch nicht mal», wirft ihr ein Vater entgegen. Selten sind Streitigkeiten über Erziehungs-Fragen mit anderen Eltern so offen. Ich merke, das wird ein guter Tag. Ich schnappe mir die Torte und höre genüsslich zu.

Der Streit dreht sich um die Frage, ob ein Kind besser lernt, wenn es in der Kita geschlossene Gruppen gibt. Der Vater ist für offene Gruppen, hält aber an der Nestgruppe fest, die sich mit ihm streitende Mutter findet das nicht nur inkonsequent, sondern weiß auch direkt von drei Fällen aus ihrem Bekanntenkreis zu berichten, wo ein Offenes-Gruppen-Kita-Kind in der ersten Klasse dramatisch gescheitert ist. Der Vater zweifelt ihre Empirie an. Die Mutter wird persönlich. Ob er seinem Kind bei der Trennungsgeschichte, die es gerade durchmacht, wirklich diesen Verlust an Geborgenheit auch noch in der Kita zumuten will? «Mein Sohn ist sieben und geht in die erste Klasse», sagt der Vater. «Wir haben ihm genau erklärt, warum Papa und Mama sich nicht mehr begehren, er kann damit umgehen.» Oh, jetzt wird es richtig interessant. Leider kommt die nicht mehr begehrte Mutter jetzt dazu und verlangt eine Erklärung, warum ihr Intimleben über einem Stück Torte der Öffentlichkeit preisgegeben wird. «Siehst du, Karen», sagt der Mann. «Deswegen hat es zwischen uns auch nicht geklappt, du willst immer eine Erklärung für alles.» Entweder haben die hier alle schon sehr viel getrunken, oder in der Eistorte ist Koks. Ich bin sehr zufrieden mit meiner Entscheidung, zu diesem Geburtstag mitzukommen. So amüsant war schon lange keine meiner Erwachsenen-Partys mehr.

Im Wohnzimmer fangen die kleinen Eishoheiten mit dem Schneemann-Wettrennen an. Dabei sind auch die Eltern gefragt. Wir müssen uns mit Wattemassen zum Schneemann umformen und dann mit möglichst geringem Materialverlust Richtung «Sonne» laufen. Lucy und ich machen den ersten Platz und gewinnen als «Favour» zwei Bögen Glitzer-Sticker. Abends, als ich meine in Watte gepackte Eiskönigin zu Hause abliefere, tut es mir fast ein bisschen leid, dass ich kein eigenes Kind habe.

Maja ist inzwischen nicht mehr ganz so grün im Gesicht und in der Stimmung, sich noch etwas mit mir zu unterhalten. Mit einer Kanne Frauen-Harmonie-Tee setzen wir uns ins Wohnzimmer. Ich habe ein schlechtes Gewissen gegenüber Maja. Ich habe das Gefühl, dass ich Julia viel mehr Verständnis für ihre Elternkrankheiten entgegenbringe, als das bei Maja der Fall war, als Lucy geboren wurde. Man denkt immer nur darüber nach, wie sehr die Mütter die Kinderlosen nerven, wenn man selber die Kinderlose ist. Vielleicht aber habe ich Maja genauso genervt? Kann sein, dass der Tag mich sentimental gestimmt hat, auf jeden Fall überkommt mich gerade eine Welle der Wahrheit. «Sag mal», fange ich an, «habe ich dich eigentlich sehr genervt, als du Mutter geworden bist?» Maja lacht und scheint zu überlegen, wie ernst ich die Frage gemeint habe. «Nein», sagt sie erst mal spontan, «absolut nicht.» Leider überlegt sie dann noch etwas weiter.

«Weißt du noch, als Lucy gerade ein Jahr alt war, da hattest du diese Marktphase.» Ich erinnere mich. Ich hatte so eine Zeit, da wollte ich jeden Samstagmorgen auf den Markt, um Bio-Gemüse zu Apothekerpreisen einzukaufen. «Na ja, du hast am Freitagabend gesagt, lass uns doch morgen früh auf den Markt gehen, und dann habe ich ab zehn Uhr auf dich gewartet. Du hast um elf erst angerufen, dass du gleich kommst, aber dann wurde es doch immer zwölf. Um zwölf aber musste Lucy eigentlich mittagessen und danach schlafen.» Ich fürchte, Maja hat recht. Ich schweige ein bisschen schuldbewusst. «Ich bin dann mit, weil ich dich gerne sehen wollte, aber du hast ständig unseren Rhythmus durcheinandergebracht. Außerdem ist dir dann immer etwas eingefallen, was du noch ‹schnell› machen wolltest. ‹Schnell› noch zum Fahrradladen, ‹schnell› bei Kaiser's rein, ‹schnell› noch eine DVD abgeben, aber ich hatte das Kind im Schlepptau. Lucy war schon zu groß und noch zu klein, als dass mit ihr irgendetwas schnell gegangen wäre.» Maja hat sich warm geredet. «Der Markt war immer total voll, ich kam bei der ganzen Kinderwagen-Armada kaum durch, und wenn ich dann komplett abgekämpft einen Kaffee trinken wollte, musstest du unbedingt in die Meierei gehen. In der Meierei aber sind ausschließlich Barhocker, die 1,20 Meter hoch sind. Setz da mal ein kleines Kind drauf.» Komisch, ich hatte diese Zeit wirklich anders empfunden. Gut, mir war klar, dass ich nicht wahnsinnig rücksichtsvoll gewesen war, aber war ich wirklich so ignorant gewesen?

«Und dann diese Mittwochabende», sagt Maja. Ich beginne zu glauben, dass diese von mir initiierte Stunde der Wahrheit vielleicht doch ein Fehler war. Viel lieber hätte ich jetzt großes Lob über mich gehört, wie aufmerksam ich war, wie liebevoll, wie fürsorglich. Aber vielleicht kommt das ja noch. «Was war mit den Mittwochabenden?», frage ich vorsichtig. «Na, das war der Tag, an dem die Kinderfrau babysitten konnte, der Tag, an dem ich mich verabreden konnte, ich habe die Mittwoche monatelang im Voraus geplant, nur um mir dann ständig spontane Absagen einzuhandeln.» – «Ich lebe eben nicht so nach dem Kalender», sage ich, aber noch während ich die Worte ausspreche, fällt mir auf, wie sehr sich das nach Zigaretten-Werbung anhört. Also sage ich schnell noch hinterher: «Tut mir leid.»

«Und weißt du noch diesen Tag, als du am Abend vorher das Gespräch mit Daniel hattest, ob ihr Kinder haben würdet», fragt Maja. «Da hast du geredet und geredet und geredet, und Lucy ist alleine über die Straße auf den Spielplatz gegangen, und ich habe die ganze Zeit versucht, dich zu unterbrechen. Wir hätten ja auch auf dem Spielplatz weiterreden können. Aber du hast einfach nicht mehr aufgehört. Es ist ja alles gutgegangen, Lucy hat super alleine gespielt, aber ich habe Blut und Wasser geschwitzt.» – «Und mir nicht zugehört», sage ich. «Wie denn, ich musste ja das Kind beobachten, das ganz alleine auf der Rutsche stand.»

Wir schweigen beide ein bisschen beleidigt. Wenn Freundinnen Mütter werden, dann fangen sie ein neues Leben an, mit dem man als kinderlose Frau nur bedingt etwas anfangen kann. Da hilft es auch nicht immer, wenn man drüber redet.

16. Mami-Dates

WIE ICH BABYCINO MIT RIESLING KOMBINIERE

Als Maja vorschlägt, dass wir endlich mal wieder ausgehen sollen, bin ich zunächst skeptisch. «Welches ‹wir›?» Mütter haben nämlich eine Veranlagung zum multiplen «wir». Während das «wir» in «Sollten wir nicht wieder mal etwas unternehmen?» in Zeiten der Unschuld bedeutete, dass wir beide etwas unternehmen sollten, gibt es zu Familienzeiten mehrere Möglichkeiten. Es könnte zum Beispiel das «wir» aus «wir als Familie» sein. Fragt sie mich, ob ich meine, sie sollte mehr mit ihren Kindern und ihrem Mann unternehmen? Es könnte aber auch das «wir» aus «wir als Paar» sein, das sie und Thomas einschließt.

Das «wir», das am häufigsten gemeint ist, sind jedoch Mütter und ihre Kinder. Die können allerdings auch unter «ich» laufen. Wie in «Ich bin dann gleich bei dir». Fünf Minuten später kommt die SMS: Kannst du mir mit dem Kinderwagen helfen? Und zehn Minuten später liegt meine Wohnung in Trümmern.

Ich hoffe ganz tief hinten in einer kleinen Ecke meines Herzens, dass Maja mit «wir» vielleicht eventuell doch dieses völlig unwahrscheinliche «wir» aus «wir beide» meint. Dieses unter Tausenden von Windeln und Stilleinlagen und Gesprächen über verantwortungslose Väter und nervende Co-

Mütter begrabene «wir», das seit Lucys Geburt nur noch ein Anachronismus ist.

Dass Maja, Gesine und jetzt auch Julia mit ihren Kindern ver«wir»t sind, hat einen überraschenden Nebeneffekt: Seit ich nicht mehr so viel mit meinen Freundinnen unternehme, ist meine Beziehung zu Daniel sehr viel intensiver geworden. Wir verbringen die Wochenenden fast ausschließlich miteinander. Wir gehen ins Theater und ins Kino und essen. Jetzt ist Daniel mein letzter verbliebener Freund ohne Kinder. Es hat uns näher zusammengebracht, dass wir niemanden anderen mehr treffen können. Und es hat uns sehr glücklich gemacht.

Je mehr Daniel und ich mein neues «wir» werden, desto unsicherer werde ich, ob wir wirklich eine Familie gründen sollten. Wir haben so viele Freiheiten, wir können ausgehen, wann immer wir wollen, wir fahren in den Ferien auf Wandertouren und an exotische, knallheiße Strände. Unser Leben besteht aus lauter schönen Dingen, die man mit einem Baby nie machen könnte. Außerdem sehe ich, wie gestresst und müde meine Freundinnen mit Kindern sind. Will ich das?

Wie die Ironie des Schicksals es will, bewirkt das «wir»-Gefühl bei Daniel genau das Gegenteil. Immer häufiger spricht er jetzt von eigenen Kindern. Er träumt von einem Haus, das er gerne für uns bauen würde, darin gibt es Kinderzimmer, und es hat einen großen Garten, in dem man spielen kann. Er hat ein neues Auto gekauft, «da gibt es genug Platz für diese Riesenkindersitze», hat er gesagt. Immer häufiger will er auch über Erziehungsfragen reden. Ob ich meine Kinder taufen lassen würde? Ob ich lieber zwei oder drei Kinder haben würde? Eines Abends fragt er sogar: «Wollen wir es nicht einfach wagen?»

Und ich? Ich benehme mich wie ein Mann, ich vertröste ihn und weiche aus. Ich weiß selbst nicht, warum. Vielleicht traue ich es mir nicht zu, das zu leisten, was ich täglich bei meinen Freundinnen beobachte. Vielleicht habe ich zu viel Angst vor dem eigenen Versagen. Daniel verstimmt mein Verhalten. Einmal wirft er mir sogar vor: «Ich glaube, ich verschwende meine Zeit mit dir.» Mir fällt darauf nichts ein.

«Wir?», frage ich Maja noch mal. «Das wäre absolut phantastisch.» Es stellt sich aber raus, dass Maja nichts von alledem meint. «Wir» sind: «wir Mädels». Auch wenn ich keinen gesteigerten Wert auf die Bezeichnung «Mädelsabend» lege, mag ich die Idee, mit meinen Freundinnen mal wieder auszugehen. Das letzte Mal hatten wir das vor der Geburt von Gesines Zwillingen gemacht. Per Mail beginnen wir also, einen Termin für das Treffen zu verhandeln. Es entspinnt sich eine abartige Diskussion. Nach tagelangem Hin und Her haben wir einen Termin festgelegt – in einem halben Jahr. Glücklicherweise schaltet sich Sarah mit ihrem herrlich rationalen Wesen rechtzeitig ein und schreibt: «Ihr spinnt wohl, lasst uns bitte am Freitag treffen. Gesine ist übers Wochenende in Berlin, die muss also auch kommen. Ich bin um sieben bei Herrn Rossi, wer nicht kommt, hat Pech.»

Tatsächlich sind dann fast alle da, und keiner hat seine Kinder dabei. Nur Ellen kommt ein bisschen später, weil Jörg verstanden hatte, er sollte um sieben zu Hause sein. Ich bestelle Riesling für alle und nehme mir vor, keine Widerrede zu dulden, Katinka bestellt sich eine eigene Karaffe Tempranillo. «Ach toll», sagt sie und kneift mich in den Oberarm. «Endlich mal wieder ausgehen.»

Katinka ist neuerdings Landmutter. Ich hatte sie seit der Hochzeit von Ellen nicht mehr gesehen. Sie ist kurz danach wieder schwanger geworden und schon im vierten Monat mit Mann und Sohn in die Uckermark gezogen, wo auch ihre Tochter geboren wurde. Katinka wollte ein kleines Haus mit Garten für ihre Kinder, was man gut verstehen kann, und sie wollte, dass ihre Kinder alleine zur Schule gehen können und nachmittags mit den Nachbarskindern auf der Straße spielen. Allerdings hatte sie nicht einkalkuliert, dass sie in dieser Sache auch eigene Bedürfnisse haben würde. Schon nach kürzester Zeit fehlten ihr die Bars und die Kinos, die Filme in Originalversion zeigen, und die Möglichkeit, einfach abends vor die Tür zu gehen.

Katinka tut also, was alle Landmütter tun: Sie wählt in regelmäßigen Abständen eine ihrer Stadtfreundinnen als Opfer aus und besucht sie dann für ein Wochenende. «Besuchen» heißt in ihrem Fall, dass sie rund um die Uhr Party machen will. Landmütter sind sehr anstrengend für ihre Stadtfreundinnen, weil sie so ausgehungert nach gesellschaftlichen Erlebnissen sind, während man selber sich auf die Couch gefreut hätte. Landmütter haben alles, was neu in Berlin ist, längst ergoogelt und müssen es nun unbedingt testen.

Insofern ist Katinka auch nicht sonderlich erfreut, dass wir heute die Mutter aller Freitagabenderlebnisse erwählt haben: Nudeln bei Herrn Rossi, dann hundert Meter um die Ecke Rotwein bei Johnny, bis der uns rausschmeißt. Einen besseren Abend kann man nicht haben.

Katinka ist also mittendrin in ihrer ersten Nerv-Tirade, dass wir noch dringend was erleben müssen heute Abend, als die Tür aufgeht und Ellen mit Levin auf dem Arm und Carl an der Hand das Lokal betritt.

«Ach», sage ich, als wir die erste Schockstarre überwunden haben. «Sorry», sagt Ellen, «aber die Jungs haben so ein

Theater gemacht, als ich loswollte. Ich konnte ihnen das einfach nicht antun.» – «Und Jörg vermutlich auch nicht», sage ich. Julia wirft mir einen vielsagenden Blick zu. Bevor ich es verhindern kann, hat sich Ellen auch schon eine Rhabarberschorle bestellt, sich darüber beschwert, dass es bei Herrn Rossi keine Kinderstühle gibt, und ihre beiden Jungs mitten in der Runde platziert. Wir sitzen beengt und schauen unglücklich. Besonders Katinka.

Julia macht einen Vorstoß und versucht als Erste, wieder das Gespräch aufzunehmen. «Auf jeden Fall habe ich der Kollegin gesagt, dass ich mich nicht an der Mütter-Netzwerk-Gruppe im Konzern beteilige, ich habe keine Zeit dafür, und ich wüsste auch nicht, was das bringen soll. Wir machen uns doch lächerlich.» Dann sagt sie noch irgendetwas, aber es wird immer schwieriger, sie zu verstehen, denn sie muss gegen Ellen anreden, die mit lauter Stimme Carl die Speisekarte vorliest. «Ah, they have noodles with shrimps, Carl», sagt Ellen. Wir schauen sie überrascht an. Ellen ist weit davon entfernt, englische Muttersprachlerin zu sein. Sie stammt aus Paderborn und Jörg aus dem Saarland. «You know, the rosa sea animals daddy likes so much», sagt Ellen. Und Carl sagt: «Ich will Pommes.»

Ellen gehört zu der Sorte Mütter, mit der man sich lieber nicht in seinem Lieblingsladen trifft, weil man sich sonst da jahrelang nicht mehr hintraut. Ellen bestellt in jedem Restaurant Babycino und Rhabarberschorle, und wenn die Speisekarte das nicht anbietet, dann beschwert sie sich so lautstark, dass es selbst die Leute, die im Lokal nebenan sitzen, mitbekommen. Wenn ich mit ihr ausgehe, investiere ich Unsummen in Trinkgelder. Sie werden zu Bestechungsgeldern.

«Was wird das denn?», traut sich Julia nun als Erste zu fragen. «Was denn?», tut Ellen so, als sei ihr Sprachenwechsel komplett normal und nichts, worüber man sich wundern könnte. «Tu nicht so», sagt Julia. «Ah, wir versuchen, Carl zweisprachig zu erziehen», sagt Ellen. «Es heißt übrigens seafood», sage ich. Aber sie schert sich nicht drum. «Wisst ihr», sagt Ellen, «es ist wichtig, sich früh im Englischen zu Hause zu fühlen. Wir wollen Carl die Möglichkeit offenhalten, eine internationale Schule zu besuchen.» Wir beschließen, sie auszublenden.

«Natürlich müssen Frauen auch lernen, besser zu netzwerken», sagt Julia. «Aber doch nicht geschlechtergetrennt.» – «Habt ihr auch Lust, nachher tanzen zu gehen?», sagt Katinka, «ich war zum letzten Mal tanzen, als ich mit Lotta im sechsten Monat war.» – «Apropos Netzwerke», sagt Gesine, «meine Mutter findet, ich pushe das Kind zu sehr, aber der kleine Forscher-Kurs macht Leonie einfach totalen Spaß.» Da klingelt Ellens Handy. «Klar, Schatz», sagt sie. «Weißt du, in der Anrichte …» Sie wird unterbrochen. «Die Schränke in der Küche meine ich, links hinten.» Sie wird wieder unterbrochen. «Genau. Und die Gläser stehen in dem Regal daneben. Genau. Auf dem Herd ist noch Auflauf, den kannst du dir einfach warm machen.» Sie lauscht, verdreht die Augen. «Nein, die Nummer vom Pizza-Service habe ich nicht. Aber wir wollten doch …» Anscheinend wollte Jörg nicht, er hat aufgelegt.

«Lässt du Jörg zum ersten Mal alleine zu Hause?», frage ich. «Vielleicht kann ihm Lukas ja zeigen, wo die Küche ist.» Ellen versteht den Angriff nicht. «Lustig, oder? Ohne mich wäre der total verloren. Lukas kann auch nicht helfen, der ist bei seinem Vater.» Leider können wir das Thema nicht weiterverfolgen, denn Levin hat es geschafft, beim Griff nach dem

Brotkorb Katinkas Rotweinkaraffe umzuschmeißen, und der Wein wiederum hat es geschafft, gleich zwei Opfer zu treffen. Es wird also heftig gewischt und getrocknet, der Kellner kommt mit einer frischen Tischdecke, und Ellen muss Levin trösten, denn den hat das Chaos, das er verursacht hat, so erschreckt, das er anfängt zu heulen. Gleich danach gibt es den nächsten Eklat mit Carl, der sich Ellens Handy geschnappt hat und es nicht rausrücken will. «Carl, I count to three», schreit Ellen durch den Raum. Alle schweigen peinlich berührt. «One», nichts passiert. «Two», Carl lockert seinen Griff und öffnet eine Spiele-App. «Three.» Carl beginnt, in aller Ruhe Candy Crush zu spielen. Ellen reißt ihn am Arm. «Do you hear me.» Ich bin sicher, dass es nötig ist, Kindern Grenzen aufzuzeigen, aber muss es wirklich in der Öffentlichkeit sein? Wir schauen alle betreten auf die Tischdecke, so als wären wir wieder die Kinder, die angeschnauzt werden. Ellen donnert auf Carl nieder. Levin fängt wieder an zu heulen. Die Nachbartische, die uns wegen der beiden Kinder ohnehin nicht wohlgesinnt waren, fangen an, uns zu hassen. Bei Herrn Rossi hatte es sich offensichtlich noch nicht rumgesprochen, dass Kinder das neue Zentrum des Universums sind.

Als alles wieder trocken ist, die Tränen und der Tisch, gibt es neuen Wein, und das Essen kommt auch, weswegen eine kurze Zeit wieder Ruhe und Frieden herrscht und wir nach neuem Gesprächsstoff suchen können.

Levin erblickt Ellens Penne und beginnt hektisches Armrudern, um zu signalisieren, dass er sehr gerne etwas davon haben würde. Leider scheint Ellen die Botschaft falsch zu interpretieren. Sie fischt mit ihrer Hand ein paar Nudeln aus der Tomatensoße, lutscht sie ab und stopft sie dann dem

Kind in den Mund. Für mich ist das der Tiefpunkt mütterlicher Fütterrituale. Dieses Absabbern von Essen, damit es babygerecht wird. Ich habe Ellen schon beim Äpfelvorkauen beobachten müssen, aber Nudelnlutschen ist fast genauso eklig. «Weißt du», sage ich zu ihr, «muss das eigentlich sein?» Ellen ignoriert mich und lutscht weiter.

«Wie geht es denn Noah», will sie von Julia wissen. «Hast du ein neues Foto?» O nein. Der Abend wird eine Katastrophe. Julia wird sich diesem Wunsch nicht verweigern können, keine Mutter kann das. Sie wird ihr iPhone zücken und Bilder von Noah auf der Rutsche präsentieren, die wir uns dann reihum anschauen. Dann zeigt Ellen einen Film von Levin im Schwimmbad, der auch wieder kursieren muss, später kommt sicher noch Katinka auf den Trichter. Eltern lieben es, sich gegenseitig Bilder und Clips ihrer Kinder auf dem iPhone anzuschauen. Vielleicht müssen sie sich vergewissern, dass sie wirklich die Eltern dieser wundervollen Kinder sind. Vielleicht sind sie auch einfach auf das Lob und die Bestätigung anderer angewiesen. Vielleicht fällt ihnen auch einfach nichts Besseres ein.

Julia hat ihr iPhone schon gezückt, da klatscht Katinka einfach ihre Hand drüber und sagt: «Jetzt erzähl ich euch mal was.» Katinka will nämlich gerne über einen Mann reden. Nicht über ihren eigenen, sondern über diesen neuen Kollegen, der unverschämt blaue Augen und so ein bezauberndes Lachen hat. Katinka hat es satt, immer nur die Oberbefehlshaberin zu Hause zu sein. «Ich stehe auf und drängele die Kinder aus dem Bett, das geht nicht ohne Theater, dann gehe ich meinem Mann auf die Nerven, dass er noch etwas einkaufen soll auf dem Nachhauseweg, dann hetze ich den Tag über durchs Büro, mir langt es», sagt Katinka. «Ich bin eine nervige, hysterische Dränglerin geworden, mir macht es keinen Spaß, aber wenn ich es nicht mache, bricht zu Hause alles zusammen.» Die anderen nicken, anscheinend weiß jede, wovon die Rede ist. «Ich werde jeden Tag unfroher, unweiblicher», sagt Katinka. Wieder Nicken.

Und genau da kommt dieser neue Kollege ins Spiel. Der nämlich hat letztens ein neues Kleid an ihr bemerkt und gelobt. Er hat sie in einer Konferenz mal ganz versonnen angeschaut, und als Katinka seinen Blick erwidert hat, ist er rot geworden. «Das war so süß», sagt Katinka. Sie zieht sich seitdem sehr viel sorgfältiger an, wenn sie ins Büro geht. Letztens hat er ihr ein Kistchen Erdbeeren auf den Tisch gestellt. Einfach so. Die Damen am Tisch seufzen tief und ein bisschen neidisch.

Katinka will jetzt von uns wissen, ob sie diesen Kollegen und seine Augen und sein Lachen mal abends auf ein komplett unverbindliches Feierabendbier treffen kann. Was wir davon halten würden? Und wie konkret sie das jetzt eigentlich zu Hause kommunizieren muss? Zur Sicherheit könnte sie ja sagen, es seien noch ein paar andere Kollegen dabei. Übrigens, diese Augen. Mütter sind eben auch nur Frauen.

Während des Essens hat Ellen glücklicherweise ihr iPad hervorgezaubert. Der moderne Babysitter. Die Kinder schauen hypnotisiert auf den Bildschirm und bewegen sich ab da zwei Stunden lang nur noch, wenn sie eine neue Folge von ihrer englischen Sesamstraße angemacht bekommen wollen. Yeah!

«Ich hätte irre Lust, eine zu rauchen», sagt Katinka. «O Gott», sagt Ellen, «ich auch.» Dann schaut sie sofort schuldbewusst die Kinder an. «Aber Lukas will nicht, dass ich rauche.» – «Lukas ist neun Jahre alt, und er ist überhaupt nicht da», sage ich. «Du lässt dir von deinem Kind etwas verbieten?», fragt Julia. «Na ja, ich muss ihnen doch auch ein Vorbild sein. Ach, scheiß drauf, wer hat Kippen?»

Irgendwie gelingt es, dass es ein schöner Abend wird. Vielleicht deswegen, weil Ellen sich endlich mal locker macht oder weil wir schließlich noch ein gemeinsames Thema finden, nämlich Kollegen im Allgemeinen und Speziellen, oder auch nur, weil wir uns letztendlich alle freuen, dass wir mal wieder zusammen ausgehen. Immerhin sind wir ja Freundinnen.

Man muss, wenn Freundinnen Mütter werden, über einen gewissen Irrsinn, den sie dann an den Tag legen, einfach hinwegsehen. Das machen sie bei uns ja auch.

17. Kinderwunsch im Kühlregal

WIE SARAH DIE ZEIT AUFHALTEN WILL

Im Wartezimmer der Kinderwunschpraxis ist die Luft feucht von Schweiß und Tränen und Angst. Hier kommt man nicht freiwillig hin, hier wird man hingetrieben. Von sehnlichsten Wünschen, von der Einsamkeit, von dem drohenden 40. Geburtstag, ab dem die Krankenkasse keine künstliche Befruchtung mehr übernimmt – oder von der drängelnden Frau.

Wer ins Wartezimmer der Kinderwunschpraxis kommt, ist Experte im Warten. So wie Sarah. Die wartet seit Jahren auf den Richtigen. Sie hatte gehofft, dass Kai es sein könnte. Aber der hatte ihr vor einem halben Jahr mitgeteilt, dass er keine Kinder wolle. Er verspüre einfach keinen Wunsch danach. Ein paar Monate lang hat Sarah überlegt, ob sie ohne Kinder leben wollen würde, und sie hat gleichzeitig gehofft, dass Kai es sich noch anders überlegen würde. Aber er blieb bei seinem Entschluss und sie auch. Dann haben sich die beiden getrennt.

Im Januar ist Sarah 38 geworden. Sie kann weiter warten, aber ihr Körper nicht.

Vor ein paar Wochen hatten Sarah und ich uns zum Mittagessen getroffen. Am Nachbartisch war gerade eine Vierjährige von der Bank gefallen. Fünf Minuten lang hatte das Mädchen so laut gebrüllt, dass der komplette Laden lahmgelegt war. Als man sein eigenes Wort wieder verstehen konnte, sagte Sarah: «Ich lasse meine Eizellen einfrieren.» Bevor ich noch wusste, warum, sagte ich: «Da komme ich mit.»

Keine Ahnung, was mich dazu getrieben hat. Vielleicht war es nicht nur der Wunsch, meiner Freundin beizustehen. Vielleicht war ich auch ganz froh über eine Ausrede, wegen der ich mir so eine Kinderwunschpraxis selbst einmal näher anschauen könnte. Eines Tages werde auch ich mich entscheiden müssen, ob ich Kinder haben werde oder nicht und was ich bereit bin, dafür auf mich zu nehmen. Daniel hat mir gesagt, er wird nicht ewig auf meine Entscheidung warten wollen. Er ist jetzt sicher, dass er ein Kind will.

Zwei Wochen später stehen Sarah und ich also in der Praxis der Panik. «Ihren Ausweis, bitte», sagt die Sprechstundenhilfe. Sarah versteht sie erst nicht, sie hält der Frau ihre Versichertenkarte hin, aber die schüttelt den Kopf. «Haben Sie sonst vielleicht Ihren Reisepass dabei?» – «Aber auf meiner Karte ist doch ein Lichtbild.» – «Das reicht nicht.» Seltsames Misstrauen. Weswegen sollte man sich hier unter falschem Namen einschleusen? «So sind nun mal die Regeln», sagt die Sprechstundenhilfe. Sarah weist sich also aus, sie füllt Formulare aus über ihren Alkoholkonsum und ihre Einstellung zu Nikotin, und sie unterschreibt, dass sie einem HIV-Test und einer Untersuchung auf Hepatitis zustimmt. Beim dritten Bogen hat ihre anfängliche Euphorie bereits deutlich nachgelassen.

Wir werden ins Wartezimmer vorgelassen. Eine mollige Frau fläzt sich auf einem der Holzstühle und blättert hektisch durch die taz, eine jüngere, schlankere sitzt ihr schweigend gegenüber und starrt in die Luft. Sarah bleibt stehen, sie zögert. «Gewinner oder Verlierer?», flüstert sie mir zu. «Wer ist wer?» Sarah war früher Unternehmensberaterin. Sie ist in zahlreichen Workshops genauestens trainiert worden. Wer sich zu den Verlierern setzt, ist sofort aus dem Spiel, der tritt gar nicht erst an.

Sarah mustert die Mollige. Seit ihr Kinderwunsch eine Kinderverzweiflung geworden ist, wird jede Frau gescannt. Wie alt ist die wohl? Wie fruchtbar noch? Hat sie schon ein Kind, wird sie noch eins wollen? Sarah kennt jeden einzelnen Prominenten, der mit über vierzig Mutter geworden ist. Sie hat sie auswendig gelernt. Halle Berry, Sarah Jessica Parker, Carla Bruni, Madonna, Céline Dion, Monica Bellucci, Geena Davis, Holly Hunter, die Liste ist lang. Bei der Ärztin, die sie heute treffen wird, hat sie auch recherchiert. Drei Kinder, das erste mit 34, dann 37 und 42. Das geht. Das Ziel ist, nicht zu werden wie Gianna Nannini. Die hat mit 54 noch ein Kind bekommen, das ist zu spät. Die Mollige scheint kurz davor zu sein. Oder ist die nur so fett, weil sie schon schwanger ist? Gewinner oder Verlierer? Es scheint nicht ganz einfach.

Wir stehen immer noch neben der Garderobe. Es wird langsam peinlich. In der hinteren Ecke, direkt neben den Spielsachen für Geschwisterkinder, sitzt ein Paar, Mitte dreißig. Er trägt Business-Look. Die Gattin ist ebenfalls schick gemacht, sieht aber nicht so aus, als hätte sie die Kraft, nach ihrem Termin hier noch irgendwo anders hinzugehen. Sie klammert sich an ihren Mann. Vielleicht wollte sie ihm eine Umarmung abringen, und er hat sie gestoppt. Susanne, ich bitte dich. Jetzt auf jeden Fall scheint sie in der Bewegung innezuhalten. Ihre Fingerknochen umschließen seine Hand, die goldglänzenden Eheringe sind gut sichtbar.

Wir schauen uns um. An der Wand ist die Trophäensammlung angebracht. Fotos von schlafenden Neugeborenen und gähnenden Babys, von rosa Speckies und leicht bläulichen Frühchen, Babys mit und ohne Mütze, auf der Decke und unter der Decke, mit Geschwistern und ohne, viele Zwillinge, Sofias und Carlottas, Luitpolds und Friedriche, mit kleinen Dekorationen verziert, mit Girlanden gerahmt, sogar als Postkarte, einige begleiten Segenssprüche oder Bibelzitate, andere kleine Gedichte, manche selbst gedichtet, andere schön – selige, glückliche, dankbare, überwältigte Eltern haben sich der gesamten graphischen und sprachlichen Ausdrucksvielfalt bedient, um die eine Botschaft in diesem Wartezimmer zu verkünden: Wir haben ein Kind! Für den, der keines hat, sich aber eines wünscht, kommt eine andere Botschaft an: Wir haben es geschafft, wir sind weg, wir gehören nicht mehr hierher! Ihr hingegen, tja, wer weiß, ob das klappen kann.

«Och nö», sagt Sarah, als ihr Blick auf die Carlotta-Palette fällt. Es ist entschieden, wir setzen uns neben die dünne, sinnierende Frau, damit wir nicht auf die Wand schauen müssen. Und warten.

Ein Mann kommt rein. «Guten Tag», sagen die Mollige und wir. Aber der Mann ignoriert uns. Den Blick fest auf den Boden gerichtet, als müsse er dort etwas genau überwachen, greift er nach seiner Jacke. «Komm», sagt er leise in das Wartezimmer hinein. Die Dünne steht auf, nimmt den Mantel, den er ihr hinhält, und beide verlassen grußlos den Panikraum. Sarah schaut mich an. «Damit dürfte auch klar sein, was der gerade gemacht hat», flüstert sie. Wir kichern. Sarah hat etwas zu laut geflüstert. Der Business-Ehemann schaut uns entsetzt an. Sarah gibt den Blick zurück. Die Situation ist blöd genug, da wird man ja mal kichern dürfen. Die Ehefrau ist auch leicht amüsiert, aber der Business-Ehemann schaut gleich noch mal ein bisschen verkrampfter. Er ist nun der einzige Mann im Raum, und ihm gegenüber sitzen drei Frauen, die alle dasselbe denken: Gleich kommt die Schwester und drückt auch ihm einen kleinen, verschließbaren Plastikbecher in die Hand.

Wir schauen rüber zur Molligen. Es ist ein kurzer Moment weiblichen Triumphs. Natürlich weiß jeder, dass wir hier die Verlierer sind. Man kann Spermien sehr leicht aus dem Körper gewinnen, man kann sie aufbewahren und einfrieren, man kann mit ihnen Eizellen befruchten und das Ganze einfrieren, und man kann sie spenden. Wenn sie selbst schlecht schwimmen können, dann kann man sie durch eine Spritze pumpen, auch aus einem sehr lausigen, äußerst lahmen Spermium mit einem deformierten Kopf kann man immer noch ein hervorragendes Kind machen, wenn man «qualitativ aufarbeitet». Bei Eizellen ist das ungleich schwieriger. Eine Eizelle aus einem Körper herauszuholen, ist für den Körper sehr schmerzhaft. Und wer selbst keine fortpflanzungsfähigen Eizellen produzieren kann, dem kann man nicht mehr helfen, und zumindest in Deutschland darf man sich dann auch keine spenden lassen. Deswegen will Sarah ja ihre einfrieren, bevor es zu spät ist.

Die Stimmung, zumindest die unter den Frauen, hat sich gelockert. Die nächste, die reinkommt, wird auch gleich etwas fröhlicher begrüßt. Ein Gefühl der Solidarität macht sich breit, vielleicht bilden wir uns das aber auch nur ein.

Im Wartezimmer eines Hals-Nasen-Ohren-Arztes zu sitzen oder bei einem Orthopäden oder bei einem Zahnarzt, das ist völlig wertneutral. Man könnte alles haben, auch etwas total Harmloses, vielleicht ist man sogar nur zur Kontrolle da. Im Wartezimmer der Kinderwunschpraxis weiß jeder: Mit dir stimmt etwas nicht. Du kannst dich nicht reproduzieren.

Dass draußen Abertausende Menschen rumlaufen, die das auch nicht können, denen es vielleicht egal oder aber noch nicht einmal bewusst ist, zählt nicht. Denn wenn du hier drin bist, dann gibst du zu, dass du ein Problem hast mit einer Sache, die jedem da draußen gelingt, öfter sogar, als es ihm lieb ist. Jeder Vollidiot darf Kinder zeugen, es gibt keine Prüfung und kein Gutachten über deine Kompetenzen als Eltern. Erst im totalen Extremfall greift das Jugendamt ein, und sogar dann nicht immer. Die, die es nicht ohne fremde Hilfe schaffen, ein Kind in die Welt zu setzen, fühlen sich wie Versager. «Ich kann mich nicht erinnern, wann ich das letzte Mal so nervös war», sagt Sarah. «Vielleicht beim Examen?»

Die Sprechstundenhilfe steckt den Kopf durch den Türrahmen. «Frau Hofmann?» Sarah steht auf. «Drück mir die Daumen.» Ich lächele sie an. «Du schaffst das.» Die Sprechstundenhilfe wendet sich zu mir. «Kommt Ihre Partnerin nicht mit?» Der Business-Ehemann schaut auf einmal sehr interessiert. «Wir, äh», sage ich. «Nein», sagt Sarah knapp und freundlich, und dann verschwindet sie.

Das Wartezimmer der Kinderwunschpraxis ist traditionell ein Ort für Paare. Forscher haben zwar schon vor längerem eine Methode entwickelt, mit der man auch eine Eizelle unfallfrei entnehmen und konservieren kann, aber diese Methode war extrem kostenaufwendig und den Frauen vorbehalten, die wegen Krankheiten und den damit verbundenen Bestrahlungen mit dieser Methode ihre zuvor bestehende Fruchtbarkeit erhalten wollten.

Seit ein paar Jahren aber kennt man einen neuen Konservierungsprozess: die Vitrifikation. Das klingt nicht nur so, das ist auch so: Die Eizelle wird zu Glas, physikalisch gesehen. Die Frau kann jetzt frei über ihre Eizelle verfügen, wie der Mann über sein Sperma. Theoretisch. In der Praxis gibt es natürlich weiterhin einige Hürden. Aber das Versprechen, dass man die biologische Uhr anhalten kann, ist gegeben. Seitdem erobern sich die Frauen die Kinderwunschkliniken – auch ohne Partner.

Ich bewundere Sarah. Ich weiß nicht, ob ich mich trauen würde, was sie vorhat. Schon der erste Schritt scheint mir gewagt. Noch könnte ich ja schon im nächsten Monat schwanger werden. Aber wenn ich mich untersuchen lassen würde, dann gebe ich damit auch einem anderen Menschen die Chance, in meine Zukunft zu sehen. Was ist, wenn die Ärztin mir sagt, dass es schon zu spät ist? Ich bewahre mir gerne meine Träume. Oder vielleicht bin ich auch einfach nur feige.

Sarah bleibt lange weg. Ich habe sämtliche Namen auf den Danksagungen und Geburtsanzeigen gelesen und alle Klatschblätter durchgesehen. Bevor ich anfange, mit dem Kinderspielzeug zu spielen, beschließe ich, lieber einen kleinen Spaziergang im Eingangsbereich zu unternehmen. Im Flur hängt ein Ständer mit allen möglichen Broschüren. «Wunschkind», so der Titel, oder «Kinderwunsch», nur eine hat sich zu einem größeren Bild aufgeschwungen: «Klappt der Storch?» Das Bild zeigt ein Paar, bei dem der Storch offenbar kurz vor dem Auslieferungstermin steht: Eine glückliche werdende Mutter mit großem, rundem Bauch, den der glückliche werdende Vater streichelt. Der Text dazu klärt darüber auf, wie man seinen Kinderwunsch finanzieren kann, wenn man den Storch bestechen muss.

Das Thema, das die meisten kinderlosen Frauen beschäftigt, hat es noch nicht auf den Broschürenständer geschafft. Wo kriegt man diesen Mann her, der gerne Vater werden will?

Frauen, die ihren Kinderwunsch auf Eis legen, wirft man vor, dass sie ihre Karriere nicht unterbrechen wollen, dass sie zu egoistisch sind, zu spaßorientiert, zu hedonistisch, um im biologisch richtigen Moment an Nachwuchs zu denken. Meine Empirie spricht klar dagegen. Die Frauen in meinem erweiterten Freundeskreis, die die Möglichkeit in Anspruch genommen haben, ihre biologische Uhr anzuhalten, sind mittendrin in ihrer Karriere. Sonst könnten sie sich die 5000 Euro, die das Verfahren mindestens kostet, auch gar nicht leisten. Jede Einzelne von ihnen würde sofort ein Kind kriegen, wenn es nur einen Vater dazu gäbe. Und damit meine ich noch nicht einmal einen passenden Vater, einen Traummann, einen, der allen Ansprüchen gerecht wird. Sondern ganz schlicht einen Mann, der ein ganz klein bisschen mehr wäre als ein anonymer Samenspender. Es gab mal den Ausdruck «Er schenkt ihr ein Kind», als er gebräuchlich war, stimmte er nur sehr bedingt. Heute hingegen ist er für viele Frauen sehr wahr.

Im Empfangsbereich der Kinderwunschpraxis, hinter dem Tisch der Sprechstundenhilfen, hängt ein großes Ölbild. Gigantische Spermien mit langen, wehenden Fäden fliegen wie Drachen von rechts nach links über das Bild. Am rechten Bildrand unten stehen ein paar Männchen, die in Richtung Spermien schauen. Wenn man genauer hinschaut, sehen sie aus wie aufrechte, aber bereits leicht eingeschrumpelte Penisse. Ich muss lachen. Wie das Bild wohl heißt? «Abschuss der Spermienraketen»? Die Sprechstundenhilfe, die mich beobachtet, ist nicht amüsiert. «Kann ich Ihnen weiterhelfen?», fragt sie mich streng. «Nein, nein, danke», sage ich und gehe schnell weiter.

Irgendwo am Ende des Ganges muss der Raum sein, in den

die Männer mit ihren Plastikbechern verschwinden. Wie es wohl da drinnen aussieht? Thomas hatte, als es um die extrakorporale Zeugung von Lucy ging, bedauerlicherweise nicht darüber reden wollen. Aber Maja hatte mir erzählt, dass die Definition von pornographischem Material bei ihrer Steglitzer Privatpraxis sehr puritanisch gewesen wäre. Im Prinzip hätte Thomas, so hatte er auf jeden Fall behauptet, nicht viel anderes zu sehen bekommen als das, was der handelsübliche Karstadt-Katalog in der Rubrik «Unterwäsche» so hergab. Aus anderen Kanälen hatte ich von Video-Kassetten mit 80er-Jahre-Pornos gehört. Außerdem hätte es in einer Praxis ein Schild gegeben, auf dem die Patienten gewarnt wurden: «Wenn Sie in einer halben Stunde den Raum nicht wieder verlassen, wird das Praxis-Personal nach Ihnen schauen. Das geschieht zu Ihrer eigenen Sicherheit.» Ob man mit solchen Drohungen nicht unnötigen Druck auf die Männer ausübt?

Sehr gerne hätte ich die Sprechstundenhilfe gefragt, wie oft sie solche Rettungseinsätze durchführen muss. Oder wie oft Männer mit einem leeren Becher vor die Tür treten. Von meinen Freundinnen wusste ich, dass es ab ihrem ersten Termin in der Kinderwunschpraxis im Schnitt drei Monate dauerte, bis ihre Partner sich dann tatsächlich auch in dem Raum eingefunden hatten. Thomas zum Beispiel hatte immer wieder wichtige Termine gehabt, die ihm dazwischenkamen. Sein Chef, seine Mutter, was weiß ich. Dreimal hatte er seine Abgabe wieder abgesagt. Schließlich reichte es Maja, sie besorgte sich einen Becher in der Praxis, brachte ihn nach Hause, baute sich vor Thomas auf und bot an, den Becher – mit Inhalt – selbst in der Praxis abzugeben. Das aber war Thomas dann doch zu peinlich gewesen.

Hinter einer der Türen wird es jetzt laut. Eine Frauenstimme keift gegen eine beruhigende Bassstimme an. Das Gekeife wird lauter, der Bass auch. Schließlich geht die Tür auf, und eine aufgeregte Frau um die fünfzig wird von einem beeindruckend großen Arzt in Richtung Ausgang geschoben. Hinter den beiden, mit bewusstem Abstand zu seiner Frau, geht ein sehr schmaler, grauhaariger Mann. «Das können Sie nicht machen», schimpft die Frau. «Ich werde mich bei der Ärztekammer beschweren. Sie werden sich noch wundern.» Ich wende mich schnell dem Broschürenständer zu. «Ich werde Sie nicht behandeln», sagt der Arzt. «Das ist mein letztes Wort.» Bevor die Frau handgreiflich werden kann, sind die Sprechstundenhilfen zur Stelle. Unter immer wüster werdenden Beschimpfungen und Protest schieben sie die Frau aus der Praxis. Auf dem Weg zurück in sein Sprechzimmer bemerkt mich der Arzt. Er lächelt mich an. «Es gibt moralische Grenzen», sagt er.

Aus einer anderen Tür kommt jetzt Sarah heraus. Sie sieht ein bisschen angespannt aus. «Was war das denn für ein Geschrei?» – «Der Arzt mochte die Patientin nicht», sage ich.

Die Ultraschall-Untersuchung hat ergeben, dass Sarah sich Hoffnungen machen kann. In ein paar Tagen wird es die Ergebnisse des Bluttests geben, damit die Hormone genau bestimmt werden können. Ab dem nächsten Zyklus dann wird Sarah mit Hormonen vollgepumpt. Dann wird die Produktion der Eibläschen durch Blutabnahmen, Hormonbestimmungen und Ultraschall engmaschig überwacht. Das ist auch deswegen nötig, damit die Eierstöcke nicht aus Versehen überstimuliert werden. «Ich muss mir jeden Tag selbst eine Spritze setzen, fast zwei Wochen lang. Am Ende sogar zwei.» – Sarah hält inne auf der Treppe. «Mich selbst spritzen? Ich kann das nicht. Ich werde doch schon ohnmächtig, wenn ich nur dran denke.» – «Du kannst das», sage ich, obwohl mir selbst dabei schummrig wird. «Und dann?» – «Dann wird geerntet.» Während der Behandlung kann es zu Übelkeit und Flüssigkeitsansammlungen kommen und zu Schmerzen. Das seien aber nur die körperlichen Symptome. Die Ärztin hatte Sarah auch vor der seelischen Belastung gewarnt. Damit es sich lohnt, muss Sarah mindestens 14 Eizellen produzieren, das kann bis zu drei Zyklen lang dauern, hat die Ärztin ihr erklärt, und bis zu 10 000 Euro kosten. Zwölf sollten es aber in jedem Falle sein, man rechnet mit zwölf Eizellen pro Kind (weil jedes Mal mindestens drei befruchtet werden und weil es vier Zyklen dauern kann, bis es wirklich klappt). «Oh», sage ich, «und was ist, wenn du 14 reife Eizellen im Körper hast und dann mit jemandem schläfst? Könntest du dann 14-linge erwarten?» – «Verdammt», sagt Sarah und grinst jetzt doch ein bisschen, «das habe ich vergessen zu fragen.»

«Bist du bereit?», frage ich sie. «Ja», sagt Sarah, aber sie sieht nicht so aus. Wir gehen einen Kaffee trinken.

Mit dem kalt gestellten Kinderwunsch stellen sich mit einem Mal auch für Frauen Fragen, die bisher Männern vorbehalten geblieben waren. Theoretisch wäre es möglich, dass aus diesen Eizellen Kinder entstehen. Was weiß ich, jemand bricht in die Praxis ein und klaut den Kühlschrank und verkauft meine Eizellen an eine evangelische Familie in Wiesbaden, die sich seit Jahren dringend ein Kind wünscht. Dann wächst ein Stück von mir in der hessischen Hauptstadt auf, und ich weiß nichts davon. Das würde mir nicht gefallen. Vielleicht aber verkaufen sie es auch in ein arabisches Land, und dann hätte ich eine Tochter, die Aischa genannt wird und die eines Tages nach mir suchen wird. Es wird natürlich ein besonders schlaues Kind, also wird sie den Eizellen-Raub aufklären und an einem milden Sommerabend vor meiner Dachgeschosswohnung mit Blick über die Spree auftauchen, und wir werden uns in die Arme fallen. Dann reisen wir gemeinsam in die Welt, in der sie aufgewachsen ist. Ich habe in der Zwischenzeit zufällig Arabisch gelernt. Das würde mir gefallen.

«Du spinnst», sagt Sarah. Sie ist eben keine Romantikerin. Sarah reicht es für den Moment, dass die drängende Frage nach einem Kind zusammen mit den Eizellen auf Eis gelegt werden kann. Aber sie weiß auch, dass das keine Lösung ist. Sie will ja ein Kind, und sie will es auch jetzt. Sie will nur nicht eines Tages dastehen, wenn ihr Kind nach seinem Vater fragt, und sagen: Kennst du Dänemark? Die hatten, als du gezeugt wurdest, einfach eine liberalere Einstellung, und deswegen haben sie eine schöne Erfindung hervorgebracht: die Samenbank.» Oder: «Er heißt Viktor, glaube ich zumindest.»

Noch ist das Social Freezing ein junges Verfahren. Auch die ersten Retortenbabys sind keine vierzig Jahre alt, noch weiß die Forschung wenig darüber, ob sie unter Spätfolgen leiden werden oder ob die hormonelle Stimulation der Frau nicht doch auch negative Auswirkungen auf sie haben könnte. Was man weiß, ist, wie glücklich es viele Familien gemacht hat. Deswegen hat man auch aufgehört, die so gezeugten Kinder mit einem Label wie «Retortenbabys» zu belegen. Man nennt sie jetzt Kinder, so wie die traditionell gezeugten auch. Nur manchmal, wenn man drüber spricht, sagt man «in vitro». Vor ein paar Jahren noch, da haben sich die Eltern geschämt, die ärztliche Hilfe brauchten, um Eltern zu werden. Das Thema wurde totgeschwiegen. Erst wenn eine Frau darüber sprach, dann gaben auch andere zu, dass sie Unterstützung hatten. Das wiederum hat es den Paaren, die noch unentschlossen waren, leichter gemacht. Mittlerweile gibt es so viele Kinder, die auf diese Weise entstanden sind, dass es zur Normalität geworden ist. Vielleicht geschieht das auch eines Tages mit dem Social Freezing.

Sarah spricht ganz offen über ihr Abenteuer in der Kinderwunschpraxis. Ihr schwuler Kollege ist seitdem ein noch größerer Fan von ihr. «Du machst dich total unabhängig von der ganzen Heteronormativität», hat er zu ihr gesagt.

Auf den ersten Blick wirkt das «Soziale Einfrieren» wie ein weiterer Schritt auf dem Weg zur Gleichberechtigung, zudem ein besonders bemerkenswerter, denn die Natur müsste ja schwieriger zu manipulieren sein als die Kultur. Frauen können die Dauer ihrer Fruchtbarkeit jetzt verlängern, nicht jede einzelne natürlich, aber viele. Das kann ihnen zu größerem Selbstbewusstsein verhelfen. Sie sind nicht mehr gebunden an einen bestimmten Zeitpunkt, bis zu dem sie dann tatsächlich einen Vater, und sei es nur ein biologischer, für ihre Kinder gefunden haben. Aber genau dieser Vorteil könnte auch ein Nachteil sein. Die wenigsten meiner Freundinnen hatten Partner, die über die Wahl des Zeitpunkts für ein Kind beglückt waren. Natürlich wollten sie eines fernen Tages die besten Väter der Welt werden, aber jetzt schon? Mit vierzig? Wo gerade noch dieser Karriereschritt ansteht oder sie sich doch noch offenhalten wollten, drei Monate durch Indien zu reisen? Mitte dreißig ist nicht das Alter, in dem die meisten Frauen mit Karrieren Kinder haben wollen, es ist das Alter, in dem die Kombination aus Wunsch und Druck so groß ist, dass sie ihren Partner überzeugen, überreden, austricksen oder notfalls austauschen gegen einen, der williger ist.

Ob das Social Freezing diese Situation einfacher macht, ist fraglich. «Wir haben doch noch Zeit», könnte der zukünftige beste Vater der Welt sagen, «lass doch deine Eier einfrieren.» Außerdem ist Ende dreißig nicht der beste Zeitpunkt für das Kalt-Stellen des Kinderwunsches. Jüngere Eizellen sind deutlich erfolgversprechender. Was also könnte das Szenario der Zukunft sein? Dass die Kühlregale der Kinderwunschpraxen in Zukunft gefüllt sein werden mit Eizellen von Zwanzigjährigen, die kostspielige und nervenaufreibende Behandlungen über sich ergehen lassen, nur damit sie für später vorgesorgt haben und die Männer noch ein bisschen weniger Verantwortung übernehmen müssen, als sie es ohnehin schon tun?

Ein paar Tage nach unserem Praxisbesuch bekomme ich eine SMS. Sarah lädt mich ein, an ihrer Kurzmitteilungs-Gruppe teilzunehmen. Sie hat sie «Operation Eizellenraub» genannt. Über diese Adresse hält uns Sarah in den kommenden Tagen über die Entwicklung des Social Freezing auf dem Laufenden. Hätte sie einen Partner, würde sie es vermutlich dem erzählen. Jetzt teilt sie ihre Erlebnisse eben mit ihren Freundinnen.

Mal ist ihr übel, mal hat sie Fieber und Sorge, dass es ein Zeichen für irgendetwas Schlechtes sein könnte, aber meistens macht sie Witze. An den ersten Tagen des Spritzesetzens schickt sie vorher verzweifelte Hilferufe. Einmal fährt Julia spontan zu ihr ins Büro, um ihr zu helfen. Aber schließlich gewöhnt sich Sarah daran, und nur einmal, bei einem sehr stressigen Meeting in Düsseldorf, gewinnen die Hormone, und sie fängt mitten in der Besprechung erst an zu lachen und dann zu heulen.

Es gibt mehrere solcher Momente in dieser Zeit der Hormonbehandlung, da fragt sie sich, wie alles so weit kommen konnte. Hätte sie bei Frank bleiben sollen? Oder doch lieber bei Martin? Hätte sie sich nicht beizeiten für einen netten, freundlichen Mann entscheiden sollen, statt nach irgendetwas zu suchen, das sie selbst nicht benennen kann? Immer wieder, wenn ich mit ihr spreche, gehen wir diese Listen der Verflossenen und verpassten Chancen durch, die jeder hat, die aber viele verstecken. Einmal recherchiert sie Peter hinterher. Er arbeitet inzwischen bei einem internationalen Lebensmittelkonzern in Hamburg. Dann aber ruft sie ihn doch nicht an.

Kurz vor dem großen Termin schickt Sarah unserer SMS-Gruppe ein Bild ihres Bauches. Die Hormone haben sie ordentlich aufgepumpt. Unter die Kugel hat Sarah geschrieben: «Eierernte – unschöner Nebeneffekt.»

Es wendet sich alles zum Guten, zumindest zu dem, was man in diesem Rahmen gut nennen kann. Ein paar Wochen später, wieder bei Herrn Rossi, feiern wir die «Operation Eizellenraub». Sogar Maja, Julia und Ellen haben es diesmal ohne größeres Theater geschafft, dabei zu sein, Ellen sogar ohne Kinder. Wir trinken Wein, und Sarah gibt ordentlich an, dass sie 19 Eier produziert habe, von denen 17 groß genug gewesen seien, dass man sie hätte einfrieren können. «17 auf einen Streich.» Was bei anderen Frauen drei Zyklen dauern kann, hat sie in einem geschafft, zudem also auch zu einem Drittel des Preises. Auch die Ärztin sei mächtig beeindruckt gewesen. «Passt nur auf, ihr bettelt mich noch alle um eine Spende an.» Sarah ist sehr kompetitiv, der Erfolg, den sie hier hatte, macht sie sehr glücklich. Der Eingriff selbst geschah unter Narkose, kurz bevor Sarah weg war, hatte eine Schwester noch mal gefragt, ob sie auch ihren Ausweis dabeihabe.

In den Tagen nach dem Eingriff hatte Sarah mit starken Schmerzen zu kämpfen. Jetzt aber geht es ihr wieder gut. Als wir uns treffen, ist ihr deutlich anzusehen, wie erleichtert sie ist, dass die quälende Kinderfrage erst mal für eine Monatsmiete von 35 Euro unter Dach und Fach gebracht ist. «Jetzt schauen wir mal, wie es weitergeht», erklärt sie siegessicher. «17 Kinder wären ja schon eine Menge.» – «Na ja», lenke ich ein, «die werden doch nicht alle zu Kindern.» – «Wieso nicht? Stell dir mal vor, ich ziehe die alle gleich an, das sähe doch toll aus.» Irgendwie scheint sie eine emotionale Bindung zu ihren Eizellen aufgebaut zu haben. Warum auch nicht, sie wünscht sich ein Kind?, und viel näher dran als jetzt war sie noch nie. Die «Operation Eizellenraub» ist geglückt. Es ist nicht, was Sarah wirklich will, aber es ist ein Schritt hin in Richtung Kind. Das ist genauso traurig, wie es schön ist.

Als ich in dieser Nacht nach Hause komme, schläft Daniel schon. Ich hole mir ein Glas Riesling, setze mich an seine Bettkante und sehe ihm beim Atmen zu. Er macht die Augen auf und schaut mich verschlafen an. «Weißt du was?», sage ich. «Ich will ein Kind. Mit dir.»

Der Kinderwunsch ist eines der größten Rätsel der Menschheit. Oder zumindest eines der größten Rätsel für mich. Jeder sieht, wie die anderen ständig darum ringen, das Richtige zu machen, und dann doch oft das Falsche tun. Wir sehen, wie unsere Freunde reihenweise an ihren eigenen Ansprüchen scheitern, wir sehen, wie schwierig es ist, ein Kind zu haben, und doch sind wir selber felsenfest davon überzeugt, dass wir es besser machen können.

Und so brechen wir auf, wider besseres Wissen, und freuen uns auf den Moment, wo ein sehr kleiner Mensch einen zum ersten Mal vollkotzt. «Das wird sicher absolut furchtbar», sagt Daniel. «Und absolut phantastisch.»

Eltern-Alphabet

DAMIT MÜTTER FREUNDINNEN VERSTEHEN

A wie Ausgehen – vergessen Sie es. Es sei denn, Ihre Freundin vertraut irgendwann einem.

B wie Babysitter – die netten Nachbarsmädchen und die Au-pairs haben Konkurrenz: Babysitter sind heute exotisch. Sie haben Studienabschlüsse in Ingenieurwesen aus Abu Dhabi, aber einen streng religiösen Mann, der sie nicht in einem festen Job arbeiten lässt, oder fünf Kinder in Lateinamerika, die ihre Mutter betreut, und das Babysitten finanziert das Psychologiestudium. Allerdings sollten Sie weise wählen: Weil heute die Leute einer Mutter, die nicht jede Sekunde an ihren Kindern klebt, gerne Vorwürfe machen, könnte es sein, dass Ihre Babysitterin Sie dafür kritisieren wird, dass Sie ihr Arbeit geben.

C wie Cantienica – ist Yoga für Beckenboden, klingt aber besser.

D wie Dauerstillerin – Frau, die ihr Baby dauerangedockt hat. In dem Moment, als es das Licht der Welt erblickte, hat die Dauerstillerin ihr Baby an sich gerissen und ebenjenes Licht mit einer gigantischen Brust verdunkelt. Die Dauerstillerin hat ihr Kind stets im Wickeltuch und legt es absolut nie ab, sie wechselt lediglich die Seite.

E wie Esoterik – die spirituelle Suche, auf die Ihre Freundin aufbrechen könnte, weil sie verzweifelt versucht, die Eintönigkeit von stillen, saubermachen, schlafen bzw. nicht schlafen mit Bedeutung anzufüllen.

F wie Freundschaft – schwierig. Kommt aber wieder.

G wie Geburtstag – Topfschlagen und Wiener Würstchen sind draußen. Spätestens ab dem dritten Geburtstag wird qua Peer pressure im Kindergarten ein Themengeburtstag verlangt: Piraten, Geister, Indianer, Zirkus. Es gibt Kinderagenten, die Sie anheuern können, damit die Ihnen den perfekten Geburtstag ausrichten.

H wie Handtasche – in die besser niemand reinschauen sollte und schon gar nicht reingreifen, denn darin befinden sich Bonbons mit Sandmantel, vereinzelte Socken, Feuchttücher und mit Sicherheit nicht das, was Ihre Mutter-Freundin gerade sucht.

I wie Ikea – Aufenthaltsort für Eltern, die sich mal einen gemütlichen Sofanachmittag ohne Kinder machen wollen und nichts dagegen haben, wenn um sie herum wildfremde Menschen Stoffbezüge auswählen oder hopsenderweise die Polsterung von Nockeby oder Knislinge testen. Die Kinder können sie derweil bequem im Kinderparadies parken.

J wie Jungsmami – die Jungsmami versteht vor allem sich selbst als solche. Außenstehende würden der Tatsache, dass sie ein, zwei, drei usw. Söhne hat, vielleicht keine besondere Bedeutung zumessen, aber die Jungsmutter macht sich dadurch zu einer patenten Person, mit der man einerseits «Pferde stehlen» kann und die andererseits von «ihren Jungs» vergöttert wird. Direkt verwandt mit «meine Jungs» ist «meine Männer». In der Regel wird der Jungsvater mit einbezogen, was ihn vollends zum nicht ganz zurechnungsfähigen Trottel abstempelt, die Jungsmutter aber umso souveräner erscheinen lässt.

K wie Kacke – ein Dauerthema von Eltern: Farbe, Konsistenz, Häufigkeit des Auftretens. Auch wenn sie vorher geschworen haben, niemals darüber reden zu wollen, denn hinterher vergessen sie, dass sie es jemals getan haben.

L wie Lefax – ein Mittel gegen Blähungen. Wird auch bei älteren Menschen angewendet. Da schließt sich der Kreis.

M wie Maiskeks – die freudloseste Variante des Kinderessens. Der Maiskeks schmeckt nicht, lenkt das Kind auch nur kurz vom Quengeln ab, ist aber das Neueste im Drogeriemarkt, mit dessen Sortiment sich Ihre Freundin nun bestens auskennen wird, denn es ist die Mütter-Oase. Der Drogeriemarkt führt alles, was man braucht und was man auf keinen Fall braucht, und ist der Lieblingsaufenthaltsort junger Mütter.

N wie Nur-Mutter – der Begriff ist als Vorwurf zu verstehen. Eine Nur Mutter ist eine, die sich der «Frauen-können-alles»-Euphorie verweigert und sich neben Haushalt und Kindern höchstens mal ein paar Nachmittage lang an einem Kinderbuch oder einem Kindermodelabel versucht, weswegen sie sich die harsche Kritik der Alleskönner-Mutter einhandelt, aber auch die große Bewunderung derjenigen Väter, die auch sehr gerne so eine Frau zu Hause hätten, weil Männer ihrer Ansicht nach ja auch biologisch nicht so in der Lage sind, Windeln zu wechseln und die Waschmaschine zu bedienen.

O wie Oma – Ihre neue Konkurrentin im Kampf um die Aufmerksamkeit Ihrer Freundin ist Ihre Mutter. Am besten, Sie finden sich damit ab und freunden sich auch mit ihr an.

P wie Pups – Sie glauben es jetzt nicht, aber wenn ein ganz kleines Kind pupst, lächeln immer alle ganz selig. Ein ungeklärtes Phänomen.

Q wie Quengeln – das permanente Hintergrundgeräusch bei jedem Telefonat mit einer jungen Mutter.

R wie Ratschläge – es gibt eine einfache Regel: Wenn Sie nicht gefragt werden, halten Sie sich raus.

S wie Sachentausch – das System ist sehr viel komplizierter, als Sie denken. Man gibt nicht einfach Babyklamotten weiter, so wie Altkleider. Die richtige Mutter macht ein perfektes System daraus und reserviert ihre besten Babysachen für ihre ganz besonderen Freundinnen. Der Allgemeinheit geben sie B-Ware, Feindinnen etwas, das sie selber nie leiden konnten. So kann man sich auch an Müttern rächen, die einen genervt haben. Nee, den Petit-Bateau-Body, den bewahre ich auf, bis du mal ein Kind kriegst. Den kriegt die Schlampe nicht.

T wie Teilen – Kinder müssen heute alles teilen. Es wird ständig hervorgehoben, wie gut sie das können. Fragen Sie Ihre Freundin einfach nicht, warum es so wichtig ist. Sie werden es nicht rauskriegen. Es ist ein Naturgesetz. Spätestens ab dem dritten Geburtstag muss kein Kind mehr teilen. Leider teilen Kinder am liebsten ihre angelüllten Maiskekse mit der Freundin ihrer Mutter.

U wie Ungemütlich – im ersten Jahr mit dem Baby wird die Wohnung Ihrer Freundin ein komplettes Schlachtfeld sein. Auch Nanny und Au-pair-Mädchen und Putzfrau werden daran nichts ändern. Nehmen Sie es hin.

V wie Verschwiegen – alle Frauen, die Kinder bekommen, warnen ihre Freundinnen vor all den Grausamkeiten, die sie erwarten: Schwangerschaftsstreifen, labbrige Haut, durchwachte Nächte, grausame Schmerzen bei der Geburt. Wenn diese Freundinnen dann selbst Kinder bekommen, sagen sie: «Warum sagt einem eigentlich keiner, dass man labbrige Haut bekommt und die Geburt ein Horror ist etc.» Muss so eine Art Geburtsdemenz sein.

W wie Working mum@home – im Berliner Bezirk Pankow gibt es eine Akademie für Mütter, und an der wiederum gibt es einen Zertifikatskurs für Frauen, die «ihr Wissen und Können als Familienmanagerin erweitern können». In acht Abenden à drei Stunden lernt man alles über das «Unternehmen Haushalt», um mehr Zeit für die Familie zu haben.

X wie Xenia – wenn Ihre Freundinnen Kinder bekommen, dann verlangt der Gesetzgeber, dass sie auch einen Vornamen für diese Kinder finden. Das ungeschriebene Freundesgesetz wiederum verlangt, dass Sie diesen Namen hinnehmen ohne Spott und Kritik. Was Ihnen schwerfallen wird. Üben Sie besser schon mal die richtige Reaktion auf den Namen. Ihre Freundin sagt: «Wir nennen ihn Lukas.» Dann müssen Sie sich verkneifen zu sagen: «So heißt doch jeder.» Stattdessen sagen Sie: «Schön.» Noch ein Test: «Medea.» Was sagen Sie? Klappt es? Und jetzt «Hektor». Eine Hilfe: Nein, das ist nicht ausschließlich ein Name für einen Hund. Und nein, auch wenn Sie den Verdacht hegen, äußern Sie ihn nicht.

Y wie Y-Chromosom – egal wie extrem Ihre Freunde vor der Geburt des Kindes die Gleichberechtigung und die Emanzipation beschworen haben: Sie werden sich ändern. Sie werden Dinge in ihrem Kind entdecken, die sie als typisch männliches Verhalten erkennen, wenn sie einen Sohn haben. Und typisch weibliches für die Mädchen. Alle Mädchen lieben Rosa, werden sie sagen, da kann man nichts machen. Alle Jungs sind Rabauken, das ist so. Ihre Freunde können die größten Anhänger von Judith Butler gewesen sein, wenn man Kinder hat, dann gibt es erst mal eine Phase der totalen Biologie.

Z wie Zeit für mich – ein ewiges Thema von Müttern, das in utopische Ferne gerückt ist. «Zeit für mich» kann mittlerweile schon bedeuten, dass Ihre Freundin alleine zur Toilette gehen darf. Duschen wird so etwas wie ein Kurztrip. Baden ist regelrechter Urlaub. Das heißt für Sie als Freundin: Kümmern Sie sich doch mal mit ums Kind. Es gibt ja bekanntlich das afrikanische Sprichwort: Man braucht ein Dorf, um ein Kind großzuziehen. Beziehen Sie das doch einfach auf sich selbst: Es ist schön, eine Freundin zu haben, die mal einspringt. Wenn Ihre beste Freundin Mutter wird, dann ändert sich auch Ihr Leben. Am Anfang sieht das vielleicht nicht so aus, aber im Großen und Ganzen wird es wunderbar.

Dank

An diesem Buch haben, freiwillig oder unfreiwillig, sehr viele Menschen mitgearbeitet. Weil die Recherche schlicht mein ganz normales Leben ist, gebührt eigentlich allen meinen Freunden großer Dank dafür, dass sie mich teilhaben lassen, an ihrem Glück, an ihren Sorgen und an ihren Verrücktheiten rund ums Thema Kind. Ein paar aber haben intensiver diesen Text mitgestaltet. Allen voran Christina Erfurth, die, obwohl sie eine großartige Mutter mit Karriere ist, Zeit gefunden hat, das gesamte Buch zu lesen, und deren Hinweise es deutlich verbessert haben. Reinhard Krause, der ein einzigartiger Autor ist und dessen Anregungen mir enorm geholfen haben. Meine tolle, liebevolle Schwester Sibylle Luig, die mir immer beisteht. Anne Schulte Holthausen, deren nüchtern-kluges Urteil mir vor allem beim Start geholfen hat. Eva Sudholt, die mir auch zu den unmöglichsten Zeiten noch zuhören mag. Britta Stuff, die großzügig ihre Abenteuer mit mir teilt. Und Matthias Wulff, der sich zum Thema Kind mittlerweile leicht überinformiert fühlt. Ihm verdanke ich einige der besten Ideen in diesem Text – und alle Kommata, die an der richtigen, Stelle, stehen.

MIX
Papier aus verantwortungsvollen Quellen
FSC® C083411

Das für dieses Buch verwendete FSC®-zertifizierte Papier
Lux Cream liefert Stora Enso, Finnland.